EL ARTE
DE LA TERAPIA
DE POLARIDAD

Cuerpo y salud

1. M. Scheffer - *Terapia original de las flores de Bach*
2. S. Masunaga y W. Ohashi - *Shiatsu Zen*
3. R. Tisserand - *El arte de la aromaterapia*
4. W. H. Bates - *El método Bates para mejorar la visión sin gafas*
5. A. Cormillot - *La dieta del 2000*
6. W. J. Green - *Sin fatiga*
7. S. Fulder - *Cómo ser un paciente sano*
8. J. Heinerman - *El ajo y sus propiedades curativas*
9. S. Hayman - *Guía de los anticonceptivos*
10. F. Matthias Alexander - *La técnica Alexander*
11. M. Feldenkrais - *El poder del yo*
12. A. J. Rapkin y D. Tonnessen - *El síndrome premenstrual*
13. L. Ojeda - *Menopausia sin medicina*
14. P. Young - *El arte de la terapia de polaridad*
17. Y. Sendowski - *Gimnasia suave*

Phil Young

EL ARTE
DE LA TERAPIA
DE POLARIDAD

Una guía práctica

PAIDÓS
Barcelona
Buenos Aires
México

Título original: *The art of polarity. A practitioner's perspective*
Publicado en inglés por Prism Press, Dorset

Traducción de Leandro Wolfson
Revisión técnica de Antoni Munné

Cubierta de Julio Vivas

1.ª edición, 1996

Quedan rigurosamente prohibidas, sin la autorización escrita de los titulares del «Copyright», bajo las sanciones establecidas en las leyes, la reproducción total o parcial de esta obra por cualquier medio o procedimiento, comprendidos la reprografía y el tratamiento informático, y la distribución de ejemplares de ella mediante alquiler o préstamo público.

© 1990 by Phil Young
© de todas las ediciones en castellano,
  Ediciones Paidós Ibérica, S.A.,
  Mariano Cubí, 92 - 08021 BArcelona
  y Editorial Paidós, SAICF,
  Defensa, 599 - Buenos Aires.

ISBN: 84-493-0205-6
Depósito legal: B. 1.019/1996

Impreso en Gràfiques 92, S.A.,
Torrassa, 108 - Sant Adrià de Besós (Barcelona)

Impreso en España - Printed in Spain

Dedico este libro a mi maestro, Alan Siegel N. D. Gracias, Alan, por tu amistad, comprensión, inspiración y apoyo, pero, sobre todo, gracias por el don de la terapia de polaridad.

SUMARIO

Introducción 11

1. Ideas preliminares 13
2. La historia clínica 29
3. El diagnóstico 37
4. Otras consideraciones 53
5. Los cinco elementos 61
   Los cuatro principios 71
6. Mente y energía 77
7. Técnicas para equilibrar la energía 91
   Tratamiento para los oídos 91
   Tratamiento para los ojos y la digestión 95
   Moldeado craneal 96
   Relaciones craneales 99
   Equilibrio del cráneo y de la pelvis 101
   Terapia cardíaca 104
   Contactos que siguen el flujo de la corriente superficial y contactos opuestos a dicho flujo 109
   Drenaje muscular mediante fuerzas opuestas (la técnica «S») ... 113
   Tratamiento digestivo 116
   Equilibrio por contorno 118
   Tratamiento de pecho 121
   Liberación del cuello y de las vértebras dorsales con el paciente sentado 122
   Liberación de la parte inferior de la pelvis 123

  Estímulo del flujo de corriente sensorial 125
  Técnica de los orígenes y las inserciones 128
  Liberación de los músculos de las piernas 128
  Liberación del músculo recto anterior del muslo 129
  Tratamiento del dolor en los huesos largos de las piernas 130
  Corrección de pie plano 132
 8. Equilibramiento estructural 135
  Correcciones de pies 149
  Corrección del calcáneo 150
  Correcciones de piernas cortas 155
  Liberación de la pierna corta mediante tensión 156
  Correcciones del sacro 157
  Corrección de caderas 164
  Equilibramiento de la columna 166
  Correcciones de la parte superior del cuerpo 170
 9. Autoayuda 179
10. Nuevas reflexiones 187

Apéndices

 I. La teoría en que se basan las manipulaciones de la terapia de polaridad: el poder que cura 195
 II. Las raíces herméticas de la terapia de polaridad 202
III. Modelos energéticos 205

Asociaciones de terapia de polaridad 207

INTRODUCCIÓN

Este libro es en parte una enunciación muy personal de mi enfoque de la terapia de polaridad, como profesional que la ejerce plenamente, y en parte una guía muy clara y sucinta de las múltiples técnicas no incluidas en la obra *Terapia de polaridad: el poder que cura*, que escribí junto con mi maestro, Alan Siegel. A quienes aún no la hayan leído, les recomiendo que lo hagan porque les volverá más accesible la lectura del presente volumen; no obstante, cualquiera que posea una buena comprensión de los elementos de la terapia de polaridad comprobará que el presente libro le será muy provechoso para aprender a utilizar este fascinante arte curativo en un nivel profesional. El libro está estructurado igual que una sesión, comenzando por los aspectos preliminares, luego la historia clínica, el diagnóstico, el trabajo corporal equilibrador y, por último, un repaso al proceso en su conjunto.

Esta obra es un fruto de los conocimientos e ideas que adquirí en mi práctica terapéutica. En todo este período atendí a miles de personas con toda clase de problemas, desde dolores de cintura hasta graves estados cancerosos. En los tres últimos años he coordinado un exitoso programa de capacitación profesional en Inglaterra que abarcó todas las facetas de la terapia de polaridad. Asimismo, como la mayoría de los terapeutas de esta escuela, dediqué muchísimas horas a estudiar los libros escritos por su fundador, el doctor Randolph Stone, colmados de información pero en definitiva muy confusos. Confío en que este volumen sea algo más claro, pero no por ello dejaré de instar a que se lean las obras de Stone, que incluyen la experiencia recogida en muchas décadas de trabajo curativo... ¡experiencia que por cierto yo aún no he reunido!

En estos momentos (1989) hay en marcha en todo el mundo un gran movimiento que está procurando establecer patrones mínimos de excelencia en la práctica de la terapia de polaridad, movimiento en el que participo y que cuenta con mi más fervoroso aplauso. Como dijo poco antes de su muerte Moshé Feldenkrais, el creador de una notable técnica para la reeducación del movimiento, ninguno de los sistemas desarrollados en el campo de la somática dejó de ser perfeccionado por los discípulos y practicantes en los años que siguieron a la desaparición de sus respectivos fundadores. Estoy seguro de que el doctor Stone y el sucesor por él designado, Pierre Pannetier, compartirían esta manera de pensar. Por lo tanto, quienes se dedican a la terapia de polaridad no deben temer desarrollar su propia creatividad. La sola lectura de las obras del doctor Stone les hará advertir que era un verdadero ecléctico, que tomó distintos elementos de muchas artes curativas y los fusionó con su propio saber y experiencia práctica para crear la terapia de polaridad.

Espero que los lectores y estudiosos de este libro apliquen en su práctica las técnicas e ideas que ofrezco en él, y las encuentren tan útiles como lo fueron para mí. ¡Y que disfruten de la polarización!

Capítulo 1

IDEAS PRELIMINARES

En esencia, toda terapia procura establecer con el paciente una relación de apoyo lo bastante intensa como para conferirle confianza, de modo que pueda sanarse a sí mismo. Todas las relaciones humanas tienen que ver con el contacto, la comunicación y el cambio. Se ha dicho que el curso futuro de cualquier relación puede preverse a partir de los primeros cinco minutos de contacto mutuo. Si es así, en el caso de la terapia de polaridad los primeros minutos de contacto con el paciente se dan casi siempre en una charla telefónica. Importa saber cómo se habrán de abordar las preguntas más corrientes, cómo se ha de presentar el terapeuta y cómo mostrará bajo una luz favorable su trabajo. Las preguntas que con más frecuencia se formulan son éstas: ¿Qué es la terapia de polaridad? ¿Cómo funciona? ¿Podrá serme útil? ¿Cuánto tiempo pasará hasta que me sienta mejor? ¿Esta terapia es buena para todo el mundo? ¿Cuál es su formación como terapeuta? Se pueden formular muchos otros interrogantes, pero éstos son los más reiterados; a menudo se los plantea en la primera sesión, particularmente si los temas de que se ocupan no fueron tratados cuando se estableció el primer contacto con el terapeuta. Es posible organizar las cosas de modo tal que estos temas sólo se traten en el primer contacto cara a cara, ya sea en la primera sesión personal o en una entrevista específicamente destinada a ello. Es bueno fijar una primera entrevista informativa si por teléfono uno no se siente cómodo para dar esta información.

Como practicante de la terapia de polaridad, ¿sabe usted realmente lo que pretende lograr en una serie de sesiones? ¿Su trabajo se orienta al crecimiento personal o lo considera una alternativa frente a la medicina alopática? ¿Quiere hacer medicina preventiva o para la conservación de la salud, o quiere curar con sus manos y su energía, entendiendo que éstas son mejores opciones que la moderna farmacoterapia? ¿O tal vez su propósito es hacer ambas cosas? ¿La terapia de polaridad es para usted un tipo de relajación que alivia el estrés? Puedo imaginar que algunos puristas harán un gesto de horror ante esta última sugerencia, pero si es cierto que, según se afirma, el 80 % de las enfermedades las provoca el estrés (cifra que, por lo que sé, va en aumento todos los años), no puede desecharse este enfoque a la ligera. ¿Practica usted esta terapia como una variedad de terapia postural y de movimiento? Obviamente, los enfoques del tratamiento que pueden ofrecer los especialistas en terapia de polaridad son muy diversos; lo importante es que cada uno sepa lo que hace y sea capaz de exponerlo ante el paciente de modo claro y preciso.

En el primer contacto, es importante comunicarse con el paciente en términos comprensibles para él. De nada sirve ponerse a hablar de los *chakras*, la energía vital y los cinco elementos si todo ello no forma parte del vocabulario habitual del paciente. Es bueno educar, pero no trate de lanzarse a exposiciones profundas acerca de la energía. Desarrolle algunas explicaciones sencillas sobre la índole de la terapia de polaridad empleando una terminología que probablemente todos entiendan; quizá le será útil emplear términos como estrés, relajación, buena circulación, estimulación del sistema nervioso, etc. Si quiere referirse a la energía, puede trazar alguna analogía con las pilas o baterías, el magnetismo, las centrales generadoras o la red nacional de electricidad. Comience siempre en un lenguaje que su paciente sea capaz de comprender a fin de crear con él un buen vínculo inicial; luego podrá enseñarle el nuevo lenguaje. Para entablar una relación segura con el paciente, es vital que éste sienta que entiende la naturaleza del proceso terapéutico. No importa tanto que la explicación que usted le dé sea absolutamente exacta, siempre y cuando lo haga sentirse confiado, seguro y en buenas manos.

En algunos sistemas de medicina alternativa, las instituciones de formación recomiendan a los profesionales usar delantales o uniformes blancos cuando deben aplicar algún tratamiento. Puedo apreciar el valor práctico que esto tiene para ciertas terapias, pero siempre me ha parecido que mis pacientes experimentaban un cierto rechazo por la gente así vestida. Recordemos que la ropa que se use en las sesiones puede tener un profundo efecto en el paciente. Más aún, el color de la indumentaria, por sí mismo, puede constituir una forma de intervención terapéutica, en la medida en que el profesional comprenda esos efectos del color sobre la conciencia y la energía vital.

Si usted va a enseñar yoga de polaridad como parte de la sesión, es evidente que su ropa necesita ser suelta y cómoda, lo cual no trae aparejado ningún inconveniente si uno lo sabe de antemano, pero... ¿qué pasa si de pronto resulta apropiado hacerlo y uno está vestido con pantalones muy ajustados? Llegué a la conclusión de que es importante usar ropa cómoda, suelta y adaptable a cualquier maniobra que uno necesite hacer. Con frecuencia me veo obligado a apoyar la rodilla en la mesa de trabajo corporal para mejorar mi sustentación, y hay indumentarias que no permiten hacer esto con dignidad... problema que se vuelve mayor aún si el terapeuta usa vestido o falda. (No es que yo me haya puesto un vestido para la sesión alguna vez. Al menos, ¡ésa es mi historia y nada me hará apartarme de ella!) Hablando en serio, tanto las terapeutas femeninas como mis propias discípulas me han dicho que comparten mi opinión.

La habitación en que se practica la terapia, su decorado y atmósfera, pueden tener también profundos efectos en los pacientes. Lo ideal es un cuarto que se destine en forma exclusiva a los tratamientos. Esto permite que se vaya creando en él una energía de cierto tipo, muy provechosa para el proceso curativo. Si es forzoso trabajar en un cuarto destinado a otros fines, tal vez pueda modificarse el ambiente adoptando algunas medidas, más allá de introducir la mesa de trabajo corporal. Se puede encender sahumerios, colgar diagramas de las paredes, y tomar otras medidas que convertirán el cuarto de estar o el desván en un verdadero consultorio. Desde la perspectiva del paciente, esto conferirá a la experiencia un tinte más profesional, lo cual es importante, sobre todo en las etapas iniciales de la terapia. Más adelante, cuando la relación se torne más familiar, es bueno aplicar un método relajado de acción que evite el síndrome de «creerse Dios», cultivado por algunos profesionales. Este libreto es, a mi juicio, destructivo y deshumanizante.

Se dice que para la sesión el paciente debería sacarse todas las joyas u otros elementos metálicos que lleve encima, puesto que éstos operan sobre su campo energético; este efecto puede oponerse al equilibrio que uno pretende crear. El doctor Stone puntualizó muchas veces el fuerte efecto del oro y la plata en los campos energéticos, y de hecho empleaba estos metales ampliamente. Yo *jamás* solicito a un paciente que se saque sus anillos, por ejemplo, antes de la sesión, precisamente a raíz del efecto del oro y la plata en la energía vital. Creo que si el doctor Stone estaba en lo cierto respecto de la potencia de estos efectos, cuando el paciente se vuelve a poner el o los anillos al final de la sesión se produce una inmediata distorsión del equilibrio que uno tan cuidadosamente procuró crear. Sé por experiencia que es posible generar un buen equilibrio y flujo de energía aunque el paciente no se quite sus joyas, con lo cual no será éste el factor que trastorne el equilibrio logrado en la sesión. En algunos casos, debido a la gran sensibilidad energética en general, he considerado prudente aconsejarle a una persona que deje totalmente de llevar joyas.

La cantidad de metal que haya sobre la mesa de trabajo corporal tiene un efecto significativo en el equilibrio energético, de modo que cuanto menor sea, mejor. Mi experiencia me indica que también el tipo de madera utilizada en la construcción de la mesa hace que emane de ésta un poderoso campo energético. He encargado la construcción de la que yo utilizo a un carpintero especializado, y después de haber examinado distintos tipos de madera me quedé con la de haya como elemento predominante de la estructura, pues es la que aporta la mejor calidad energética, aunque vuelva a la mesa poco portátil a raíz de su peso. No estoy diciendo que ésta sea la *única* madera aconsejable para una mesa destinada a la terapia de polaridad, sino que es la que mejor se ajusta a *mis* necesidades. El lector puede tener otras. Es por cierto un tema que merece ser investigado, aunque no debe preocuparse si no puede hacerlo: simplemente consígase una mesa que le guste, aunque sea de metal o de madera terciada. Los pensamientos positivos compensarán con creces cualquier desventaja. El ancho de la mesa es importante: el mínimo debería ser de 75 cm. Esto puede constituir un problema en algunos países, ya que las camillas o mesas habitualmente utilizadas para masajes (por ejemplo, en Inglaterra) sólo tienen entre 60 y 65 cm de ancho, y si uno era masajista antes de formarse en la terapia de la polaridad, cuenta con ese elemento. La mesa debe ser lo bastante ancha como para permitir que los brazos del paciente permanezcan totalmente relajados a sus costados.

En terapia de polaridad se aconseja mucho que el profesional sea «neutral» en su trato con los pacientes. ¿Qué significa realmente esto? Mi maestro me decía siempre que como cada cuerpo sana a un ritmo distinto que los demás, no había que esperar resultados físicos instantáneos luego de una manipulación y tener esto como criterio de éxito. Pierre Pannetier solía decir que los profesionales no hacemos nada, todo lo hace la energía vital. También les aconsejaba a sus discípulos recordar que «No es uno el que sana». Para mí, esto quería decir que uno no tiene que apegarse a los resultados de sus tratamientos. Si logran éxito, bien; si no lo logran, también está bien. Después de un tiempo de práctica, noté que aunque esta postura me beneficiaba, por cuanto me llevaba a pensar que yo no había fracasado, independientemente de que el paciente hubiese cambiado o no, y por ende me hacía mantener sentimientos positivos respecto de mi habilidad terapéutica (sobre todo porque nunca la cuestionaba), no era del todo deseable. Si me había vuelto terapeuta era para facilitar los procesos autocurativos de las personas, de modo que adoptar una posición de neutralidad respecto del tratamiento no me daba un fundamento para evaluar en qué medida yo era bueno o no. Siempre he dicho que la mayoría (si no todos) de los que se dedican a las artes curativas lo hacen porque su «ego» recibe un poderoso impulso (y su cuenta bancaria no se perjudica en absoluto) cuando son capaces de hacer avanzar al paciente hacia su integración. Hay mucho autoengaño respecto de los motivos por los que uno quiere ser terapeuta. Cuando comencé a analizar mis motivaciones con toda la franqueza y honestidad de que soy capaz, me di cuenta de que no me interesaba ser neutral, entre otras cosas porque eso me privaría de un cierto grado de gratificación de mi ego. Si algún terapeuta afirma que su trabajo no le produce ninguna satisfacción en el plano del yo, que sólo se dedican a él por razones más altas y nobles, me atrevería a cuestionarlo... En mi caso, soy terapeuta tanto por motivos altruistas, de amor y espirituales, cuanto por otras necesidades mucho más pragmáticas, materiales y egoístas.

Para dar expresión a todas las razones que me llevaban a ser terapeuta, comencé a adoptar, en relación con mi tarea, una postura que llamé «de equilibrio positivo», en oposición a la postura neutral. De hecho, significa que me acerco a la terapia de polaridad con la creencia de que soy lo bastante habilidoso como para resolver aun los más complicados problemas de mis pacientes; que no espero una curación instantánea, aunque sé que puede darse; y que si no hay cambio en el paciente, no lo consideraré un fallo mío, o del paciente, o de la energía vital, sino una oportunidad para verificar en qué aspectos debo ampliar mi saber y mis habilidades. Es cierto que la energía vital lo hace todo, pero sólo cuando fluye libremente. Mi tarea como terapeuta consiste en posibilitar que esa energía cure, y he comprobado que la adopción de una actitud de equilibrio positivo es la que más lo favorece. Mi propósito se expresa en un deseo intenso y directo, aunque equilibrado, de que el paciente pueda resolver por sí mismo sus problemas; y esta intención me permite introducir cambios rápidos y profundos en su campo energético.

En la teoría china sobre la energía, se otorga gran importancia al concepto del «i», que suele traducirse como «mente», «intención» o a veces «intención mental», y su relación con el «chi», término que designa la energía vital o del aliento. El vínculo entre ambos conceptos suele expresarse diciendo que el «chi» (la energía) fluye a instancias de la intención mental, del «i». Dicho de otro modo, nuestros propósitos, o la pauta que siguen nuestras ideas, pueden gobernar el movimiento de la energía vital en nuestro cuerpo. Esta ley es fundamental para la eficacia de casi todas las visualizaciones y reafirmaciones autocurativas. Para los terapeutas de polaridad este hecho tiene trascendental importancia, ya que es nuestra intención mental (o más sencillamente nuestra intención) la que controla la calidad y el tipo de interacción energética que tenemos con el paciente.

Cuanto mayor sea la claridad de pensamiento y de intención que uno aporte a las sesiones, más eficaces serán sus tratamientos. Cuando comencé a practicar la terapia de polaridad, una de las primeras cuestiones que me interesó fue si yo era lo bastante sensible como para saber diferenciar las diversas energías elementales presentes en el campo energético de un individuo. Al principio pensé que sí, que era capaz de discriminar con qué tipo de energía interactuaba en cada momento; luego comencé a notar que si percibía en el paciente alguna clase particular de desequilibrio energético, en mi trabajo corporal interactuaba siempre con esa energía. Después de un tiempo me pregunté: ¿cómo puede ser, francamente, que siempre parece que estuviera acertado? ¿Cómo podía deducir, antes de iniciar el tratamiento, qué elementos estaban desequilibrados, sobre todo cuando algunos de los tratamientos no daban lugar a un cambio significativo en la situación de la persona? ¡Por supuesto que no siempre estaba acertado! Entonces empecé a experimentar con mis evaluaciones contrarias a los hechos respecto del particular desequilibrio energético que el sujeto manifestaba. Yo operaba totalmente convencido de que la evaluación que había hecho era la correcta. Lo que sucedía era que solía interactuar, predominantemente, con aquel tipo de energía que, erróneamente, había considerado la problemática. Cada vez me resulta más claro que el concepto según el cual la energía sigue al pensamiento era válido, no sólo en cuanto al control del propio flujo energético y al proceso autocurativo, sino también en cuanto a la interacción con la energía del paciente. Estas y otras experiencias me demostraron cuán poderosa es la intención del profesional para determinar tanto la calidad como la función de su trabajo energético liberador.

En la terapia de la polaridad, la comunicación más activa con el paciente se establece a través del contacto físico, o, dicho más precisamente, del contacto energético. El doctor Stone definió los tres tipos de contacto utilizados en esta terapia. Empleando la terminología derivada del sánscrito, ellos son el *rajásico*, el *sátvico* y el *tamásico*. En una traducción aproximada, podría denominárselos, respectivamente, los tipos de contacto estimulador, equilibrador y diseminador. Entre los practicantes de la terapia de la polaridad existe una suerte de división o cisma respecto del valor relativo del contacto tamásico. Pero antes de examinarlo en más detalle, será conveniente que echemos una mirada más profunda a los tres tipos de contacto, tal como los definió el doctor Stone.

Rajásico

La función del contacto rajásico o estimulador es desplazar la energía, removerla. Se lo realiza con un toque leve pero efectivo de la mano que se amolda a los contornos del cuerpo y luego vibra, moviéndose hacia adelante y hacia atrás en forma circular, de modo tal que la piel se mueve por sobre el tejido subyacente. La mano no se desplaza, sino que queda en un mismo sitio. Según la amplitud y registro del movimiento, el cuerpo del paciente puede comenzar una suave oscilación o vaivén. Esta clase de toque entra en resonancia con el movimiento centrífugo, hacia afuera, de la energía en su cuerpo: la energía fluye desde el núcleo del campo energético hacia la periferia circular. Es un contacto con carga positiva.

Sátvico

El contacto sátvico o equilibrador tiene por función calmar la energía, equilibrarla, armonizar su decurso para que no haya turbulencias. Es también un toque muy leve que se acomoda al contorno del cuerpo, sin ningún movimiento físico intencional. Entra en resonancia con todas las zonas del cuerpo que poseen carga neutra, los ejes centrales y los lugares en que las corrientes de energía se entrecruzan creando un equilibrio perfecto —específicamente, los chakras y articulaciones—. Es un contacto de carga neutra.

Tamásico

La función del contacto tamásico o diseminador es romper los bloqueos crónicos de la energía en el campo energético del organismo. Se lo efectúa con un toque profundo y penetrante, que llega hasta los tejidos subyacentes al área de contacto. Es una técnica que va hacia el tejido profundo tratando de liberar la energía encerrada en las zonas de gran tensión muscular que impide el libre fluir de la energía, la sangre, la linfa y los nutrientes, zonas donde hay mucha toxicidad acumulada y de poca descarga. La energía es liberada a fin de que pueda completar su retorno desde la periferia hacia el núcleo del campo energético (flujo centrípeto). Es un contacto de carga negativa.

Todos los «terapeutas de polaridad» emplean los tipos de toque activo y suave; pero sólo algunos utilizan el profundo. Pierre Pannetier, el discípulo y sucesor del doctor Stone, ponía el acento en los dos primeros señalando que las personas que padecen dolores ya sufren lo suficiente como para que se justifique agregarles un dolor adicional. El doctor Stone llegó incluso a afirmar en sus escritos que ningún paciente se olvida del dolor que se le ha infligido, y que por ello los tratamientos deben ser suaves; pero recomendaba el trabajo profundo con liberación por presión fuerte. Sus fundamentos para utilizar el toque (tamásico) profundo eran, en esencia, que todo bloqueo manifestado como una congestión del tejido muscular indica falta de circulación, y que la clave para romper el bloqueo es drenar las toxinas y fluidos del músculo con una presión profunda que, al hacer salir los fluidos estancados, genera un efecto de vacío, un espacio que será luego llenado por sangre y *prana* frescos, facilitando el proceso de desintoxicación. Desde el punto de vista energético, puede añadirse que en el flujo centrípeto de la energía los opuestos se atraen y las cargas del mismo signo se repelen, de modo que al aplicar un toque negativamente cargado a una zona bloqueada con carga negativa, se produce un efecto de repulsión que empuja la energía bloqueada para que retorne a su fuente, haciéndola fluir. Casi siempre este proceso provoca verdadero dolor durante un tiempo, hasta que se eliminan todas las toxinas, lo que indica el restablecimiento de las corrientes energéticas. Por mi propia experimentación con el toque tamásico sé que es así, aunque por otro lado he comprobado que no es indispensable realizarlo. Las zonas estancadas pueden perfectamente ser liberadas mediante los contactos rajásico y aun sátvico, tal como los definiera el doctor Stone.

Éste sostuvo en sus obras que la clave para liberar los bloqueos en los polos congestionados negativos es la «estimulación». El trabajo tamásico es excesivamente estimulante y genera mucho malestar, aunque los resultados son muy rápidos. También el contacto rajásico es estimulante; para que actúe en zonas muy congestionadas lo esencial es encontrar la *dirección correcta de aplicación*, que libere la energía. El resultado final es el mismo: las toxinas se diluyen y se restaura el flujo energético; la diferencia es que es mucho menos doloroso, aunque lleva más tiempo.

Según mi experiencia, un tratamiento tamásico exige entre 24 y 48 horas para despejar el sistema, en tanto que un tratamiento rajásico puede llevar de dos a cuatro días; y a mi entender, esta diferencia es completamente nimia. Además, existe la posibilidad de que se libere demasiada toxicidad al mismo tiempo creando problemas secundarios si el sistema de eliminación del individuo ya está de por sí sobrecargado. Este punto es muy importante y hay que tenerlo en cuenta en todo tratamiento, sobre todo si se trabaja con enfermos de cáncer. Es perfectamente posible desbaratar tumores mediante técnicas basadas en el uso de la energía, ya sean polares o no; pero hay que asegurarse de que el sistema de eliminación funciona lo bastante bien como para hacerse cargo del gran monto de desechos que se volcarán en él durante el proceso curativo.

También es dable resolver una congestión profunda con el contacto sátvico, de dos maneras. Primero, apoyándose en el hecho de que la energía vital fluye desde la mano derecha hacia la izquierda, es fácil aportar a la zona bloqueada montos crecientes de energía colocando sobre ella la mano izquierda y situando la derecha en el polo positivo del área en cuestión; luego se esperará hasta sentir cómo reacciona fuertemente la energía debajo de la mano izquierda, y en ese momento simplemente se invertirán las posiciones de ambas manos, enviando así de nuevo la energía hacia el polo alimentador, el positivo. Se habrá generado entonces un poderoso y completo flujo de energía vital a través de toda la zona bloqueada, anulando la congestión. Esta técnica puede hacerse extensiva al polo negativo de dicha zona.

El otro procedimiento, que consiste meramente en retener la zona bloqueada, se basa en que la polaridad de estas zonas profundas bloqueadas es negativa, y que lo bloqueado es el flujo interno o de retorno de la energía. En esta fase del movimiento energético «los opuestos se atraen», y como el contacto sátvico es de hecho una carga opuesta a la de la región bloqueada, lo que sucede es que se atrae la energía bloqueada hacia la mano que efectúa el contacto, independientemente de que sea la derecha o la izquierda, en la medida en que actúe como un contacto sátvico de carga neutra. (Recordemos que «positivo» y «negativo» son términos relativos, de modo tal que un toque de carga neutra será positivo respecto de una zona bloqueada negativa.) Al desplazar el bloqueo de su posición original, de inmediato comienza a fluir prana nuevo hacia y por esa zona. Cuando el bloqueo energético, el prana estancado, se desplaza, tiene que quebrarse y dispersarse, pues su naturaleza estática se ha modificado. Ha sido puesto en movimiento, y si se mueve, por definición ya no es energía bloqueada, y debe disiparse en toda la economía energética corporal. Este particular proceso energético también se da al usar el toque rajásico, a raíz de las polaridades que entran en juego. En cuanto al tiempo que les lleva actuar a estos contactos sátvicos liberadores, según mi experiencia siguen una lógica propia de cada caso. A veces el cambio parece casi instantáneo, incluso en lo que respecta a la tensión física, en tanto que otras veces lleva cuatro o cinco días. No pude descubrir en esto ninguna pauta discernible.

Algunos profesionales han manifestado que el trabajo «liviano» les parece demasiado lento, pero cuando pregunté cómo definen la «lentitud» en relación con el trabajo energético, o por qué lo consideran algo desacreditante, no obtuve ninguna respuesta satisfactoria. No creo que una diferencia de pocos días, o incluso de un par de semanas, pueda considerarse una objeción válida contra la eficacia del trabajo «liviano». Desde la perspectiva del paciente, lo fundamental suele ser un rápido alivio del dolor. En tal sentido, el trabajo rajásico o el sátvico no son menos eficaces que el tamásico respecto a la duración, ya que siempre se produce una reducción significativa del dolor *en forma inmediata*: lo que lleva algo más de tiempo es la resolución completa del problema. Más aún, tengo mis dudas de que ésta puede darse si se aplica ampliamente el procedimiento tamásico. En mi experiencia con personas que habían sido tratadas antes por terapeutas que aplicaban en gran medida procedimientos tamásicos profundos, los bloqueos energéticos a menudo persistían en un nivel más hondo del sistema. Al trabajar en forma liviana en zonas cuyas perturbaciones energéticas en apariencia habían sido resueltas por otros profesionales, reaparecía en toda su fuerza el trastorno original. A mi juicio, esto indica una *supresión profunda* del desequilibrio, pero no una resolución adecuada de él. Mi propia experiencia con el trabajo de tipo tamásico me dice que, si el dolor indica energía bloqueada, y si energéticamente hay contracción en toda zona problemática, al aumentar el dolor con el trabajo profundo no se hace otra cosa que incrementar la contracción en un nivel más profundo. También puede suceder que se empuje el bloqueo tan hondamente que ingrese en el campo energético mental, y se convierta (para emplear la terminología del doctor Stone) en un *bloqueo energético sensorial* demasiado sutil como para manifestarse en una perturbación estructural.

Basta experimentar en uno mismo un trabajo tamásico profundo para advertir el grado de repliegue mental y emocional que es la reacción natural frente al dolor que provoca. Como la energía sigue al pensamiento, esto es lo último que uno desearía hacer cuando procura resolver perturbaciones en los campos energéticos. Alentar al paciente a que se interne en el dolor en vez de replegarse frente a él es útil cuando se realiza un trabajo tamásico, pero a menos que el sujeto tenga una fuerte dosis de masoquismo, sólo seguirá al dolor con una porción de su percatamiento consciente, y la plena liberación únicamente se da cuando participan tanto el percatamiento consciente como el inconsciente. Dado que una de las funciones de la mente inconsciente es la autoprotección, aunque el individuo tenga el propósito de internarse a conciencia en el dolor, es muy probable que su inconsciente vigile al terapeuta y se diga para sí algo por el estilo de esto: «¿Piensas que soy un estúpido? ¡Eres tú el que me estás provocando la mayor parte del dolor que siento, y todavía quieres que lo sienta más!».

Recurramos, como metáfora descriptiva, al agua y su comportamiento, que es una buena analogía de los procesos energéticos. Podríamos decir que los bloqueos de una zona son como el hielo: para que el agua fluya libremente, hay que quitarlo de allí. Esto puede hacerse de dos maneras: tamásicamente, golpeándolo, o rajásica/sátvicamente, fundiéndolo con el calor de las manos. En el primer caso, el hielo sin duda se quebrará y permitirá que vuelva a correr el agua, pero... ¿qué decir de los fragmentos que, a causa de ello, choquen violentamente con la estructura circundante? ¿Qué decir del daño provocado en esa estructura por el impacto original? ¿Qué pasará con los trozos desprendidos? Tal vez algunos sean todavía demasiado grandes como para disolverse de modo natural y seguir su curso por el sistema, y precisan que uno los siga y vuelva a romperlos cuando se queden encajados. ¡Y esto consume mucho tiempo! En el segundo caso, el hielo se funde convirtiéndose otra vez en agua, sin perjuicios para las zonas vecinas ni probabilidades de que vuelva a producirse un bloqueo en otro lugar. Si es que esta analogía es válida, yo sé muy bien cuál de los dos esquemas de acción elegiría.

Antes de finalizar nuestro examen de los tres tipos «clásicos» de contactos polares definidos por el doctor Stone, al repasar sus definiciones nos resulta obvio que en cada uno hay un componente físico y otro energético. Combinándolos de diversos modos, se obtienen como mínimo nueve tipos de contacto. El componente físico del contacto rajásico es un toque firme en la superficie, que mueve los tejidos debajo de la piel. El toque sátvico es apenas un levísimo contacto de superficie con movimiento escaso o nulo. El contacto tamásico se logra aplicando gran presión, va a lo profundo y puede hacerse con o sin movimiento. Dado que en cada tipo de contacto el movimiento es variable, podemos dejarlo de lado y nos quedarían, como parámetros físicos respectivos, un contacto superficial, otro que afecta lo que está inmediatamente por debajo de la superficie, y un tercero, profundo, que llega a la estructura.

El componente energético del toque rajásico es su carga positiva, que aumenta el flujo de energía; el del toque sátvico, su carga neutra equilibradora; y el del tamásico, su carga negativa, que reenvía las corrientes energéticas a su fuente. El doctor Stone los caracterizó diciendo que el flujo energético positivo es cálido y creativo, el aflujo negativo es frío y constructivo, y la fuente neutra y su reflejo en el punto más expansivo del aflujo (y comienzo del eflujo hacia adentro) es la quietud. Desde el punto de vista energético, me gusta suponer que el toque positivo nos dice «Vayamos a jugar», el neutro nos dice «Descansemos y relajémonos un poco», y el negativo nos dice «Volvamos a casa». Utilizo estas y otras imágenes pertinentes como un modo de sintonizar mi intención consciente a fin de despertar las corrientes energéticas de la manera más concreta posible.

Como dijimos, esto da lugar a nueve tipos diferentes de toques, cada uno de los cuales provoca un efecto distinto:

Físico	*Energético*
1. Toque en la superficie	Carga neutra
2. Toque debajo de la superficie	Carga neutra
3. Toque profundo	Carga neutra
4. Toque en la superficie	Carga positiva
5. Toque debajo de la superficie	Carga positiva
6. Toque profundo	Carga positiva
7. Toque en la superficie	Carga negativa
8. Toque debajo de la superficie	Carga negativa
9. Toque profundo	Carga negativa

Podría agregarse al modelo el movimiento físico o su ausencia, creando así nuevas permutaciones. El toque rajásico clásico sería el tipo 5; el sátvico, el tipo 1; y el tamásico, el tipo 9.

Está claro que hay una manera de modular el contacto tamásico clásico para descongestionar tejidos sin excesivo dolor y también que es posible practicar el trabajo tamásico en la superficie del cuerpo: lo único imprescindible es la intención adecuada.

De la lectura de lo anterior podría desprenderse que yo jamás he practicado el trabajo tamásico, pero la verdad es lo opuesto: lo practico permanentemente; sólo que lo hago desde la superficie, dejando que mi energía llegue hasta la profundidad que corresponde, lo cual no le causa prácticamente dolor al paciente. Confío en que la energía hará la tarea necesaria de eliminación de los bloqueos. Hace mucho me di cuenta de que utilizar contactos de carga negativa y pensar que debía penetrar en lo profundo de los tejidos significaba, simplemente, no confiar en la fuerza vital o suponer que la calidad de mi intención nada tenía que ver con el proceso. La liberación de los bloqueos de energía mediante contactos de nivel superficial y con modulación de las polaridades (tipos 1, 4 y 7) es, por lo que pude comprobar, un procedimiento que no provoca dolor, salvo las ocasionales sensaciones intensas cuando el bloqueo desaparece. Además, la desintoxicación avanza a un ritmo natural, fácilmente soportable por la capacidad de eliminación del individuo.

En mi opinión, todo lo que se obtiene con el trabajo tamásico, tal como fuera descrito por el doctor Stone, puede conseguirse asimismo mediante métodos más suaves. Sospecho que su manera de proceder estaba muy influida por su formación primitiva en técnicas físicas como la quiropraxia y la osteopatía —algunas de las cuales, según sé por experiencia personal, son bastante feroces—. Hace honor a su sensibilidad y su creatividad que fuera capaz de trasladar sus métodos de lo físico a lo energético. Tengo entendido que sostenía, además, que todos los estudiosos de la terapia de polaridad debían leer sus obras y partir de esa base. En nuestra época, cuando se están desarrollando tantas técnicas increíblemente sutiles fundadas en la energía, no puedo sino preguntarme qué personalidad tiene un profesional que aplica a sus pacientes métodos profundos dolorosos. ¿Será que hay en ellos una veta sádica, o bien mucha energía ígnea bloqueada, que intentan elaborar a costa de sus pacientes? Un trabajo tamásico profundo puede constituir un fuerte enfrentamiento, y si bien en ciertas ocasiones el enfrentamiento es válido, como práctica general no lo creo justificado. Lo curioso es que puede lograrse con él una gran liberación emocional, pero por desgracia no en la forma espontánea que puede ser tan importante en el avance del individuo hacia la salud. Básicamente es una reacción emocional ante el dolor. Todos podemos llorar o alterarnos cuando sentimos dolor físico, pero será una mera reacción, y no la expresión de un factor causal. He oído decir que se puede ayudar a una persona para que libere su energía ígnea; pero la probabilidad de que un individuo con un problema ígneo enfrente al terapeuta, teniendo en cuenta el poder de que éste goza, es si no nula, al menos muy escasa.

Si durante su formación el terapeuta de polaridad captó el mensaje de que la liberación emocional es una parte importante del proceso terapéutico, es porque la enseñanza recibida fue buena; pero rumbeará por mal camino si piensa que una manera de satisfacer este requisito es ejercitar el trabajo tamásico profundo. Lo que debe hacerse es purificar la propia intención y la sensibilidad energética, de modo tal que sea llevado espontáneamente a los lugares del campo energético del sujeto donde están contenidas sus emociones. Una vez allí, basta con tomar contacto con esa energía, dar lugar a algún movimiento... y las emociones brotarán. En ese momento hay que recordar la regla de oro: «¡*No asustarse!*». Simplemente hay que permanecer con el paciente en ese sitio y favorecer su cambio.

Si alguien decidiera practicar la versión clásica del toque tamásico, deberá tener en cuenta algunos puntos importantes. La presión que se aplica en una zona es una fuerza que debe actuar formando con la superficie de contacto el ángulo adecuado, pues de lo contrario se generan fuerzas de fricción. Si se opera sobre la columna vertebral con un fuerte toque tamásico, debe aplicárselo perpendicularmente a la superficie de la piel, sobre todo cuando se trabaja en las apófisis transversas de una vértebra. Si se aplica la fuerza en cualquier otro ángulo que no sea recto respecto de la superficie plana de la apófisis transversa, se originan fricciones y deslizamientos en relación con otros huesos. Esto no sólo es doloroso sino potencialmente peligroso, ya que si las fuerzas son muy intensas, puede provocarse un daño a la estructura ósea. Estos factores son más críticos todavía cuando se emplea el codo para el trabajo profundo.

Con esto no queremos decir que *jamás* debe aplicarse la fuerza en un ángulo que no sea recto. Lo que sí hay que tener presente es que en tal caso la presión ejercida sobre la zona aumenta de inmediato, pues la fuerza diagonal consta de dos componentes: la presión ejercida en ángulo recto más la fuerza friccional adicional que, de hecho, impide a la mano deslizarse hacia afuera de la zona de contacto.

Al ejecutar cualquier clase de trabajo rajásico que implica un balanceo del cuerpo, debe tenerse presente que éste oscilará según una frecuencia que le es inherente, determinada por su masa en relación con el eje en torno del cual gira. Un ejemplo: un péndulo simple oscilará rápidamente si la cuerda es corta y más lentamente cuanto más larga sea la cuerda. Respecto del movimiento rajásico de balanceo que hace oscilar el cuerpo íntegro, esto implica que la frecuencia debe ser mucho menor que si se bamboleara una pierna desde la cadera. La frecuencia natural, sea cual fuere el sector del cuerpo que se balancea, es el ritmo que menos fuerza agregada requiere para mantenerse. Esto se siente enseguida, ya que el sujeto puede persistir en ese ritmo sin esfuerzo. Es el mismo principio que se aplica al hamacar a un niño: llegado cierto punto, el vaivén continúa aunque sólo se aplique un pequeño empujoncito adicional de vez en cuando.

La estimulación rajásica del cuerpo en su conjunto, o de cualquiera de sus partes, en su frecuencia natural, logra casi siempre la mayor liberación energética posible. Al hamacar a un niño, uno no sigue empujándolo en forma permanente, sino que espera a que el columpio regrese antes de dar el próximo empujón. Así también, al balancear el cuerpo no se persigue el movimiento de continuo, forzando la frecuencia, sino que se deja que su propia elasticidad lo ponga de vuelta en nuestras manos, permitiendo que se complete cada ciclo del movimiento antes de dar el siguiente empuje. Si éste se aplica demasiado pronto o demasiado tarde, o se modificará la frecuencia, haciéndole adoptar una que no es natural, o se detendrá por completo el vaivén. Esto sirve para sentir al instante cualquier alteración en las pautas de tensión y el equilibrio energético de una zona particular del cuerpo. De vez en cuando resultará difícil hallar la frecuencia natural, ya sea porque el paciente interviene activamente tratando de modificar el movimiento, o, a veces, porque éste es disimulado por las pautas tensionales de otras regiones del cuerpo. En general, después de un breve bamboleo, toda interferencia se resuelve y es dable captar la frecuencia natural.

Capítulo 2

LA HISTORIA CLÍNICA

La confección de la historia clínica de un paciente es básicamente un proceso exhaustivo de recolección de información. Cuanto más se sepa sobre la índole y la etiología de los problemas del paciente, más probable es que se logre generar intervenciones terapéuticas eficaces. La historia clínica está decididamente ligada al diagnóstico global. La habilidad fundamental que se requiere para elaborar una historia clínica precisa es saber escuchar, pero también es importante la percepción visual. La capacidad de escuchar no sólo se refiere a oír lo que el sujeto tenga que decir, sino también a formular las preguntas apropiadas, que permitirán obtener la información más relevante.

Al preparar la historia clínica, las preguntas básicas son qué, cómo, dónde y cuándo. En la primera fase de recolección de información, lo que se pretende es definir la verdadera naturaleza del problema del individuo. Lo primero que le pregunto a un cliente es «¿En qué puedo serle útil?»; las preguntas posteriores apuntan todas a aclarar su respuesta a ésta. En rigor, se trata de un proceso en curso donde cada nueva pregunta siempre procura esclarecer la respuesta anterior.

Mientras el sujeto contesta, entra en juego la capacidad visual del terapeuta, que observará su lenguaje corporal mientras aquél habla. ¿Está tenso, está relajado? ¿Cómo se sienta? ¿Qué ademanes efectúa con las manos? ¿Mueve las piernas o los pies? El campo de percepción visual debe ser lo bastante amplio como para abarcar el cuerpo íntegro. A tal fin, no hay que sentarse demasiado cerca del cliente; por lo tanto, es preciso prestar cierta consideración a la disposición del mobiliario en el consultorio. El motivo de que el lenguaje corporal sea tan importante es que da acceso a información relacionada con las preguntas sobre la cual el cliente no es consciente, ya que todo lenguaje corporal procede del subconsciente. Por ejemplo, supóngase que se le inquiere acerca del carácter de sus relaciones íntimas, y su respuesta es que son satisfactorias y que en esa esfera no tiene problemas; no obstante, mientras da esta respuesta verbal, su cuerpo se torna de pronto tenso o se agita. Esto puede llevarnos a suponer que, pese a lo que dice, hay a todas luces alguna dificultad en esta área, o bien, para decirlo con un término propio de la terapia de la polaridad, que hay una «carga» asociada a este tema. Percibimos una falta de congruencia entre las palabras y el lenguaje corporal. De hecho, la captación de estas enunciaciones incongruentes respecto de otras anteriores o del lenguaje corporal es quizá el aspecto más importante en la confección de la historia clínica. Importa recordar que es muy común que un sujeto mienta sin darse cuenta, ya que a menudo la conciencia que tiene de sus propias dificultades es limitada. Toda vez que se capte una incongruencia, de cualquier nivel que sea, debe explorarse ese campo desde otro ángulo de vez en cuando, o en una fecha posterior. Nunca se debe acusarlo de mentir, pues en realidad se está ante una supresión subconsciente, o bien ante un autoengaño. Estos procesos son básicamente de naturaleza protectora, y todos somos proclives a manifestarlos.

A menos que el terapeuta cuente con una memoria fenomenal, tendrá que tomar notas, ya sea con detalle o, al menos, registrando los puntos más salientes. La capacidad de mantener en curso ininterrumpido la conversación al mismo tiempo que se toma nota es esencial. A veces puede resultar útil confeccionar previamente un formulario estándar para las historias clínicas, que se llenará en cada caso. En él se dejará lugar para el nombre, dirección, fecha de nacimiento, problema que expone, medicación recibida, enfermedades previas, tratamientos anteriores, dieta, pautas vinculadas con el dormir, modo en que pasa su tiempo libre, ocupación, estado civil, hijos, etc. El formulario debe abarcar las áreas que uno considere más importantes en relación con su modo de trabajo. Puede también dejarse espacio para anotar el tratamiento que se sigue, lo que constituye un registro importante en materia de los seguros contratados por la persona.

Al principio de la historia clínica, la mayor parte de la información girará en torno de lo que se denomina «el malestar presentado». Muy a menudo, este malestar no es el verdadero problema que debe tratarse, sino sólo un nivel superficial de desequilibrio. Es la esfera problemática con la que el sujeto está más familiarizado, pero que con frecuencia es sólo un efecto, y no una causa real. A veces le habrá puesto un rótulo el médico del sujeto o cualquier otro profesional que lo haya atendido. En tal caso, tómese nota y enseguida suprímase este dato de la conciencia. Si uno no conoce la dolencia nombrada puede buscarse su descripción en un diccionario médico, pero debe recordarse que la terapia de polaridad se ocupa de desequilibrios energéticos, no de enfermedades físicas. Lo que se debe averiguar es cómo afecta al sujeto física, mental y emocionalmente ese malestar presentado, con el nombre que se le dé.

Si, por ejemplo, alguien acude diciendo que tiene una artritis en la rodilla, lo que en verdad nos está diciendo es que su médico le puso ese rótulo al problema; no nos dice nada acerca de su propia experiencia con la artritis. Las dolencias siempre son individuales, aunque, en términos generales, sea posible rotularlas definiendo una serie de características comunes a toda una amplia variedad de síntomas. Lo que se precisa saber cuando se quiere averiguar la experiencia particular del individuo con su problema es: ¿Se trata de algo permanente, o el dolor o conciencia del desequilibrio varía a lo largo del día? ¿Varía en el curso de la semana? ¿Cómo siente exactamente el dolor? ¿Siente calor, frío, un dolor agudo o difuso, etc.? Se debe tratar de obtener la mayor cantidad posible de detalles sobre el problema particular.

Una vez examinado en profundidad el malestar presentado, conviene remontarse a las dolencias que el individuo tuvo en el pasado, en especial en los últimos años, aunque a veces importa llegar hasta la primera infancia. Lo que se intenta es formarse un cuadro amplio de sus problemas del pasado, cuánto duraron, el tipo de tratamiento que recibió, etc. Se buscará la pauta de los desequilibrios sucesivos a lo largo de los años. Con ello, a veces se descubrirá el factor causal del malestar actual. Tuve una vez una paciente que vino a verme con distensión abdominal y constipación, problema éste que arrastraba desde hacía años, y que según yo sospechaba había tenido como desencadenante un embarazo difícil de unos siete años atrás. La mujer se había vuelto anémica, le dieron grandes dosis de hierro, y como consecuencia terminó muy constipada. Al parecer, su cuerpo no se recobró nunca de los efectos colaterales del tratamiento que le dieron para su anemia.

Una vez que uno se ha formado un cuadro del estado de salud actual y anterior del paciente, debe conocer algo sobre el tipo de vida que lleva. ¿Está casado? ¿Tiene hijos? ¿A qué clase de trabajo se dedica? ¿Cómo pasa su tiempo libre? ¿Qué hace para relajarse? ¿Está satisfecho, en general, con su vida? ¿Cuáles considera que son sus problemas? Todas estas preguntas, y muchas otras, son útiles para llegar a comprender su tipo de vida. Puede resultar muy provechoso explorar las principales crisis de su vida, entendiendo por tales la muerte de ciertos parientes u otros seres queridos, sus cambios de ocupación, su mudanza a otro lugar de residencia, divorcio o separación, nacimiento de sus hijos o abandono del hogar por parte de alguno de ellos. En la vida de un individuo, todas estas situaciones son particularmente estresantes y pueden tener enorme efecto sobre su bienestar. No hay que sorprenderse si al tratar estos temas el individuo parece poco coherente o no se expresa con facilidad; quizá sea la primera vez que alguien le preguntó realmente acerca de estas cosas.

Conocido su estilo de vida, la siguiente esfera importante es su dieta. Lo más sencillo es preguntarle qué come en un día típico, en cada una de las comidas, así como entre ellas si lo hace. Hay que averiguar su ingesta diaria de líquidos (cuánto y cuáles); frases tales como «cuatro cafés por día» son poco significativas, ya que el tamaño del «café» puede variar desde pequeños pocillos a grandes tazas. También importa saber si toma café instantáneo o molido en el momento. Asegurarse de obtener respuestas bien concretas. No hay que olvidar la ingesta de alcohol, y, si aún no se lo ha preguntado, las drogas de toda índole, no sólo las recetadas, sino también la aspirina, el paracetamol o las que se ingieran con fines «recreativos». Un listado bien actualizado de drogas puede ser inestimable para tratar de discernir los posibles efectos directos y colaterales de las que el individuo toma. ¡Y no dejar de observar su lenguaje corporal!

Confeccionar la historia clínica puede llevar entre quince minutos y tres cuartos de hora, aproximadamente. Depende de lo locuaz y preciso que sea el cliente al referirse a sus problemas. A veces he tenido la impresión de que me hubiera sido más fácil sacar sangre a una piedra que información de ciertos pacientes. Debe tenerse en cuenta que si el individuo está «adiestrado» en los procedimientos de la medicina ortodoxa, el enfoque holístico de la salud puede constituir algo muy novedoso para él. De hecho, la primera tarea, amén de la obtención de la historia clínica, es educar al sujeto en el cuidado holístico de la salud y en la medicina preventiva.

Importa señalar que la elaboración de la historia clínica prosigue a todo lo largo de la terapia. Al comienzo de cada sesión, se destinan siempre algunos momentos a un repaso. Una de las primeras cosas que pregunto al principio de cada sesión es: «¿Qué pasó desde que nos vimos por última vez?», o algo por el estilo. En ese momento, lo que uno precisa saber es qué cambios sobrevinieron, para seguir adelante con el tratamiento. Muchas de las preguntas formuladas al confeccionar la historia clínica siguen siendo pertinentes, y es probable que las respuestas no sean las mismas que entonces. El tiempo necesario para actualizar una historia clínica suele ser menor que el original, tal vez de sólo diez o quince minutos. A veces llevará el mismo tiempo, en particular si el paciente se siente satisfecho y confía en el trabajo que uno está haciendo con él. Pueden averiguarse cosas sorprendentes ya en la segunda sesión.

En última instancia, la preparación de una buena historia clínica depende de la capacidad del terapeuta para conseguir que el paciente tenga una actitud abierta y exprese con libertad lo que siente, lo cual a su vez depende del vínculo que se haya establecido con él. Un buen vínculo es aquel en el cual el individuo pueda sentirse seguro y confiado. Este sentimiento de seguridad es vital para el libre decurso de lo que a menudo se considera información personal e íntima. El proceso de creación de un buen vínculo es el resultado de muchos factores, pero puede sintetizárselos en el concepto de «resonancia». Éste es uno de los conceptos más importantes de la terapia de la polaridad, e interviene en todas las facetas del tratamiento, desde la historia clínica hasta el trabajo corporal energético equilibrador.

Dos objetos vibratorios entran en resonancia cuando su frecuencia fundamental o básica es la misma. En tal caso, aumenta enormemente el volumen o la amplitud de esa particular frecuencia en la cual vibran. Se dice entonces que conforman un sistema resonante. Pero si en un primer momento uno de los objetos no entra en vibración, el otro, al vibrar activamente, lo forzará a reaccionar vibrando a la misma frecuencia, y entonces vibrarán juntos como sistema. El ejemplo clásico es un experimento de física escolar, utilizado para demostrar el principio de la resonancia y el impulso. En él, dos diapasones de la misma frecuencia representan el sistema resonante. Manteniendo uno de ellos en cada mano, se golpea firmemente uno contra una superficie dura a fin de que comience a vibrar a su frecuencia natural, y poco a poco se lo acerca al otro. A cierta distancia, el otro diapasón comenzará de pronto a vibrar, por arrastre del primer diapasón: ambos vibrarán en armonía y resonancia.

El principio de la resonancia es aplicado a cualquier objeto vibratorio. El cuerpo humano y su campo energético constituyen, sin lugar a dudas, un objeto vibratorio, y dos o más personas pueden conformar un sistema resonante. Más aún, a raíz de la complejidad del cuerpo humano, puede decirse que la mente y el sistema energético forman en sí un sistema resonante. Gran parte de los mapas energéticos y de las técnicas de equilibramiento se basan, de hecho, en este principio. Si se comprende la base física de la música y el concepto de los armónicos, se comprende la base de la terapia de la polaridad. Al realizar un tratamiento de este tipo, obviamente el profesional y el paciente conforman un sistema resonante. El paciente, debido a su dolor o su enfermedad, sería la parte inactiva o no vibratoria del sistema; el terapeuta, la parte activa o vibratoria, que impulsará a la otra provocando en ella una respuesta similar, y ayudando así al paciente a que recobre la salud. Este concepto nos permite definir de otro modo la salud en relación con los seres humanos: *estar sano es vibrar plenamente a la propia frecuencia natural.*

Este principio no debería disuadir al terapeuta de aplicar un tratamiento cuando no se siente bien, ya que en el ser humano la responsable de la resonancia es fundamentalmente la energía, y el estado de ésta es controlado en definitiva por la mente o conciencia. Aplicar un tratamiento es una de las mejores formas que conozco de aguzar la conciencia y liberar la energía. El otro aspecto digno de mención de un sistema resonante es que es un proceso recíproco o bilateral. Podría decirse, pues, que cada vez que uno aplica un tratamiento polar, recibe a la vez un tratamiento polar.

El proceso de resonancia se inicia con el primer contacto mantenido con el paciente, en la primera sesión. La recolección de los datos para la historia clínica es la primera oportunidad de hacer algo práctico en relación con el proceso de impulso. Como dije, durante ese período hay que establecer un buen *rapport*, y para ello hay que amoldarse al ritmo del paciente, proceso que se descompone en dos partes: la equiparación y el reflejo especular.

En esencia, adaptarse al ritmo del paciente es entrar en su propia realidad. En la práctica, esto implica prestar atención al tipo de estructura y contenido del lenguaje que emplea, y modificar el propio para utilizar uno similar. En tal caso, uno estará «adaptándose» con su estilo de comunicación, lo cual asegura que el paciente tenga mayores probabilidades de comprender las preguntas que se le formulan y cualquier información de tipo pedagógico que uno desee compartir con él. Me referí a este concepto en el capítulo previo, al analizar las dificultades propias de explicar exactamente al paciente qué es la terapia de polaridad y cómo opera. Pero la equiparación hace algo más que mejorar la comunicación: crea un terreno de experiencia común con el paciente que facilita la comprensión de la índole de sus problemas. *Es erróneo creer que todos habitamos el mismo mundo*. En realidad, en este pequeño planeta hay algo así como cuatro mil millones de mundos diferentes.

El reflejo especular consiste básicamente en imitar la postura corporal y los gestos y ademanes del paciente. Éste es un fenómeno natural que se da permanentemente en nuestra vida cotidiana; basta observar a dos extraños sentados en el banco de un parque: después de un tiempo, cada uno de ellos reflejará especularmente la posición del otro. En el entorno terapéutico esta mímica debe practicarse con cuidado, pues si se vuelve demasiado notoria, el sujeto pensará que el terapeuta se está burlando de él. Otro aspecto del reflejo especular consiste en tomar conciencia del ritmo respiratorio del individuo y ajustarse a él. Esta forma particular de equiparación es muy poderosa, ya que para crear un cambio profundo en el estado de conciencia del individuo, hay que ingresar en el dominio del paralelismo energético.

Todo terapeuta practica más o menos inconscientemente el proceso global de amoldarse al ritmo del paciente, ya sea que comprenda o no este concepto. Si el lector lo ha comprendido, la próxima vez que dé una sesión de terapia de polaridad conviene que se vigile a sí mismo con una parte de su conciencia para advertir cuándo se está amoldando. Puedo garantizarle que lo hará en algún momento. Basta con que tome nota de ello y piense que lo hará con frecuencia cada vez mayor. No hay que forzarse a dicho proceso de adaptación en forma permanente, volviendo grosero un fenómeno que, en la experiencia normal, es sutil. La creación de un buen *rapport* debe ser algo tan natural como la respiración, y no debe exigir más atención que ésta. Una vez que se ha comprendido algo, dejar que ocurra es la mejor manera de utilizar la nueva información. Muy a menudo, cuando se «intenta» hacer algo, parecería que sucede en el plano psicológico lo que indica la tercera ley del movimiento de Newton: «para cada acción, hay una reacción igual y de sentido contrario».

Otra herramienta muy útil en la historia clínica es una lista de control de los cinco elementos. Básicamente, consiste en una tabla de cinco columnas, una por cada elemento; en cada columna se enumeran distintas categorías, seguidas de un recuadro en el que se hará una cruz si el paciente padece alguna perturbación en esa área o función. La figura 1 reproduce una lista como ésta. No es en modo alguno una lista definitiva; sugiero a cada lector que confeccione su propia lista. He comprobado que este instrumento es provechoso para crear un modelo visual de los desequilibrios del paciente, permitiendo apreciar de una sola mirada, una vez que está completo, dónde radica la perturbación predominante. Pueden emplearse otros parámetros distintos de los aquí mencionados para lograr una representación más concreta.

Lista de elementos
Nombre y apellidos: Fecha de nacimiento:

Éter	*Aire*	*Fuego*	*Agua*	*Tierra*
Articulaciones ☐	Hombros ☐	Ojos ☐	Senos ☐	Cuello ☐
	Riñones ☐	Plexo solar ☐	Genitales ☐	Intestinos ☐
	Tobillos ☐	Muslos ☐	Pies ☐	Rodillas ☐
Oído ☐	Tacto ☐	Visión ☐	Gusto ☐	Olfato ☐
Garganta ☐	Pecho ☐	Cabeza ☐	Pelvis ☐	Abdomen ☐
	Circulación ☐	Vitalidad ☐	Piel ☐	Huesos ☐
Atolondramiento ☐	Afecto ☐	Alegría ☐	Equilibrio ☐	Fuerza ☐
Congoja ☐	Codicia ☐	Cólera ☐	Sensualidad ☐	Temor ☐

Fig. 1

Capítulo 3

EL DIAGNÓSTICO

El diagnóstico, al igual que la confección de la historia clínica, es un proceso permanente que abarca todas las sesiones que se realicen. Para obtener un buen diagnóstico es necesario reevaluar el estado del paciente tanto al comienzo de cada sesión como en su transcurso. Se pueden diferenciar dos categorías de diagnóstico: uno físico y otro energético. El doctor Stone escribió extensamente sobre el diagnóstico físico. Siguiendo su esquema de trabajo, comenzaremos por analizar dicha categoría.

Los procedimientos destinados a establecer el diagnóstico físico deben contemplar la comodidad del paciente, es decir, deben llevarse a cabo al comienzo de la sesión, antes de iniciar el trabajo corporal y, en lo posible, deben realizarse de tal modo que el paciente no se vea obligado a subir y bajar de la mesa repetidas veces. El primer procedimiento de diagnóstico se lleva a cabo con la tabla de gravedad. Con él se trata de establecer en qué forma el paciente organiza su estructura física en función de la gravedad. Este tema aparece tratado en profundidad más adelante, en el capítulo 8. El segundo procedimiento de diagnóstico consiste en tomar la presión arterial. La forma más práctica de hacerlo es con el paciente sentado en la mesa de trabajo corporal. Se debe realizar la medición en ambos lados del cuerpo, ya que la información que se obtiene de esa manera puede resultar muy útil cuando se trata de alcanzar el equilibrio del sistema nervioso autónomo mediante tratamientos perineales y coxígeos. Hay que tener en cuenta que aunque la medición revele que la presión es alta, no hay motivos suficientes para suponer que lo sea en otros momentos. Existen muchos factores que pueden afectar la presión arterial al comienzo de un tratamiento, entre los que no debe descartarse el nerviosismo causado por la expectativa. La medición del pulso se puede hacer en esta misma etapa. Deberán medirse tanto el pulso radial como el de la arteria carótida en ambos lados del cuerpo. En la actualidad existen tensiómetros automáticos que miden la presión arterial y el pulso en forma simultánea; algunos incluso controlan la presión arterial en los dedos, lo que resulta mucho más eficaz ya que posibilita controlar la presión y el pulso durante toda la sesión. Si se toma el pulso manualmente, deberá hacérselo con rapidez y aplicando una presión leve, pues si la presión que ejercen los dedos es excesiva, es probable que se obtenga una lectura falsa. También se puede tomar el pulso en otras partes del cuerpo, lo que permite formarse un cuadro de la distribución de la energía vital en las diferentes zonas.

El tercer procedimiento, que se lleva a cabo con el paciente recostado sobre la mesa de trabajo corporal, pretende establecer cuál es el lado de la pierna corta. Esto indicará en qué lado del cuerpo se produce una contracción general de las corrientes energéticas. Tal contracción es principalmente producto de una tensión muscular desigual en la pelvis, y es un indicador parcial de la posición del sacro. Dicha desigualdad puede deberse a una lesión física o a un desequilibrio funcional de los cinco elementos.

El cuarto procedimiento consiste en controlar la función respiratoria. La forma más sencilla de hacerlo es ubicar las manos en diferentes posiciones sobre la caja torácica y verificar la movilidad de las distintas zonas cuando el paciente respira normalmente y cuando se le pide que respire hondo. Este procedimiento proporciona un cuadro global del funcionamiento del sistema nervioso simpático. Revela cuánto oxígeno y prana toma el paciente de la atmósfera. Se puede establecer una relación entre el ritmo respiratorio y el ritmo cardíaco. Cuatro latidos por cada respiración son un buen promedio. Si el ritmo respiratorio fuera muy lento y el pulso rápido, puede interpretarse que a pesar de que la circulación de energía es buena, su cantidad total es mucho menor de lo necesario para un funcionamiento adecuado del cuerpo.

El doctor Stone solía revisar los conductos nasales para verificar si estaban lo bastante abiertos como para permitir el libre flujo de aire y prana. Asimismo, recomendaba la utilización de dilatadores de oro y plata para abrirlos. Esta técnica fue desarrollada hacia fines

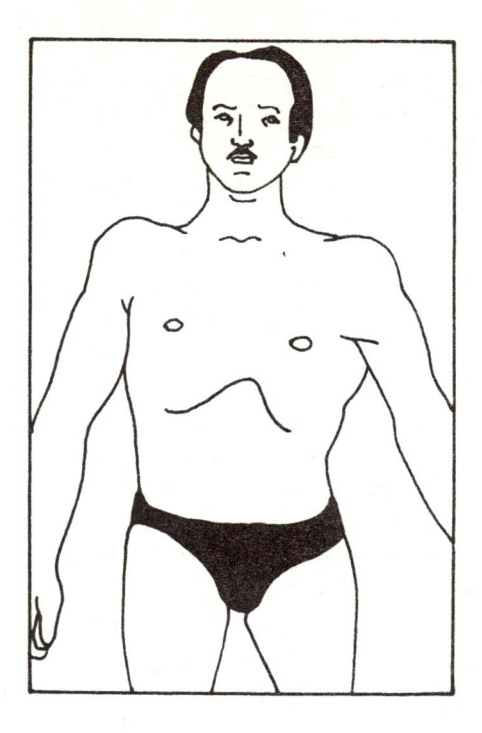

Fig. 2

del siglo pasado y opera sobre las zonas reflejas simpáticas de la membrana de Schneider, que recubre la cavidad nasal. Sin embargo, explicar dicha técnica excede al alcance de la presente obra. La dilatación de los conductos nasales se puede lograr con ejercicios de la pranayama (ciencia yóguica de la respiración) en los que se respira en forma alterna con una y otra fosa nasal. Es importante estimular la respiración nasal, pues presenta varias ventajas sobre la respiración oral. Cuando el aire pasa por los conductos, es filtrado por el vello nasal y calentado a fin de que no dañe las delicadas membranas internas de la garganta y los pulmones. A través de las membranas y senos nasales, el prana del aliento es absorbido en forma directa por el cerebro, donde activa la corteza cerebral y las corrientes de energía renovadas (caduceas)*.

* En la anatomía oculta del hombre hay dos corrientes de energía que fluyen en los lados derecho e izquierdo y que son positivas y negativas. Estas corrientes de energía positivas y negativas parece que se cruzan en nudos o puntos entre los chakras. De este modo se constituye el esquema de los caduceos o eje de Hermes (caduceo de Mercurio). (R.)

El paso siguiente es examinar la postura exacta del cuerpo del paciente sobre la mesa, para advertir las distorsiones angulares. Por ejemplo, puede ser que aunque la cabeza y el torso parezcan estar equilibrados y alineados simétricamente, al analizar la posición desde la zona del diafragma se descubra una desviación del cuerpo hacia la derecha o la izquierda, como se muestra en la figura 2. A veces el paciente exhibe varias distorsiones angulares que hacen que su postura sobre la mesa tenga forma de zigzag. Estas distorsiones suelen aparecer en los distintos niveles de chakras y, a menudo, indican la existencia de trastornos en esos puntos. Las distorsiones son señales de que existen desequilibrios en el flujo de energía vital en el cuerpo. No se trata de distorsiones estructurales porque, como el cuerpo se halla tendido sobre la mesa, la acción de la gravedad sobre él es mucho menor que si el paciente estuviese de pie. Lo que se ve cuando está recostado es la forma en que el flujo de energía vital afecta directamente la estructura muscular y el alineamiento corporal. Cuando la gravedad no es un factor determinante, la posición que adopta el cuerpo es el reflejo directo del flujo interno de energía vital, sin adaptaciones secundarias a la gravedad. Esto ocurre porque, como dijo el doctor Stone, la energía vital y los cinco elementos se encuentran más allá de la gravedad. El método ideal para realizar esta clase de lectura corporal y energética sería que el paciente flotase en el agua. Desafortunadamente, esto no es factible en la mayoría de los consultorios. La lectura corporal debe hacerse desde el extremo superior de la mesa bajando por el cuerpo del paciente, y desde el extremo inferior de la mesa hacia arriba, pues a menudo resulta más fácil ver las distorsiones desde un ángulo que desde otro. Dichas distorsiones expresan, de alguna manera, las relaciones internas del paciente, qué siente acerca de sí mismo, la dinámica de la imagen que tiene de su persona y la estructura de su carácter. A diferencia de otras terapias, en las que se recomienda que el paciente se recueste sobre la mesa en forma simétrica, en la terapia de polaridad dicha exigencia implicaría perder la oportunidad de reunir gran cantidad de información adicional, pertinente para el diagnóstico general.

Asimismo, resulta útil verificar las zonas calientes y frías del cuerpo. Las diferencias efectivas de temperatura superficial se reconocen empleando las manos. La existencia de zonas frías y calientes suele revelar problemas de circulación. Las zonas calientes señalan que hay inflamaciones y exceso de energía; las zonas muy frías revelan que hay bloqueos de energía crónicos. Esta técnica es muy práctica, pero hay que saber diferenciar los términos «tibio», «fresco», «caliente» y «frío» con respecto a cada paciente en particular. Es importante que la habitación tenga una temperatura uniforme y que el paciente se desvista y recueste permaneciendo inmóvil durante cinco o diez minutos antes de usar este procedimiento.

La última etapa del diagnóstico físico es el examen del alineamiento y la posible desfiguración de los dedos de manos y pies. Las uñas de unos y otros son indicadores confiables de trastornos energéticos; a veces la sequedad, la debilidad, la separación, la decoloración y la elevación de algún dedo en particular, ya sea de la mano o del pie, guarda relación con algún tipo de perturbación en el elemento, el chakra y los órganos que ese dedo representa. Como los trastornos de los pies son signos de estados crónicos y los de las manos son signos de estados agudos, cualquier desfiguración importante en una uña de la mano revelará que un estado crónico que estaba latente ha pasado a ser activo. Generalmente, si hay una desfiguración de esa índole en la uña de la mano, existirá una desfiguración correlativa en la uña correspondiente del pie. El alineamiento de los dedos de manos y pies es otro indicador útil para el diagnóstico; los torcimientos, curvaturas y superposiciones también son signos de problemas en las zonas del cuerpo que esos dedos representan. La falta de movilidad de alguna de las articulaciones es otro factor importante.

En el diagnóstico se debe observar, además, la cantidad de circulación retenida en la yema de los dedos cuando se la presiona. Esa cantidad señala el grado de flujo de energía en cualquiera de las zonas que ese dedo representa. Para realizar dicha prueba, sólo se debe ejercer presión en los costados de la yema del dedo de la mano y ver cuánta circulación queda retenida bajo la uña. También puede ser útil analizar con qué velocidad regresa la sangre cuando se deja de hacer presión. Será necesario repetir la prueba con todos los dedos y comparar. Importa recordar que la sangre transporta la mayor parte del prana que se encuentra en circulación en el cuerpo; así, si el diagnóstico se basa en el flujo de sangre, reflejará en forma directa el flujo de energía. También es posible sentir las diferencias en la circulación si se presionan las yemas de los dedos rápida y delicadamente y se compara la elasticidad y plenitud del tejido.

El nexo que une el diagnóstico puramente físico con el puramente energético es la técnica de diagnóstico a través de la medición del pulso, tomada del arte de la medicina ayurvédica. Según dije, la sangre es el principal vehículo portador de la energía vital. Está constituida por tres principios: el principio del aire, que físicamente está asociado al oxígeno en la sangre y energéticamente es el prana; el principio del fuego, que equivale al calor en el torrente sanguíneo; y el principio del agua, que es la base de la fluidez de la sangre. El ritmo y la calidad del pulso dependen de estos tres principios. En la medicina ayurvédica, para realizar un diagnóstico a partir del pulso, éste se mide con las yemas de los dedos correspondientes al aire, fuego y agua. La información que se obtiene se halla físicamente asociada a los latidos del corazón, la elasticidad de las arterias y la presión capilar, y energéticamente a los tres principios o, si utilizamos la terminología de la medicina ayurvédica, a los tres doshas. Los doshas (que no deben confundirse con los cinco elementos, a pesar de guardar cierta relación con ellos) son: Vayu (aire), Pitha (fuego) y Kapha (agua). «Dosha» es el término que utiliza la medicina ayurvédica para denominar los tres principios o fuerzas activas en cualquier enfermedad o falta de armonía física. Quizá se los entienda mejor si los denominamos «problemas secos», «problemas calientes» y «problemas acuosos»; de este modo, todos los problemas físicos se caracterizan porque su causa es el exceso o la carencia de aire, calor o agua en el cuerpo. En términos de polaridad, los tres doshas equivaldrían a la carga positiva, la neutra y la negativa. El dosha del aire sería la fase positiva en el movimiento de la energía, el dosha del fuego se relacionaría con la fase neutra y el dosha del agua con la negativa. La relación que existe entre los doshas y los cinco elementos es la siguiente: el dosha del aire es una combinación de los elementos éter y aire; el dosha del fuego equivale a veces sólo al fuego y otras a la combinación de éste con el elemento agua (las diferentes escuelas de la medicina ayurvédica no están de acuerdo con respecto a este tema); y el dosha del agua es una combinación de los elementos agua y tierra.

Las características propias de cada dosha se pueden resumir de la siguiente manera: VAYU (Aire) es el principio o fuerza motora del cuerpo vivo y sin ella los otros dos doshas no podrían actuar. Está asociado a los procesos físicos y mentales de naturaleza dinámica: la vista, el habla, el oído, etc., y a la percepción en general, en todas sus manifestaciones físicas y psíquicas. Pone en movimiento a todas las otras fuerzas que no pueden actuar por sí solas. Vayu rige el entusiasmo, la respiración, las actividades motoras (mentales y físicas). Regula el sistema nervioso autónomo. Se manifiesta en inflamaciones y dolores. No existe dolor sin Vayu. Es suave, frío, seco, móvil y agudo.

PITHA (Fuego) caldea, calienta o quema. Se relaciona con los procesos físicos y mentales que tienen función equilibradora y transformadora en la naturaleza: el hambre, la alegría, la inteligencia, las ideas, la digestión y la sed. Pitha tiene por función regular y mantener la oxidación y el suministro de calor, y mantener el equilibrio térmico en el cuerpo.

KAPHA (Agua) es el equivalente del frío en el cuerpo. Aglutina las partes y las mantiene unidas. Modifica y controla a Pitha. Lubrifica el cuerpo, especialmente las articulaciones y la piel. Kapha supervisa el crecimiento de los tejidos. Genera la valentía, paciencia y vitalidad. Tiene un efecto conservador y estabilizador.

Como puede verse, existe una clara relación entre los doshas y los elementos, y de acuerdo con mi conocimiento personal de la medicina ayurvédica, los conceptos de los tres principios o doshas surgieron porque quienes practican dicha medicina encontraban muy complicada la teoría de los cinco elementos cuando intentaban planear estrategias terapéuticas apropiadas.

Para tomar el pulso se utilizan los dedos del aire, fuego y agua de la mano derecha. Si el paciente es del sexo masculino, se le toma el pulso de la muñeca derecha, si es del sexo femenino, el de la muñeca izquierda. Para tomar el pulso, el dedo del aire debe ser el que se encuentre más cerca de la base del pulgar, exactamente a dos dedos de distancia de la raíz del pulgar. El paciente debe estar sentado con el brazo flexionado hacia arriba, apoyando el codo sobre la mano libre del profesional, como se indica en la figura 3. Se le debe sostener la mano de manera tal que sus dedos apunten hacia arriba.

No se debe tomar el pulso si el paciente acaba de darse un baño, una ducha, si viene de ingerir una comida o de hacer ejercicio. El paciente no debe tener hambre ni sed. Fundamentalmente, debe estar tranquilo, tanto mental como físicamente.

Una vez que se encontró el pulso, es necesario descifrar lo que pasa debajo de cada uno de los tres dedos. Se siente la actividad a lo largo de una sección bastante amplia del pulso radial. En la medicina ayurvédica se considera que existen alrededor de seiscientas variaciones diferentes en la calidad del pulso. En este trabajo estudiaremos sólo algunas de las principales. La pulsación que se siente bajo el dedo del aire se encuentra asociada a Vayu, la que se siente ba-

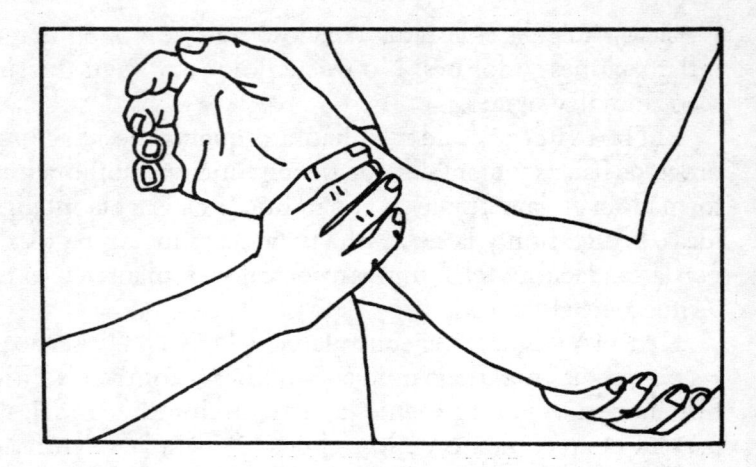

Fig. 3

jo el dedo del fuego a Pitha y la que se siente bajo el dedo del agua a Kapha. En primer lugar, siempre es bueno definir cómo se manifiesta ese «bicho raro» que es un pulso normal. Este pulso se puede sentir bajo los tres dedos; la sensación debajo de cada uno de ellos es lenta, suave y vigorosa. También es necesario poder ejercer una presión moderada en el pulso sin anularlo. El pulso normal sólo aparece cuando los tres doshas se encuentran en armonía. Si se analizan los tres doshas separadamente, los pulsos afines a ellos son:

Vayu, un pulso rápido, la sensación es similar a una víbora que se mueve describiendo curvas.
Pitha, un pulso saltarín, movimiento parecido al de un sapo o un gorrión.
Kapha, un pulso lento, movimiento como el de un cisne o un pavo real.

Al tomar el pulso con la yema de los dedos lo primero que hay que distinguir es dónde se lo siente. Si late principalmente contra el dedo del aire, Vayu se encuentra desequilibrado; si lo hace contra el dedo del fuego, Pitha está desequilibrado, y si el latido se siente contra el dedo del agua, el desequilibrio está en Kapha. Si el pulso se siente entre los dedos del aire y del fuego, tanto Vayu como Pitha se hallan perturbados; si se lo siente entre los dedos del fuego y del agua, los perturbados son Pitha y Kapha. Si se lo siente bajo los tres dedos, todos los doshas se encuentran desequilibrados. Si se lo siente bajo las yemas de los tres dedos, pero más intensamente bajo una de ellas, el que se halla perturbado es el dosha correspondiente a ese dedo. Una vez que se ha decidido dónde se siente el pulso, se debe analizar su calidad. ¿Es rápido, lento o saltarín? O, si utilizamos la simbología animal, ¿se mueve como una víbora, como un cisne o como un sapo? Si en un primer momento parece rápido y se mueve como una víbora, luego se convierte en saltarín y por último progresa lentamente como un cisne, los doshas funcionan regularmente, lo que indica un excelente pronóstico con respecto a la completa recuperación del paciente. Si los tres doshas se encuentran alterados, el pulso parecerá rápido, lento y saltarían al mismo tiempo. Si el pulso avanza como una víbora y como un sapo alternadamente, están alterados Vayu y Pitha. Si primero se mueve como una víbora y luego como un cisne, los alterados son Vayu y Kapha, y si se mueve primero como un sapo y luego como un cisne, Pitha y Kapha se encuentran en problemas.

Este método es, creo, lo bastante claro y simple como para que cualquiera pueda aprender los fundamentos de la técnica de medición del pulso tomada de la medicina ayurvédica. La única manera de dominarla es mediante la práctica constante. El aprendizaje de cualquiera de las técnicas orientales de diagnóstico por medio del pulso dura toda la vida, pero la utilidad de dicha práctica justifica con creces el esfuerzo.

El otro método de diagnóstico que, a mi entender, obra de nexo entre los procedimientos puramente físicos y los puramente energéticos es la reflexología de pies y manos. No pretendo profundizar en esta técnica, ya que ha sido tratada con gran detalle en muchas obras excelentes. No obstante, me parece importante mencionar un par de aspectos. A veces las zonas doloridas del pie de un paciente son tantas, que ello hace pensar que la masa total de sus corrientes energéticas y los órganos asociados se encuentran alterados. De acuerdo con mi experiencia, la causa de estos fenómenos suele ser un desequilibrio importante en el elemento agua, que generalmente se da en la pelvis. Cuando éste es el caso, las manos suelen revelar un cuadro más claro. Al verificar los reflejos, siempre se deben flexionar los pies del paciente, ya que ello ayuda a que salgan a la superficie.

Hablamos de diagnóstico energético, a veces llamado diagnóstico clarividente o parapsíquico, cuando se percibe en forma directa —por medio del oído, el tacto o la vista— el estado del campo de energía del paciente. En este proceso no interviene ningún «sexto sentido». Se lleva a cabo mediante el desarrollo de una aguda sensibilidad en uno o más de los sentidos antes mencionados. Los canales más comunes para la obtención de información son la vista y el tacto; no obstante, es posible «oír» la energía: pueden hacerlo, sobre todo, las personas que poseen un «oído musical» muy desarrollado. Al fin y al cabo la energía es vibración, lo mismo que el sonido. Como yo tengo más capacidad para percibir la energía por medio de la vista y el tacto, analizaré en detalle las técnicas en las que se utilizan estos dos sentidos.

Antes de adentrarnos en estas dos técnicas encuentro necesario señalar que también puede diagnosticarse el estado de un paciente mediante la técnica del péndulo. Un péndulo es simplemente un cuerpo pequeño y pesado, de madera, metal o cristal, unido a una cuerda o cadena de entre 15 y 20 centímetros de largo. Puede hacerse un diagnóstico con el péndulo incluso antes de ver al paciente, lo que resulta recomendable para evitar que éste piense que el profesional obra en forma un tanto extraña y para verificar la exactitud de la propia «rabdomancia».* Tras haber usado el péndulo durante un tiempo y adquirido práctica, a menudo se descubre que su utilización ya no resulta necesaria, pues el profesional sabe de inmediato y a nivel consciente dónde se hallan los problemas del paciente. La «rabdomancia» es una manera de acceder a la propia subconciencia. También es una forma de familiarizarse con el hecho de que todos tenemos una subconciencia, un aspecto de la conciencia con pleno conocimiento de la existencia de la energía vital, medio por el cual controla el funcionamiento el cuerpo. Nuestra capacidad para diagnosticar el estado de la energía del paciente es el resultado del trabajo de nuestra subconciencia, que puede acceder con gran facilidad a la información resguardada en la subconciencia del paciente; probablemente esto se deba a la existencia del inconsciente colectivo y a ciertas propiedades inherentes a la energía vital. El uso del péndulo es una manera de adiestrar la subconciencia en la comprensión del lenguaje particular que utiliza la energía (y que es usado en la terapia de la polaridad), hasta que dicho lenguaje se comprenda directamente en el nivel de la conciencia.

Aprender a usar el péndulo es muy sencillo. Sólo es necesario

---

* La rabdomancia es un procedimiento antiguo para detectar objetos ocultos, minerales o agua en el subsuelo (con varita o péndulo). La radiestesia detecta los fenómenos complejos que se manifiestan por una determinada sensibilidad del organismo humano (péndulo). (R.)

calibrarlo y, luego, decidir la clase de preguntas que se desea formular. Calibrar el péndulo significa establecer el tipo de movimiento que hace para indicar un «sí» y el correspondiente a un «no». He notado que es muy conveniente sostenerse el codo al utilizar el péndulo. Se lo pone en movimiento de modo que se balancee muy suavemente, hacia atrás y hacia adelante (hacia el profesional y apartándose de él), desplazándose entre 3 y 5 centímetros. Luego, ya sea en voz alta o para uno, se deberá preguntar «¿me llamo...?» agregando el nombre completo. Como la respuesta a esta pregunta será afirmativa, la forma en que se mueva el péndulo indicará un «sí» (puede tratarse del mismo movimiento hacia atrás y adelante con que se comenzó o de otro diferente). A continuación, se volverá a balancear el péndulo suavemente como al principio, y se formulará una pregunta cuya respuesta se sabe que será «no»; por ejemplo «¿tengo... años?», mencionando una cifra indudablemente falsa. La forma en que el péndulo se mueva en respuesta a dicha pregunta indicará un «no». Por lo general, un «sí» se expresa mediante algún tipo de balanceo circular y un «no» mediante un movimiento de lado a lado o hacia atrás y adelante; otras veces un «sí» se manifiesta como un movimiento circular en el sentido de las agujas del reloj, y un «no», en sentido contrario. En realidad, no hay una regla fija. En un comienzo es recomendable verificar el calibrado del péndulo cada vez que se lo utiliza, hasta que se haya establecido un patrón invariable. Por lo general no se requiere mucho tiempo para que así ocurra, pero al principio resulta conveniente repetir el calibrado para estar seguro de su exactitud.

Las preguntas que pueden hacerse con el péndulo acerca de la energía del paciente son casi ilimitadas. Se puede interrogar al sujeto sobre su funcionamiento respecto de los cinco elementos, la actividad de los chakras, el equilibrio del sistema nervioso, posibles bloqueos en los canales de las corrientes individuales, etc. En todo momento se debe estar seguro de entender el tema que se está explorando. En otras palabras, si no se comprende la teoría de los cinco elementos, no deben hacerse preguntas acerca del equilibrio de los elementos, pues lo más probable es que las respuestas del péndulo no sean precisas. Importa recordar que el péndulo sólo refleja la comprensión que tiene la subconciencia propia acerca del lenguaje utilizado, y si no se entiende la teoría de los elementos por no haberla estudiado y analizado, no puede pretenderse que la subconciencia dé respuestas significativas y precisas. Creo importante destacar que el modo de emplear el péndulo que acabo de describir no es el único posible. Los buenos libros sobre rabdomancia ofrecen muchas otras alternativas.

La técnica conocida como «exploración del aura con la mano» es una de las formas más sencillas de percibir los desequilibrios en el campo energético del paciente. Debe recordarse que el campo de energía o aura se extiende más allá de los límites del cuerpo físico. El aura en sí se compone de varias capas de energía que se penetran entre sí; todas vibran en diferentes frecuencias. La capa del aura que, por lo general, más nos interesa es la llamada «aura de la salud», o a veces el «doble etérico»; es el conjunto de vibraciones que irradian desde el núcleo del campo energético hasta no más de tres a cinco centímetros de la superficie del cuerpo. Para explorar esta capa del aura sólo es necesario mover lentamente la palma de la mano abierta, a lo largo de la superficie del cuerpo y a aproximadamente tres centímetros de ella. Se procura percibir *cambios* en la sensación de la palma. No se trata de experimentar una sensación con alguna característica en especial, sino de sentir las diferencias entre las diversas zonas exploradas. Las clases de sensaciones que pueden experimentarse son predominantemente una mezcla de calor, frío, comezón, vibración, dolor, latidos o presión. Las sensaciones al explorar la energía son propias de cada profesional. Esta habilidad no se desarrolla rápidamente, pero, sin duda, vale la pena empeñarse.

Ser capaz de sentir las perturbaciones en el campo de energía del paciente es sólo el primer paso en esta modalidad singular de diagnóstico parapsíquico. Puede llevar muchos años de práctica desarrollar la aptitud de interpretar las sensaciones que uno tiene, lo que significan en realidad, con cierto grado de claridad. En muchos libros se trata de definir los significados de las diferentes sensaciones en la exploración con la mano. Sin embargo, como la experiencia de cada persona es sutilmente distinta de la de las demás, no existen motivos para creer que la información contenida en dichos libros pueda ser útil para el profesional.

Al realizar esta exploración, es importante deslizar la mano lentamente, pues las sensaciones son muy débiles. Si se mueve la mano demasiado rápido no habrá tiempo para asimilar las diferentes impresiones. Es como si transcurriera un tiempo entre la impresión táctil que percibe alguna variación y su reconocimiento consciente. Como se ha dicho, el procedimiento en cuestión debe ser lento; pero no demasiado, ya que de ese modo se comenzaría a manipular el flujo de energía de esa zona como si se estuviese aplicando un tratamiento. Si existe una regla con respecto a la exploración con la mano, es que «lo que cuenta son las primeras impresiones». La repetida verificación de una zona en particular también afectará la energía de esa zona. Esta técnica puede practicarse en uno mismo, lo que resulta especialmente útil para aprender a interpretar lo que se siente, máxime si uno tiene zonas problemáticas específicas que son accesibles y fáciles de explorar con la palma de la mano. Algunas personas descubren que una de sus manos es más sensible que la otra para esta clase de diagnóstico. A menudo se trata de la mano izquierda, pero, nuevamente, sólo es una cuestión de preferencia personal. La exploración del aura física o de la salud transmite gran cantidad de información sobre el funcionamiento fisiológico. Asimismo, es posible explorar el aura a mayor distancia del cuerpo que la del aura de la salud, y llegar a las capas que se relacionan con los diferentes niveles de la mente.

La parte del aura situada a una distancia de entre tres y veinticinco centímetros del cuerpo se vincula con la subconciencia y las emociones. A menudo se la llama la zona astral del aura. La que está a una distancia de entre veinticinco y sesenta centímetros corresponde a la conciencia y los pensamientos, y la que se halla a más de sesenta centímetros y llega hasta el límite (variable) del aura guarda relación con la supraconciencia y el alma. La exploración del aura desde la zona física hasta la supraconsciente revelará mucha información acerca de alguna perturbación energética que se haya detectado a nivel físico. Por ejemplo, si a cierta distancia del cuerpo, en la misma zona, apareciera una perturbación, podrá deducirse que el problema involucra factores de índole emocional, mental o espiritual. Como a algunos pacientes les puede resultar extraño que el profesional explore las capas exteriores del aura, por no estar habituados a ver a alguien deslizando sus manos a cierta distancia del cuerpo, suelo pedir a mis clientes que se relajen y cierren los ojos durante unos minutos mientras lo hago. ¡Personalmente, me divierte ver la expresión de perplejidad en el rostro del paciente si mantiene los ojos abiertos!

La técnica que denomino «exploración profunda» es una variante de la exploración con la mano. Implica proyectar la energía de la palma de la mano en el cuerpo del paciente para establecer con precisión dónde se encuentra el verdadero origen del desequilibrio energético que se manifiesta en la superficie. La capacidad de detectar ese origen puede volver mucho más específico y eficaz el trabajo de liberación de los bloqueos energéticos. Si se recuerda que todas las frecuencias de energía vital tienen su origen en el núcleo e irradian hacia el exterior, es obvio que muchos de los trastornos que se detectan en el aura física tendrán sus raíces en un lugar más profundo de los campos de energía. El concepto esotérico de «tal como en el interior, así en el exterior» también se conecta con este fenómeno. La técnica consiste en colocar la mano sobre la superficie del cuerpo y proyectar la energía como un rayo que se reflejará y volverá hacia la fuente cuando halle un obstáculo. La sonda del radar o del sonar actúa del mismo modo cuando encuentra un objeto. La eficacia de la técnica descrita depende del grado de conciencia del profesional. No debe olvidarse que a la energía la mueve la intención. Lo que se procura es tomar conciencia de una resistencia o un bloqueo total al libre movimiento de la energía al proyectarla en el cuerpo del paciente. Con la práctica se vuelve posible determinar con bastante precisión el tamaño y la profundidad exactos del bloqueo energético en el campo de energía. No todas las perturbaciones en el aura física proceden de un nivel más profundo. Cuando el profesional coloca la mano sobre el cuerpo para realizar una exploración profunda y siente que su energía y conciencia no pueden penetrar por debajo de la superficie, que se dispersan instantáneamente, es posible que haya recogido tensiones o defensas en los músculos superficiales de esa zona. Cuando trate de aliviar, mediante la técnica que considere apropiada, el bloqueo que encontró, la percepción que tenga de la verdadera profundidad y posición de dicho bloqueo aumentará enormemente la claridad de su intención, lo que a su vez asegurará una liberación o limpieza total del campo de energía.

Luego de haber utilizado las técnicas energéticas de diagnóstico durante cierto tiempo y haberse familiarizado con la energía vital después de muchas sesiones, es probable que el profesional descubra que comienza a «ver» la energía. La percepción visual de la energía vital no es necesariamente más exacta que la cinestésica, pero sí más rápida. Algunas personas tienen más propensión a sentir el aura que a verla. Podría afirmarse que cualquiera es capaz de aprender a sentir la energía, pero no todos son capaces de aprender a verla. Para ver algo que carece de existencia física es necesario olvidar los modelos visuales cotidianos de la realidad. A algunos esto les resulta imposible, pues implicaría la pérdida del equilibrio psicológico. En los comienzos uno ve la energía con la visión periférica, de reojo, por así decir. No se debe tratar de buscar o forzar el fenómeno, sólo se lo debe notar cuando ocurre y aceptar que probablemente se volverá más frecuente. Existen diversos sistemas de ejercicios visuales cuya intención es facilitar la percepción del aura; dichos ejercicios resultan muy eficaces para algunos individuos. A fin de ver el aura con claridad, es menester entrar en lo que básicamente es un estado alterado de conciencia; es por ello que la práctica de la meditación y la experiencia con estados hipnóticos pueden ser beneficiosas, ya que expanden la visión que se tiene del mundo, de modo tal que se desarrolla la habilidad de ver la energía, la esencia de la vida.

A la larga, es muy probable que mediante la práctica constante de las técnicas de diagnóstico se llegue a un punto en que la subconciencia las habrá asimilado en un grado tal, que simplemente se «sabrá» cuál es el origen de los desequilibrios energéticos del paciente sin necesidad de emplear los procedimientos de diagnóstico antes explicados. Se habrá trascendido el campo de la técnica para entrar en el campo del arte.

Capítulo 4

OTRAS CONSIDERACIONES

La práctica de la terapia de polaridad se encuentra en una zona intermedia entre la psicoterapia orientada al cuerpo y la medicina alternativa. En cada caso, el énfasis que se dé a una u otra disciplina quedará a discreción del profesional. Considero que la terapia de polaridad, según la enseñaba y aplicaba el doctor Stone, era una forma poderosa de curación sin medicamentos; así, debería incluírsela dentro de la categoría de medicina alternativa. El enfoque psicoterapéutico ha sido desarrollado más recientemente por estudiosos que ya contaban con alguna experiencia en asesoramiento psicológico o en las diferentes formas de psicoterapia orientadas al aspecto corporal, como la terapia reichiana o bioenergética.

Será preciso tener claro qué modelo se está utilizando con cada paciente para que la evaluación de la utilidad del trabajo, tanto la del profesional como la del paciente, partan de una base sólida, y para eliminar las ambigüedades del contrato acordado por ambos. Asimismo, importa recordar que el profesional debe limitarse, en la práctica, al uso de un único modelo. A menudo descubro que he aplicado la medicina alternativa por algunos meses, que durante los meses siguientes mi enfoque fue psicoterapéutico, y así sucesivamente. En realidad, parecería que el modelo que utiliza cada profesional se rige por la ley universal de la atracción. Si uno atraviesa por un período de readaptación emocional, atraerá a pacientes que se encuentren en la misma situación y utilizará el modelo de la psicoterapia. Si, en cambio, padece de dolores y malestares o ha sufrido una lesión recientemente, atraerá a pacientes que necesiten recurrir a una curación sin medicamentos. Todo depende de la situación exacta en que se encuentre la conciencia del profesional en un momento dado.

Todos los sistemas corrientes de psicoterapia se basan en un modelo terapéutico, es decir, una idea general acerca del funcionamiento del sistema que se utiliza. En la actualidad, los dos modelos más importantes son la terapia basada en el contenido y la basada en el proceso. Ambos enfoques pueden centrarse en una estrategia general o en el paciente. De acuerdo con el modelo de psicoterapia de contenido, para que se solucionen los problemas del paciente es necesario que éste sea consciente de las raíces, a nivel subconsciente, de los motivos que originan su problema en particular; básicamente supone que si sabemos por qué hacemos o nos pasa algo que nos causa problemas, ello dejará de ser así. También podría denominárselo un modelo de comprensión intuitiva (*insight*), por cuanto cree que la comprensión de la naturaleza y las causas de cierto problema proporcionará el estímulo indispensable para cambiar la situación. La pregunta principal que se hace la terapia de contenido es: «¿por qué?».

El problema principal que puede traer aparejada hoy la aplicación de una terapia basada exclusivamente en el contenido es que las personas se han vuelto mucho más sagaces en cuanto a su comprensión de las pautas psicológicas, y, a menos que el origen de sus dificultades se halle en un ámbito con el que no están familiarizadas, el incremento de comprensión que lleguen a obtener no tendrá gran efecto en el problema en cuestión. El psicoanálisis freudiano es el ejemplo clásico de una terapia de contenido. En la época en que se desarrolló, mostrarles a los pacientes que sus problemas se originaban en una situación edípica les causaba un impacto psicológico enorme, por tratarse de un ámbito de las relaciones humanas que, hasta entonces, nadie se había detenido a analizar en profundidad. Estoy convencido de que todos deseamos saber por qué las cosas son como son. Este deseo constituye el impulso principal de los descubrimientos científicos en todos los campos, la curiosidad esencial del ser humano, sin la cual aún viviríamos en las cavernas.

El modelo de proceso se basa en la idea de que lo que importa no es por qué hacemos algo sino el proceso o los pasos que dan origen al problema. La meta de la terapia de proceso es entender cómo hacemos para crear cierto problema. Una vez que entendemos esto, somos capaces de intervenir en forma consciente en el proceso o pasos que llevaríamos a cabo normalmente, y así generar un nuevo resultado. La terapia de proceso hace gran hincapié en el flujo de sentimientos en el continuo del «cuerpo-mente». En dicha terapia se considera que el movimiento corporal, las posturas, el tono de voz, etc., son indicadores de la corriente de sentimientos asociados al contenido de cierta experiencia en particular. A menudo los ejercicios de concienciación constituyen una parte importante de la terapia de proceso: aprender a darnos cuenta de los esquemas de tensión presentes en el cuerpo, descubrir cómo nos sentimos con respecto a éste, etc. Las preguntas que se formula una terapia de proceso son: «¿cómo?, ¿cuándo?, ¿dónde?, ¿qué?». La terapia guestáltica y la programación neurolingüística son ejemplos de sistemas terapéuticos que utilizan en gran medida el modelo de proceso.

Además del modelo terapéutico existe, de acuerdo con mi denominación, un enfoque terapéutico: la estructura básica de la relación creada entre el profesional y el paciente. Actualmente existen dos enfoques principales: el «centrado en la estrategia terapéutica» y el «centrado en el paciente». El enfoque centrado en la estrategia, ya sea que se base en un modelo de contenido o de proceso, tiene lugar cuando el profesional decide, sin intervención del paciente, qué técnicas terapéuticas utilizará. En este enfoque, el profesional desempeña el papel del estratega que planea una campaña bien detallada, examina los efectos de las acciones llevadas a cabo, modifica los planes según las reacciones obtenidas y evalúa los resultados por sí solo. A menudo el paciente expresará cuál es el resultado deseado en la primera sesión; si esto no ocurre, el profesional irá efectuando una serie de cambios terapéuticos teniendo en cuenta su propia percepción de las necesidades del paciente. Es probable que los resultados obtenidos por medio del enfoque estratégico sobrepasen los deseados por el paciente en un primer momento. A veces esto ocurre porque la estrategia que se utiliza para causar cierto resultado tiene ramificaciones mucho mayores que las implícitas en el deseo original, y las técnicas empleadas provocan un cambio de tal magnitud que la terapia produce efectos no esperados por el paciente inicialmente. En el enfoque estratégico el profesional se hace plenamente responsable de la influencia que pueda tener sobre el paciente. La hipnoterapia ericksoniana es un ejemplo de terapia estratégica.

En el modelo centrado en el paciente, el terapeuta no realiza intervención alguna hasta que el paciente haya podido expresar sus necesidades. Si el paciente tiene un problema pero no sabe qué hacer al respecto, el profesional deberá inducirlo a participar cabalmente en el proceso de toma de decisiones, haciéndose eco de sus comentarios de un modo pasivo hasta que el paciente alcance la claridad suficiente para saber qué pretende de la terapia. Éste es un elemento permanente de la tarea: poco a poco el paciente va precisando el resultado pretendido y participa más; a medida que la terapia progresa, toma nuevas decisiones con la asistencia del profesional. Se trata de evitar todo tipo de manipulación del paciente por considerar que lo «despotencia», lo despoja de su sensación de gobernar su propia vida. En el enfoque centrado en el paciente, la responsabilidad por la naturaleza del trabajo realizado recae sobre el paciente. La psicología humanística tiende a utilizar este enfoque.

Por lo general, salvo los puristas más fervorosos, los adherentes a un sistema psicoterapéutico muy probablemente recurran a más de un modelo en su práctica. Casi todos los profesionales que utilizan la terapia centrada en el paciente realizan ciertas interpretaciones en diferentes momentos de su trabajo. Los que aplican una terapia de contenido también se concentrarán, de tanto en tanto, en el proceso. Sin embargo, es raro que un mismo profesional utilice ambos enfoques, el centrado en el paciente y el estratégico. La mayoría opta por uno de ellos y lo aplica durante toda su vida profesional.

Gran parte de los sistemas de psicoterapia se basan en un modelo conceptual específico del «ser humano sano». Las definiciones de lo que esto significa varían: desde el individuo que no padece de ninguna clase de neurosis, pasando por el que puede tener un orgasmo pleno, hasta el que es capaz de autorrealizarse. Toda terapia, cualquiera sea su modelo, está en gran medida orientada a convertir al paciente en lo que para ella es una persona sana. La existencia de estos modelos de seres humanos perfectos implica que cualquiera sea el resultado que el paciente haya declarado que desea obtener de la terapia, el rumbo de ésta deberá subordinarse a la materialización en el paciente, por obra del terapeuta, del modelo de funcionamiento humano perfecto al que este último adhiere.

Por ejemplo, un paciente acude a un terapeuta cuyo modelo de funcionamiento perfecto es una persona que puede tener un orgasmo pleno. El deseo específico del paciente es superar ciertas angustias vinculadas con su vida laboral, quizá con su capacidad para relacionarse con las figuras de autoridad. La única forma en que el terapeuta puede lograrlo es tratando de dotar al paciente de la capacidad de expresar esa idea del funcionamiento humano perfecto, pues si lo consigue, todos los problemas del paciente desaparecerán. Debo admitir que ésta es una interpretación simplista de lo que en realidad es un proceso sumamente complejo, pero el enunciado es válido. Es bueno conocer la clase de idea del hombre sano a la que adhiere un terapeuta antes de someterse a cualquier tipo de tratamiento con él. A menudo, estos modelos llevan incorporadas algunas limitaciones que probablemente el paciente no desee hacer suyas.

¿Cuál es mi idea del ser humano sano? ¿Cuál es el modelo que asimilé durante mi preparación? Estas preguntas se las debe hacer todo profesional que aplique la terapia de polaridad. En algunos cursos no se habla del modelo abiertamente sino que se lo debe inferir de ciertas afirmaciones concernientes a la estructura del comportamiento humano. El modelo abierta o encubiertamente ofrecido siempre puede reducirse (por complicado que parezca) a unas pocas aseveraciones o incluso a una única frase. La idea del ser humano sano que sostiene la terapia de polaridad es, según el doctor Stone, la de una persona cuya abundante energía fluye libremente y que siente su conexión con la fuente de la vida; me atrevería a agregar que además debe ser capaz de cambiar con facilidad.

El contrato terapéutico, como cualquier otro, es un acuerdo entre las partes con respecto a cierta forma de organización de los «negocios». Si el profesional practica la terapia de polaridad como un sistema de medicina alternativa, el contrato que celebrará con el paciente será bastante simple. Estipulará que se compromete a restaurar, en la medida de lo posible y tan pronto como pueda hacerse, el funcionamiento normal del cuerpo del paciente y éste se comprometerá a asistir al consultorio por un número determinado de sesiones o hasta que el problema se haya resuelto, y a abonar un precio por el servicio. Sería poco inteligente por parte del profesional realizar aseveraciones categóricas acerca de la recuperación definitiva del paciente. Asimismo, importa recordar que en Inglaterra, por ejemplo, se considera ilegal afirmar que se poseen facultades para curar ciertas enfermedades. Cualquier aseveración falsa o exagerada por parte del profesional socavará la pertinencia del contrato, e incluso podrá invalidarlo definitivamente.

Si el profesional practica la terapia de polaridad como una forma de psicoterapia basada en el cuerpo y la energía, el contrato que celebre con el paciente deberá abarcar un mayor número de cuestiones. En la parte que corresponde al profesional, se deberán incluir detalles acerca de los honorarios, el número de sesiones, el momento en que se debe realizar algún tipo de evaluación mutua sobre el progreso de la terapia, la clase de terapia que se aplicará, sus posibles efectos y la reserva que debe guardar el terapeuta en lo tocante a la información de carácter personal. También deberán estipularse las reglas básicas que se deberán respetar durante las sesiones; por ejemplo, si la terapia es de asesoramiento psicológico, ¿el paciente puede fumar?; si se recurre a alguna clase de trabajo catártico de liberación emocional, ¿le está prohibido al paciente ejercer violencia contra el profesional o se le permitirá luchar físicamente con él?; ¿brindará el profesional apoyo telefónico al paciente fuera del horario normal de sesión?, etc. La parte del contrato que concierne al paciente incluirá las estipulaciones acerca del pago de honorarios, la asistencia puntual, así como su compromiso de brindar, hasta donde le sea posible, información franca y honesta, y de esclarecer con el profesional las dudas que surjan respecto de algún tema. Someterse a una terapia implica, por lo menos en cierto grado, la voluntad del paciente de cambiar; si se quiere, éste es uno de los aspectos implícitos del contrato.

En mi opinión, la terapia de polaridad se basa principalmente en un modelo de proceso. Trabajar con la energía vital es trabajar con el fundamento esencial del ser, con la danza de la vida. No se puede hablar del flujo de la energía vital en el cuerpo buscándole un «porqué». La energía simplemente «es». En mi trabajo empleo un enfoque estratégico. Aplico la terapia de polaridad a la vez como medicina alternativa y como psicoterapia. Con algunos pacientes descubro durante el tratamiento que mi trabajo se desplaza de la medicina alternativa a la psicoterapia, y debo negociar un nuevo contrato.

Existe otro enfoque que no es centrado en el paciente ni estratégico, por cuanto no ofrece al paciente resultados específicos. Es un enfoque no directivo que en realidad ni siquiera es una «terapia», en el sentido normal de la palabra, a pesar de que, sin duda, puede tener efectos terapéuticos. Lo denomino el «enfoque armonizador». En él se procura, a través de la experiencia con el trabajo energético, lograr una armonía entre el paciente, la energía vital y su flujo en el cuerpo. Se trata de proporcionarle al paciente una experiencia en su forma más pura sin ningún tipo de interpretación o explicación. Es la polaridad aplicada al crecimiento personal, es decir, el crecimiento con respecto a la conciencia o sabiduría de la vida: saber qué significa «estar vivo». Consiste en confiar en que la propia energía vital tiene conciencia y sabiduría, y que provocará en uno los cambios más apropiados porque el prana, el aliento de la vida, es también el aliento del alma, y es el alma la que sabe verdaderamente lo que necesitamos y cómo deberíamos ser en esta vida. La armonización con la energía vital, si se la lleva a cabo correctamente, consiste en crear un canal de comunicación con el alma. Cuando se aplica la terapia de polaridad de esta manera, la relación terapeuta-paciente desaparece y las dos personas pasan a ser aventureros que juntos exploran los reinos sutiles.

El enfoque armonizador involucra una unión y una resonancia a nivel del alma, donde dos personas singulares, libres de los límites de la materia, pueden elevarse y danzar en busca de la fuente de la vida. Es la vuelta taoísta a la fuente que se encuentra más allá de la muerte, sin dejar de participar plenamente en el proceso de la vida. Este particular enfoque de la polaridad se logra mejor si se parte de una base sólida de conocimientos teóricos y prácticos acerca del sistema. No es una excusa para la ineptitud. El enfoque armonizador trasciende cualquier idea de terapia y quizá podría expresarse, al estilo de las paradojas taoístas, como «una terapia sin terapia». Consiste en aprender una terapia y aplicarla de modo tal que no sea necesaria. Este enfoque se funda en que los cambios terapéuticos más provechosos son los que derivan de una relación profunda entre las personas involucradas.

Capítulo 5

LOS CINCO ELEMENTOS

Uno de los aspectos más importantes de la terapia de polaridad es la comprensión de la teoría de los cinco elementos. Luego de haber estudiado la obra del doctor Stone y diversos libros sobre la medicina ayurvédica, y de haber consultado con varias personas que supuestamente entendían la teoría, descubrí que mi confusión crecía cada vez más. La fuente principal de dicho estado era una afirmación del doctor Stone en la que decía que los cinco elementos eran como las placas de una batería que se cargaban con la energía vital o prana. Esto parecía indicar que él consideraba que los cinco elementos eran sustancias cargadas de energía; sin embargo, me crucé con un planteo teórico según el cual los cinco elementos eran fundamentalmente cinco características distintas de la energía en movimiento. En algunas ocasiones, el doctor Stone se refirió a los cinco elementos como materia y en otras como energía.

Mi confusión comenzó a aclararse cuando comprendí que en la medicina ayurvédica existen, por un lado, los cinco elementos como diferentes vibraciones de energía, y por el otro, los cinco *tanmatras* (cinco átomos fundamentales) que se denominan igual que las cinco energías elementales. En los escritos del doctor Stone se incluye un cuadro llamado la combinación Pentamarius* de los elementos (lo analizaremos más adelante en este capítulo) que, en realidad, es la clasificación de la estructura de los cinco tanmatras y no, como pensé inicialmente, de las cinco energías elementales. A decir ver-

---

* El autor utiliza el lenguaje sánscrito (medicina ayurvédica). (R.)

dad, no pueden separarse los cinco elementos de los cinco tanmatras. La manera más simple que se me ocurre para explicar su relación —y permítaseme aclarar que sólo trato de transmitir mi manera de entender este tema— es decir que toda materia está formada por diferentes átomos fundamentales, los cinco tanmatras, y que cada uno de esos átomos recibe su carga de un ritmo vibratorio específico del prana; por ejemplo, la tierra o tanmatra *prithvi* recibe su energía de la vibración terrestre o térrea del prana, que se distribuye en el cuerpo del chakra por medio de la tierra. Adviértase que el nombre de la energía elemental terrestre es también prithvi. La mitad de la estructura real del tanmatra tierra es tierra pura y la otra mitad está formada por cantidades iguales de los cuatro átomos restantes, pero su naturaleza es principalmente térrea, pues tal es la característica de la energía vital de que se halla imbuida. Cuando estos átomos fundamentales se cargan de energía vital, se atraen entre sí en virtud de su polaridad y tienden a reunirse en gran cantidad en determinadas zonas del cuerpo, creando así un campo oval o zona de actividad específica. No obstante, todos se encuentran presentes en el cuerpo entero en cantidad variable.

Partiendo de la comprensión del esquema descrito, podemos considerar que las manipulaciones que se realizan en la terapia de polaridad se dan en dos etapas diferentes: la primera, en la que nos ocupamos de la distribución de las energías elementales en todo el cuerpo, mediante el trabajo con los chakras y el sistema nervioso; y la segunda, en la que procuramos repolarizar los diversos campos del cuerpo para que los átomos cargados puedan atraerse entre sí y operar en conjunto armoniosamente. Por ejemplo, si un paciente tiene un problema respiratorio, que obviamente se relaciona con el chakra del aire y el campo oval correspondiente, el trabajo terapéutico consistirá en verificar que el chakra funcione correctamente y distribuya su energía por todo el pecho hacia los tanmatras del aire, y luego polarizar el campo oval del aire, asegurando que los tanmatras del aire recargados se atraigan entre sí y operen en armonía.

En cierto sentido resulta imposible separar el concepto de los cinco elementos del de los cinco tanmatras, pues funcionan conjuntamente; y podría afirmarse que toda materia es, de alguna manera, energía. Trato de decir que el modelo explicado es sólo una descripción, fácil de entender y de aplicar, que refleja una realidad sutil. La tarea del profesional debe partir de una claridad mental que le permite aplicar la terapia con confianza, aunque no le sea posible definir la realidad, que siempre supera nuestra capacidad de conceptualizarla con precisión.

El doctor Stone señaló que a menos que los cinco elementos del cuerpo (los átomos fundamentales cargados más puros) se encuentren adecuadamente polarizados, no nos es posible extraer las esencias más puras de la materia (los tanmatras) de nuestra alimentación para reabastecer nuestros campos de energía y así mantener nuestra estructura. El modelo comentado ayuda a esclarecer en gran medida lo que el doctor Stone quería decir cuando hablaba de la polarización y la despolarización, y en qué se diferencia esto de su análisis de los cinco «ríos energéticos». Los términos «polarización» y «despolarización» se encuentran asociados a la capacidad de las *sustancias* más puras de atraer a sus componentes constitutivos para funcionar en equilibrio. La energía única modulada por los chakras es la que activa las esencias más puras de la materia y les otorga la capacidad de atraer y repeler.

Las cinco diferentes vibraciones del prana fluyen por todo el cuerpo. Surgen como una modulación o una reducción de la corriente primaria de prana libre que se halla en la atmósfera, que tomamos al respirar y que se transmite al cerebro a través de los senos nasales. Una vez que el prana llega al cerebro, se distribuye a lo largo del cuerpo por vía de las corrientes caduceas. A medida que pasa por las diferentes centrales eléctricas —los chakras— en el proceso de distribución, se va modulando para cumplir diversas funciones en el cuerpo.

Los chakras son cinco centros diferentes de actividad energética que se encuentran a lo largo de la columna vertebral, donde la acción de nuestra conciencia transforma el prana en distintas vibraciones. Son centros de conciencia y energía. Cuando el prana libre ingresa en el cuerpo, no hay en él ningún tipo de diferenciaciones, es energía pura sin voluntad alguna. La acción de nuestra conciencia en los chakras lo provee del atributo de la voluntad o «plena presencia mental». Sabe entonces lo que tiene que hacer. Gracias a que la energía vital se halla imbuida de conciencia y a que fluye por canales muy diferentes de los de nuestro sistema nervioso normal, tenemos la posibilidad de percibir en forma total y plena la estructura de nuestro cuerpo y el plano esencial más sutil de la existencia. Esta forma de percepción ha sido cultivada en muchas tradiciones espirituales entendiendo que a ella apunta el verdadero significado de la frase «Conócete a ti mismo».

Dado que nuestra conciencia atraviesa por etapas de aprensión y negatividad en respuesta a los reflejos internos de las experiencias externas, que le son transmitidas a través del sistema nervioso, la energía de los chakras también puede contener características negativas o aprensivas. Cuando la energía que sale modulada del chakra lleva consigo una vibración negativa, no polariza adecuadamente los átomos fundamentales, lo que a menudo genera un trastorno físico. También crea la base de la memoria celular. Un tratamiento polar suele activar estas memorias celulares basadas en la energía. Lo que ocurre en realidad es que, a medida que se transporta la energía nueva a una zona donde los átomos contienen esa clase de memoria celular, la energía vieja que se encontraba estancada y llena de memoria es desplazada, regresa al chakra que la creó, y su contenido vuelve nuevamente a la conciencia.

Como los chakras son el medio por el cual ciertas características de la conciencia influyen en el cuerpo, parece pertinente estudiar las características específicas asociadas a cada chakra.

Las características del chakra de la garganta, cuando la conciencia se halla equilibrada, son los sentimientos de reverencia y felicidad, la sensación de ser efectivamente un alma. Cuando la conciencia está desequilibrada se siente pena y falta de conexión con la fuente de la vida. En este chakra, la modificación o modulación de la energía vital única manifestada por Dios es mínima con respecto a su naturaleza original, lo que indica que el estado de conciencia vinculado a él es esa unidad con el universo tan buscada en la experiencia mística, y que opera como una aspiración espiritual. La característica particular de la energía en este nivel es el espacio.

Las características de la conciencia en el chakra del aire o cardíaco son el amor, la compasión y la imaginación, propios del alma. Cuando la conciencia se halla perturbada, se manifiesta como odio, deseo de lo que no se tiene y persecución de sombras vanas. En este chakra la modulación de la fuerza vital se presenta como la necesidad de relacionarse con los demás. La característica particular de la energía en este nivel es la movilidad.

Las características de la conciencia en el chakra del fuego o del plexo solar son el regocijo y el entusiasmo, el sentido del ser y el cuerpo propios. Cuando la conciencia se encuentra fuera de equilibrio, los sentimientos son de enojo e ira. En este chakra, la modulación de la energía vital está en un punto de equilibrio y opera como una necesidad de expansión y crecimiento hasta alcanzar la autorrealización plena. La característica de la energía es el calor.

Las características de la conciencia en el chakra del agua o del sacro son la valentía, la determinación y la fortaleza, así como el sentido de la identidad sexual. Cuando la conciencia se encuentra desequilibrada, se manifiesta como un sentimiento de codicia: tengo un poco, pero quiero más. La modulación de la energía vital crea impulsos raciales que se expresan como instintos protectores. En este nivel la característica de la energía es el movimiento.

Las características de la conciencia asociadas al chakra de la tierra o básico son los deseos sexuales. Cuando la conciencia está fuera de equilibrio, en este nivel se manifiesta como temor. La modulación de la energía garantiza el funcionamiento continuo en el universo de la energía vital mediante la creación de nueva vida a través del acto sexual. La característica de la energía en este nivel es la estabilidad.

Los cinco campos ovales del cuerpo son las cinco cavidades internas donde se concentran los diversos tipos de actividades. Los cinco elementos (o los cinco tanmatras cargados de energía) tienden a reunirse de manera tal que el elemento fuego se encuentra en el óvalo de la cabeza, el elemento éter en el de la garganta, el elemento aire en el del pecho, el elemento tierra en el óvalo abdominal y el elemento agua en el óvalo de la pelvis (fig. 4). Todos los elementos se encuentran presentes en el cuerpo entero, pero las mencionadas son las zonas en las que predomina su funcionamiento *físico*. La posición que ocupa en el gráfico el elemento agua representa su función física más importante, la reproducción; la posición del elemento tierra, la digestión; la del elemento aire, la respiración; la del elemento éter, el lenguaje; y la del elemento fuego, la visión y el control de la mente.

Cada uno de los cinco elementos tiene también una zona en la que es más activo bajo la forma de energía y conciencia. La energía del aire es más activa en la cabeza; se manifiesta como pautas mentales «aéreas» que se hallan en constante movimiento. La energía del éter es más activa en la cavidad de la garganta; aparece como el nexo subyacente, el canal o haz de comunicación, que une toda la energía del cuerpo. La del agua, en el pecho, como energía emocional. La del fuego, en la cavidad abdominal, como la fuente de calor corporal. La de la tierra, en la cavidad de la pelvis, como energía sexual (fig. 4).

La combinación Pentamarius de los elementos constituye la estructura elemental de diferentes aspectos del ser humano.

Fig. 4

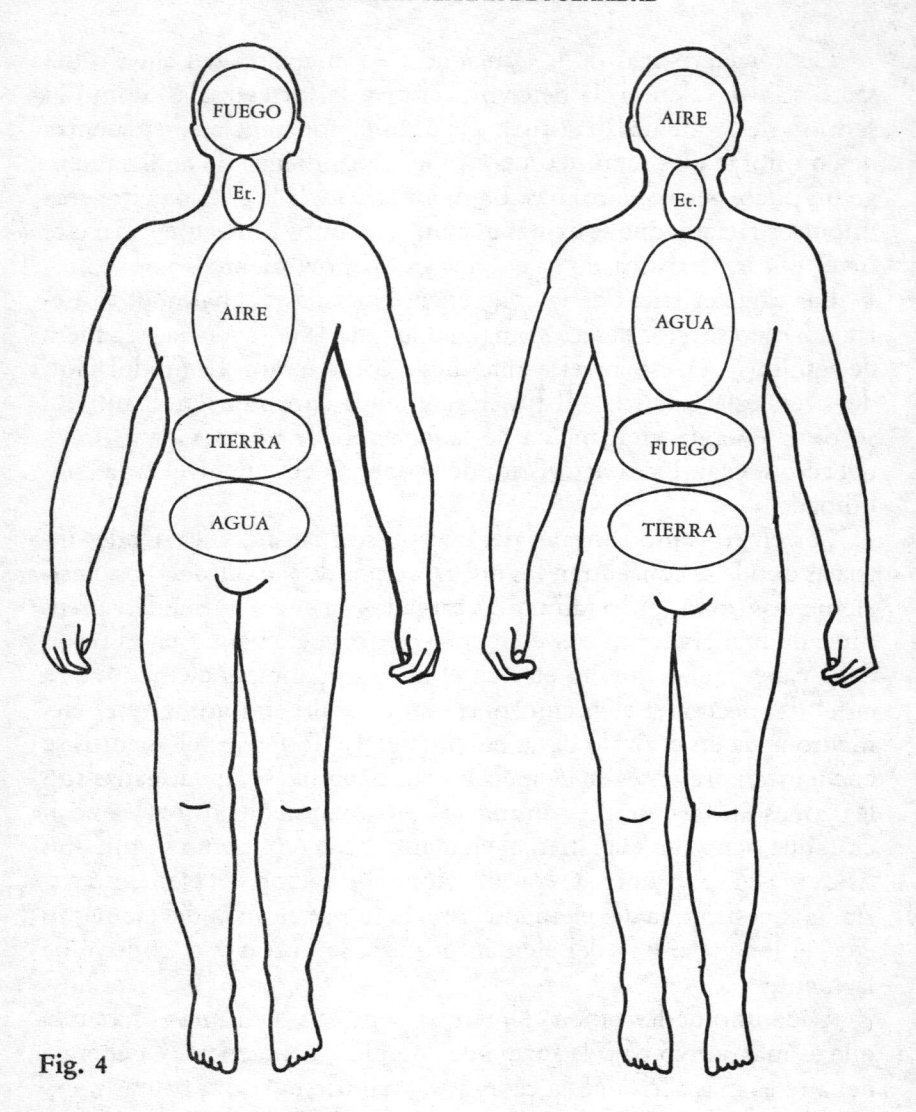

Las combinaciones del *éter* pueden clasificarse de la siguiente manera: la pena es la característica principal del éter, un sentimiento de vacío. El deseo es el resultado de su combinación con el aire; el enojo, de su combinación con el fuego; el apego (o la codicia), de su combinación con el agua; y el temor, de su combinación con la tierra. La relación de las emociones con el elemento éter resulta clara si advertimos que una emoción es un movimiento de energía o un sentimiento corporal al que le atribuimos un pensamiento o juicio de valor determinado. Un sentimiento sólo se convierte en una emoción cuando llega a nuestra conciencia luego de haber atravesado la zona de la garganta para ser reconocido y evaluado en el plano mental, pero también porque solamente cuando un sentimiento llega a este nivel del cuerpo podemos manifestarlo, es decir, expresarlo o sacarlo a la superficie.

Las combinaciones del *aire* son las siguientes: la velocidad (movilidad) es la principal característica del aire. El alargamiento es el resultado de su combinación con el éter; el estremecimiento, de su combinación con el fuego; el burbujeo o efervescencia, de su combinación con el agua; la contracción, de su combinación con la tierra. La relación que guarda el aire con algunas características del movimiento es obvia; basta examinar la naturaleza o el propio cuerpo, su estremecimiento y temblor al calentarse cuando hace frío (aire/fuego) y, por ejemplo, el efecto «espumante» que se produce cuando el aire agita y mueve el agua.

Las combinaciones del *fuego* son las siguientes: el hambre es la característica principal del fuego. El sueño surge al combinarse con el éter; la sed, al combinarse con el aire; la lujuria, al combinarse con el agua; la pereza, al combinarse con la tierra. Todos los resultados de las combinaciones del fuego son impulsos fisiológicos: la necesidad de comer, dormir, beber, tener relaciones sexuales y relajarse. Si el aire y el fuego se juntan, es muy probable que sequen el agua, que provoquen la sed. El éter es capaz de apaciguar la fogosa actividad mental, y de darnos sueño.

Las combinaciones del *agua* son las siguientes: el semen es la característica principal del agua. La saliva es el resultado de su combinación con el éter; el sudor, de su combinación con el aire; la orina surge al combinarse con el fuego; la sangre, al combinarse con la tierra. Todos los resultados de las combinaciones del fuego son fluidos corporales. La saliva (o la mucosidad) se producen en las cavidades corporales (éter). El sudor se produce por medio del movimiento (aire).

Las combinaciones de la *tierra* son las siguientes: los huesos son la principal característica de la tierra. El cabello es el resultado de su combinación con el éter; la piel, de su combinación con el aire; los vasos sanguíneos, de su combinación con el fuego; la carne, de su combinación con el agua. Todos los resultados de las combinaciones de la tierra son sustancias sólidas del cuerpo. La piel es tierra y aire porque respira y elimina, la carne es agua y tierra porque es semisólida, esponjosa, y por los diferentes fluidos que contiene.

Parte del razonamiento en que se basan algunas de las combinaciones puede no resultar claro, pero un análisis cuidadoso aclarará las dudas, ¡de veras! El conocimiento de las combinaciones puede convertirse en una herramienta de incalculable valor para tratar de descubrir, en términos de los elementos, las causas fundamentales de diversos problemas físicos. En las combinaciones hay implícito un tratamiento muy interesante para el insomnio. ¡Y es realmente muy eficaz!

Cualquiera de los elementos puede ser equilibrado trabajando, mediante contactos bipolares, sobre el correspondiente campo oval del cuerpo. Para ello es necesario imaginarse cada campo como una estructura tridimensional con un punto central. Para polarizar cualquier zona dolorida o bloqueada de dicho campo deben hacerse contactos proporcionales teniendo presente la distancia entre la zona bloqueada y el punto central. Es decir, hay que imaginarse una línea que va desde el punto de dolor hasta un punto equidistante en el lado opuesto, pasando por el centro del campo. Luego debe estimularse cada punto alternadamente hasta que el bloqueo desaparezca. Por ejemplo, si se está trabajando sobre el óvalo del fuego en la cabeza, a un punto dolorido situado en medio de la base occipital, cerca del foramen magno, le corresponderá un punto de liberación en medio de la frente, aproximadamente sobre la zona del «tercer ojo». Como todos los contactos que se hacen siguiendo esta regla son contactos diagonales, por medio de esta práctica se estimulan las corrientes caduceas profundas del cuerpo. Esta idea se ilustra, en dos dimensiones, en la figura 5.

Puede equilibrarse cualquier par de elementos mediante la utilización de contactos bipolares: uno sobre la zona de funcionamiento de uno de los elementos y el otro sobre la zona del elemento restante. Esta idea resulta útil en el tratamiento de desequilibrios tanto en el aspecto físico como energético de la función del elemento. Por ejemplo, en el «balanceo abdominal» se busca equilibrar los elementos fuego y agua (el contacto de la mano izquierda con la cabeza representa el elemento fuego en su zona de manifestación física, y la mano derecha sobre la pelvis representa el elemento agua en su zona de manifestación física). Si se analiza la técnica y las zonas de contacto desde el punto de vista energético, se verá que los elementos que están siendo equilibrados son el aire y la tierra (el aire se relaciona con la cabeza y la tierra con la pelvis).

En la mayoría de las técnicas de polaridad que se practican sobre

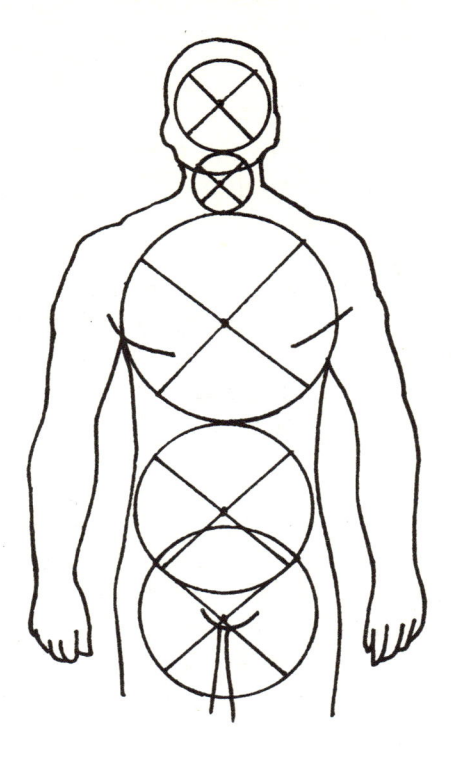

Fig. 5

el eje central vertical del cuerpo, con una separación de por lo menos veinticinco centímetros entre las manos, se equilibran dos o más elementos. Si se combina un contacto sobre el pecho con otro por debajo del diafragma, en términos de las manifestaciones físicas de los elementos podrá decirse que se estarán equilibrando los elementos aire y tierra; si examinamos los mismos contactos en términos de la energía, diremos que se intenta lograr el equilibrio del agua (pecho) y el fuego (el campo oval debajo del diafragma). Por medio de esta técnica en particular pueden equilibrarse cuatro elementos al mismo tiempo. En el tratamiento sobre el coxis, en el cual mediante el equilibrio del ganglio impar se eliminan las tensiones musculares de las nalgas, se equilibran la tierra, el aire, el fuego y el agua. Esto resulta obvio si se advierte que el coxis es el lugar físico donde se sitúa el chakra de la tierra (tierra) y el polo negativo del sistema nervioso simpático, el ganglio impar (fuego). Si examinamos las nalgas veremos que son el polo motor físico del elemento agua. Asimismo, la zona de las nalgas es una zona de contacto para el sistema nervioso parasimpático en la medida en que se influye sobre los nervios del sacro (aire), y, en sentido general, el tratamiento también afecta los impulsos cerebro-espinales (aire). Nuevamente, se equilibran así cuatro elementos.

Lo único que determinará con precisión el efecto de cualquier tratamiento será el rumbo en que apunte la intención del profesional; si se esclarece dicho aspecto, su trabajo equilibrará de modo específico los elementos que serán de mayor beneficio para el paciente. Lograr el equilibrio de cualquier elemento en particular es importante, pero se debe recordar que los elementos no existen aisladamente; por este motivo, es necesario aprender a utilizar la técnica antes explicada. Debe examinarse la propia forma de trabajo y preguntarse: ¿qué estoy haciendo en realidad? ¿Adónde apunta mi intención?

También es posible equilibrar dos elementos trabajando sobre las estructuras de reflejos que los relacionan. Por ejemplo, en la manipulación para la liberación del diafragma, en la que se ubica una mano sobre el hombro y con la otra se trabaja sobre las zonas sensibles de las nalgas, se equilibran los elementos aire y agua; el elemento aire aparece representado en el contacto del hombro (la tríada del elemento aire: hombros, riñones, tobillos) y el elemento agua en el contacto de las nalgas (la tríada del elemento agua: pechos, genitales y pies; las nalgas son el polo positivo motor posterior de los genitales). Asimismo, se puede trabajar sobre las zonas de reflejo de un elemento con respecto al campo oval del otro para equilibrar ambos.

El doctor Stone escribió que todo bloqueo de energía es por definición, en sus comienzos, un trastorno del elemento aire: la energía ha dejado de moverse. El problema puede solucionarse rápidamente si se trabaja sobre el fuego y el aire de manera simultánea. Dicho trabajo creará mucho aire (o vapor, para hablar con más precisión) que se abrirá paso a través del bloqueo. No obstante, dicha práctica no funcionará si el bloqueo se ha cristalizado, pues se estará frente a un problema en el elemento tierra. Si ése fuera el caso, necesitarían ser estimulados y equilibrados distintos elementos. A partir del ejemplo anterior resulta claro que, cuando un elemento se encuentra perturbado, no debe pensarse en equilibrarlo mediante el trabajo aislado sobre él y sobre su estructura de reflejos, sino que deben buscarse los efectos secundarios de trabajar con dos elementos simultáneamente, pues éste puede ser un camino mucho más provechoso. Es probable que un problema que se manifiesta como un trastorno grave en uno de los elementos tenga su origen en un trastorno de menor nivel en uno o más de los otros elementos. Si se estuviese tratando un problema agudo en el elemento fuego, ¿cuál de los siguientes enfoques sería el mejor?: 1) estimular el agua y relacionar este elemento con los patrones del fuego, ya que el agua controla al fuego; 2) estimular la tierra respecto del fuego, a fin de sofocarlo; o 3) estimular el éter para que disperse el fuego y éste pierda su fuerza concentrada. ¿Y si se intenta el equilibrio cruzado de la tierra y el aire, haciendo contactos estimulantes en las estructuras de reflejos de la tierra y contactos sátvicos en las estructuras de reflejos del aire, con lo cual se recurriría a la tierra para sofocar el fuego y al mismo tiempo se aplacaría y equilibraría el aire que aviva el fuego? ¿Cuál sería el enfoque más eficaz? Desafortunadamente no existen reglas fijas que ayuden al profesional. Sólo debe seguirse la intuición en cada caso. Cualquiera sea el enfoque elegido, habrá que ser flexible y no temer a cambiar de rumbo en medio del tratamiento.

Luego de haber estudiado durante muchos años las tradiciones tanto occidentales como orientales de la filosofía esotérica, y más recientemente las culturas del Pacífico, aún no he encontrado algo que se parezca siquiera mínimamente a un sistema definitivo. Todas las escuelas de pensamiento tienen sus virtudes y defectos. Yo mismo he aplicado diferentes enfoques, además del de los cinco elementos, para equilibrar la energía. En mis experiencias utilicé desde el modelo de la energía de la mente, pasando por un enfoque transpersonal que va más allá de los conceptos dualistas, hasta el de los cuatro principios. Todos son válidos y, según creo, nuestra meta como sanadores es trascender todos los modelos, incompletos por naturaleza, para alcanzar el conocimiento directo de los fundamentos de la vida y la energía.

Los cuatro principios

La teoría de los cuatro principios brinda una interesante forma de ver el cuerpo y el comportamiento del hombre. Son ellos el principio del pensar, el principio del andar, el principio del hacer y el principio del ser. Cada principio guarda relación con alguna clase de actividad, actividades que son comunes a todos nosotros en diferentes momentos y grados. Cada uno se asocia a una zona específica del cuerpo y a estructuras o pautas de energía específicas. Es posible caracterizar a un paciente cualquiera por el grado de equilibrio que haya en él de los cuatro principios. Asimismo, es fácil advertir qué principio se aplica en exceso o demasiado poco. A partir de la comprensión de estos conceptos, se esclarecerá cuáles son las técnicas de equilibrio energético más apropiadas para cada caso. Importa destacar que el equilibrio de los cuatro principios varía con el tiempo. Los principios no se encuentran fijos en ningún sentido; además, no se trata de lograr un equilibrio perfecto en el uso que haga el paciente de los principios. Sólo se pretende que adquiera la habilidad de pasar fácilmente de la expresión de un principio a la de otro.

El principio del pensar

El principio del pensar consiste simplemente en cuánto piensa una persona; la medida en que utiliza la conciencia, la razón. Es evidente que algunos pensamos más que otros y que la cantidad de pensamiento racional analítico que practicamos varía de un día al siguiente. También es verdad que algunas personas piensan muy poco; que su base es mucho más instintiva o emocional. Estoy seguro de que todos tuvimos alguna vez un paciente que decía que no pensaba, que era demasiado estúpido, tonto o infantil como para pensar en algo. Esto no suele ser cierto, a menos que se trate de una persona que padece de una anormalidad cerebral importante. Todos los seres humanos tienen la capacidad de pensar. Sería imposible sobrevivir sin pensar, pero es cierto que para algunos resulta más fácil que para otros. Cualquiera de nosotros, si se lo propone, es capaz de desarrollar y perfeccionar su capacidad de pensar.

Con respecto a lo físico, el principio del pensar se relaciona con la zona de la cabeza. En cuanto a lo energético, se asocia al chakra del fuego y a la tríada del fuego, y al aspecto posterior de la espiral umbilical. Si un paciente se queja de problemas en la cabeza, ya sean jaquecas o granos, deberá buscarse algún tipo de desequilibrio en su principio del pensar. Habrá que explorar cuál es su actitud con respecto a su capacidad de pensar. ¿Acaso siente que se estanca, que incurre en pautas de pensamiento repetitivas? ¿Cree que es inepto? ¿Pasa mucho tiempo reflexionando acerca de sí mismo y autoanalizándose? Pueden formularse muchas otras preguntas. Sería muy conveniente que cada profesional explorara su propio principio del pensar para familiarizarse con el concepto.

El principio del andar

El principio del andar consiste en la capacidad de una persona para moverse, levantarse e irse, para cambiar de posición en la vida. Se relaciona con el principio del pensar, pues la capacidad de moverse en la vida tiene ramificaciones que exceden la mera acción física de mover el cuerpo. El movimiento es una actividad motora que, en primera instancia, recibe con frecuencia el impulso de la mente. No obstante, el movimiento puede ser impulsado por los mecanismos básicos de supervivencia, que no tienen nada o casi nada que ver con los procesos de pensamiento conscientes. Al examinar el principio del andar de un paciente deberán explorarse tanto su movilidad y fuerza físicas como su habilidad para cambiar de situación en la vida —relaciones, empleos, etc.—. Para que cualquier movimiento tenga lugar es imprescindible que haya un buen contacto con una base estable de donde despegarse (la Tierra). Deberá controlarse el contacto que mantienen los pies del paciente con el piso. Antes de iniciar cualquier movimiento es preciso contar con un centro interno de gravedad estable. Será menester examinar la imagen que el paciente tiene de sí mismo. ¿Cuán sólida y precisa es?

En el plano físico, el principio del andar se relaciona con la pelvis, las piernas y los pies. En el energético, se asocia con los chakras del fuego, el agua y la tierra, las tríadas astrológicas relacionadas con ellos y el aspecto posterior de la espiral umbilical. Si el paciente se queja de algún problema en la mitad inferior del cuerpo, desde la pelvis hasta los pies, deberá sospecharse algún tipo de desequilibrio en su principio del andar. Incluso los problemas sexuales guardan relación con el principio del andar, pero en vez de explicar cuál es esa conexión, ¡dejaré que el lector la encuentre por sí mismo!

El principio del hacer

El principio del hacer se encuentra directamente vinculado con la motivación de la persona: ¿hace cosas en la vida?, ¿logra lo que desea?, etc. Una vez más, este principio se halla asociado tanto al principio del pensar como al del andar: toda acción involucra, en primer lugar, un proceso de ideación, en segundo lugar el movimiento que lleva a la manifestación de la idea («*Voy* a hacerlo») y, por último, el proceso de la realización efectiva. Todos «hacemos» cosas o intentamos y logramos algo con nuestro esfuerzo. La mayoría de las personas considera que el hacer y el esfuerzo se hallan básicamente relacionados, que para hacer algo es necesario cierto grado de esfuerzo. Por desgracia pocos advierten que, por lo general, cuanto más se esfuerzan menos logran. El esfuerzo que hace una persona para llevar a cabo cierto proyecto se vincula con su capacidad de conservar la motivación necesaria para completarlo. Cuanto mayor sea el esfuerzo requerido, será más difícil seguir motivado; por el contrario, cuanto más agradable y económica resulte la aplicación de la energía, será más fácil completar el proyecto. Así, el principio del hacer consiste tanto en la capacidad de la persona para «hacer» cosas como en la de consumar sus acciones de manera satisfactoria.

En lo físico, el principio del hacer se relaciona con la espalda media y superior, el cuello, los hombros, los brazos y las manos. En lo energético, se asocia con los chakras del éter, el aire y el fuego, las tríadas astrológicas relacionadas con ellos y las articulaciones de la parte superior del cuerpo. También se asocia al aspecto posterior de la espiral umbilical. ¿El paciente completa lo que comienza? ¿Utiliza su energía eficientemente? ¿Emprende de verdad sus proyectos o siempre está por ponerlos en práctica pero nunca comienza a actuar? Si las respuestas a estas preguntas son negativas se estará frente a trastornos del principio del hacer.

El principio del ser

El principio del ser consiste simplemente en la capacidad de «ser» de la persona, de permanecer en el sereno espacio interior en el que no existe actividad volitiva alguna, un espacio en el que la persona siente los efectos de sus acciones; es la última fase de un movimiento que comienza con el principio del pensar. Es, en cualquier actividad, el momento en que la persona asimila sus movimientos emocionales y físicos en el mundo y reflexiona acerca de ellos. También es la etapa en la que tiene lugar el aprendizaje. La manifestación equilibrada del principio del ser posibilita que el sentido de consumación pase a ser parte de la vida. De alguna manera, cuando simplemente somos, estamos en contacto con nuestra experiencia personal de Dios. Para ser capaz de «hacer» eficazmente, es necesario ser capaz de «ser», pero estos dos principios deben estar equilibrados. Las personas que hacen cosas compulsivamente no suelen sentir satisfacción por lo que hacen, pues nunca se toman el tiempo para reflexionar; y las que sólo se dedican a ser no sienten el regocijo de la creatividad.

En lo físico, el principio del ser se relaciona con el abdomen y la parte frontal del pecho. En lo energético, se relaciona con el aspecto anterior de la espiral umbilical, la estrella de cinco puntas y las extensas corrientes longitudinales de energía. El paciente que tenga un desequilibrio en su principio del ser a menudo presentará problemas de vitalidad. El examen de su actitud con respecto al descanso y la relajación, por ejemplo, revelará mucho en lo tocante a la relación que mantiene con su principio del ser. ¿Recurre a la oración o a la meditación en su vida diaria? ¿Suele hacer un repaso y evaluación de su vida? ¿Se da tiempo para experimentar la gran satisfacción que sigue a un trabajo bien hecho?

Es evidente que hay una relación entre los cuatro principios y los cinco elementos; de hecho, la exploración de sus posibles interconexiones puede resultar muy esclarecedora.

Capítulo 6

MENTE Y ENERGÍA

«La mente es la sustancia material más pura. Opera en tres cuerpos, como en tres campos de conciencia. El cuerpo causal es el campo de las pautas de la mente; aquí se trata de la mente ideal o supraconsciente, o de la conciencia superior. En el campo etérico o emocional la mente opera a través de los sentidos; se trata de la conciencia normal. En el cuerpo puramente físico, la mente gobierna todas las funciones involuntarias y repara lo dañado; opera como la subconciencia.»

Esta cita de los escritos del doctor Stone muestra la caracterización que él hace de la mente, a la que atribuye una naturaleza triádica. La divide en tres planos: el subconsciente, el consciente y el consciente superior. ¿Cuáles son las pautas energéticas asociadas a cada plano de conciencia? Algunos incluso cuestionarán la validez de esta pregunta. En mi opinión, existen diferentes pautas energéticas, que se encuentran directamente relacionadas con cada plano de la conciencia. Considero que no sería erróneo afirmar que quizás un setenta y cinco por ciento de las técnicas que desarrolló el doctor Stone trabajan con las pautas energéticas vinculadas a la subconciencia: el reino de los sentimientos y la fuerza ocultos detrás de las funciones de reparación y conservación del cuerpo. Más específicamente, las pautas energéticas de las que estamos hablando son las cinco corrientes longitudinales bilaterales, los cinco chakras inferiores, las corrientes que circulan de este a oeste (corriente lateral) y las corrientes caduceas. Podría decirse que todo trabajo que se realiza sobre estas pautas energéticas opera sobre la subconciencia del paciente.

La subconciencia supervisa todo el trabajo de reparación del cuerpo. Ella contiene los mecanismos básicos de supervivencia y, además, es el depósito de la memoria. La subconciencia nos proporciona las sensaciones de flujo de energía corporal, los sentimientos que finalmente se convierten en emociones cuando la conciencia los asocia a ciertos pensamientos. Mi idea de la subconciencia es que se trata de un ser de costumbres arraigadas al que le agradan las pautas (en especial las estables) y que es extraordinariamente terco. En mi opinión, su función básica consiste en la conservación de las pautas. La vida sería demasiado dura si tuviéramos que mantener de manera consciente el funcionamiento fisiológico. ¿Se imaginan lo que sería lograr, conscientemente, que el corazón lata; si cada respiración tuviera que ser pensada; si uno debiera dirigir el proceso digestivo y, además, realizar todo el trabajo de reparación que necesita el cuerpo? La subconciencia hace todo esto por nosotros. A fin de llevar a cabo estas tareas con eficacia, debe almacenar un gran número de pautas que contienen información muy detallada acerca del funcionamiento corporal. Constantemente, la subconciencia adapta el funcionamiento del cuerpo a dichas pautas, de modo muy similar a como una computadora hace actuar un programa ejecutable para conservar su capacidad básica de funcionamiento.

Además, la subconciencia tiene la capacidad de aprender, con sorprendente facilidad, nuevas pautas no sólo relacionadas con el comportamiento o las habilidades prácticas, sino con formas alteradas de funcionamiento físico. En nuestra vida diaria hacemos uso de esa capacidad básica permanentemente. El ejemplo clásico es aprender a conducir un automóvil. Dicha actividad debe practicarse de manera consciente, prestando mucha atención a los detalles en las etapas iniciales, hasta que se han aprendido las pautas de comportamiento requeridas para hacerlo en forma eficaz. En un momento determinado, las pautas pasan a formar parte de la subconciencia, que las almacena y las ejecuta cada vez que se necesita acceder a esa habilidad particular; de esta manera, nuestra conciencia queda libre para atender otras cuestiones. En el ejemplo del manejo de un automóvil, todos sabemos cuándo ocurre esto, pues de pronto contamos con suficiente espacio libre en la conciencia como para mantener una conversación fluida y manejar simultáneamente. El mismo proceso tiene lugar cuando crecemos. Los adultos que nos rodean nos enseñan ciertos esquemas de conducta que, con el tiempo, pasan a ser pautas subconscientes que utilizamos de modo automático. Esta clase de pautas o patrones aprendidos constituyen la base de nuestro carácter.

Una vez que una pauta ha sido establecida, por lo general la subconciencia se apegará a ella por tiempo indefinido. Las pautas asociadas al funcionamiento corporal suelen arraigarse con mayor tenacidad que las asociadas al comportamiento, pero como en cierto nivel todas las pautas tienen valor de supervivencia, la distinción precedente no siempre resulta válida. La subconciencia emplea las diferentes pautas almacenadas en la memoria como un modelo a partir del cual modula el flujo de energía y conciencia en el cuerpo. Estas pautas determinan el volumen y el rumbo del flujo de energía subyacente en la estructura física y emocional del cuerpo. En los traumas que provocan una deformación de la estructura física, el flujo de energía se deforma; ello se manifiesta de inmediato en la subconciencia como una lesión en las pautas que, a su vez, pone en marcha los mecanismos básicos de supervivencia. Por medio de ellos, la subconciencia comienza a manipular la energía hasta adaptarla a la pauta correspondiente almacenada en la memoria, a fin de que tenga lugar la curación en el plano físico.

En los casos en los que el daño físico es muy importante o se han activado otras pautas de conducta de naturaleza conflictiva, se generarán desequilibrios energéticos crónicos insolubles y la cura física no se producirá; por ejemplo, si un paciente se cae y se lastima la rodilla. En circunstancias normales, la subconciencia volverá a equilibrar la energía y comenzará el proceso de sanación; pero si en ese momento de su vida el paciente atraviesa por un período de falta de atención por parte de su pareja, y en su subconciencia hay almacenada una pauta de comportamiento cuya finalidad es que la persona reciba mucha atención cuando se encuentre enferma o incapacitada de algún modo, el resultado neto será que las dos pautas se activarán simultáneamente y la subconciencia no podrá volver a equilibrar la energía a raíz de la naturaleza conflictiva de ambas. En ese caso las necesidades de la pauta de atención anularán la pauta básica de sanación. El conflicto hallará solución sólo cuando aquéllas se encuentren satisfechas, lo que a su vez dependerá de la reacción de la pareja del sujeto. Esta clase de solución no siempre tiene lugar, en especial si la relación entre el paciente y su pareja empeoró antes del accidente. Lo más probable, en ese caso, es que el incremento de atención requerido no se dé y la pauta de atención continúe obstruyendo la sanación. A fin de resolver esta clase de situaciones deberá recurrirse a algún tipo de intervención terapéutica externa que ayude a desactivar la pauta de atención.

Se podría decir que en todas las enfermedades, dolencias y desequilibrios energéticos que se prolongan en el tiempo existe un conflicto de pautas subconscientes. En tales casos no sólo habrá que trabajar intensamente para eliminar el bloqueo energético y lograr que la energía fluya libremente, sino que, al mismo tiempo, se deberá procurar que el paciente caiga en la cuenta de que hay en él una pauta de conducta subyacente que impide su recuperación. En términos psicológicos, estas pautas de comportamiento que impiden la buena salud son la base de los fenómenos conocidos como «beneficios secundarios de la enfermedad». Cuando se trabaja con un paciente para descubrir la naturaleza de sus beneficios secundarios, hay que recordar que las palabras del profesional pueden sonarle como si se le dijera que *quiere* estar enfermo, lo que en el plano consciente no suele ser real. Si el profesional no encuadra sus palabras dentro del contexto apropiado, creará una resistencia consciente muy fuerte y, además, probablemente pierda a su paciente, situación que no beneficia a nadie. Mejor es que le haga comprender la naturaleza de la subconciencia haciendo hincapié en que los actos de ésta se encuentran totalmente fuera de nuestro percatamiento consciente.

Un hecho interesante es que puede originarse una «pauta habitual» a partir de un conflicto duradero entre una pauta de sanación y otra que la anula. A veces la pauta de conducta que impide la acción de la pauta de sanación ha estado inactiva durante mucho tiempo, pero si la pugna fue prolongada (si duró más de un par de meses, por ejemplo), habrá posibilitado el establecimiento de una tercera pauta habitual, que en realidad dice: «la enfermedad es mi estado normal». Si luego de una serie de sesiones el paciente no parece mejorar, esto no significa necesariamente que el proceder del profesional haya sido erróneo o que su trabajo de liberación energética haya sido inútil. Lo más probable es que alguna pauta muy arraigada haya obstaculizado su tarea. En ese momento de la terapia, debe comenzar a trabajar directamente con las pautas subconscientes mediante el análisis profundo o la técnica de las reafirmaciones, o darle al paciente un sermón (para utilizar el término empleado por el doctor Stone). Probablemente el enfoque elegido deba ser muy dinámico y fervoroso, pero para llevar a cabo esta clase de tarea será imprescindible contar con la confianza del paciente.

El motivo por el cual las reafirmaciones y el sermón fervoroso dan resultado es que otra de las características básicas de la subconciencia es su impresionabilidad infantil. El profesional que practica la terapia de polaridad tiene la ventaja, con respecto a muchos otros terapeutas, de trabajar con la energía vital, que es la esencia de la magia verdadera. Después de todo, puede crear, a veces sin siquiera tocar el cuerpo, las más asombrosas sensaciones de movimiento, calor y vibración. A pesar de que la subconciencia opera con la energía, su comprensión de las leyes que rigen su propio proceder suele ser muy limitada, en especial por la facilidad con que un tercero puede influir en ella. No obstante, ¡la subconciencia aprende con gran rapidez! En cierto modo, según creo, las pautas de comportamiento son inteligentes, como si fueran fragmentos de conciencia (o de inconciencia) que de alguna manera tienen la capacidad de autorregularse y adaptarse mediante un mecanismo de realimentación. Éste es el motivo por el cual, a menudo, las primeras dos o quizá tres sesiones de polaridad son tan eficaces, mientras que a medida que las sesiones continúan se hace más difícil obtener resultados. No es porque se deba trabajar con mayor profundidad, como piensan algunos, sino porque se está frente a una subconciencia mucho más sabia. Podría decirse que las primeras dos sesiones se filtran a través de las líneas de defensa de la subconciencia porque las pautas del beneficio secundario no comprenden la naturaleza del enemigo. A fin de mantener el progreso de la terapia, a medida que ésta sigue su curso el profesional —terapeuta-mago— deberá realizar nuevos hechizos y ser lo bastante creativo como para hallar nuevas y diferentes maneras de trabajar con la energía vital. Para el terapeuta de polaridad resulta tranquilizador saber que puede trabajar de distintas maneras, recurriendo al tacto, las dietas, el ejercicio o el asesoramiento psicológico. Y como hizo el propio doctor Stone, incluso puede utilizar metales preciosos y cristales, ¡verdadera magia!

Dos de los principios básicos de la terapia de polaridad son las leyes esotéricas «como arriba, abajo» y «como adentro, afuera». Si se releen las últimas páginas se advertirá que he aludido a la similitud entre la subconciencia y una computadora; estoy convencido de que existe una gran relación entre ambas. Sospecho que la habilidad para crear las computadoras que utilizamos en la actualidad deriva de que nuestra subconciencia es la computadora que se halla en el interior, que se manifiesta en el exterior como máquinas compuestas de circuitos electrónicos; ¿cómo podríamos crear algo exterior a nosotros que de una u otra forma no se encuentre en nuestro interior?

Los terapeutas de polaridad procuramos eliminar los bloqueos que impiden el flujo de la energía vital de modo tal que las pautas de sanación operen eficazmente. No nos toca decidir la manera en que debe fluir la energía. Lo determinarán las pautas de sanación fundamentales almacenadas en la memoria de la subconciencia. No obstante, *debemos* conocer todo lo que podría impedir que dichas pautas operen como corresponde. El valor de comprender la naturaleza y el funcionamiento de la subconciencia resulta inestimable tanto para el profesional como para el paciente. La terapia de polaridad es un proceso de aprendizaje para el paciente, además de ser un proceso de sanación. Todos los profesionales que la practican son, amén de terapeutas, educadores de la salud.

La conciencia difiere en gran medida de la subconciencia. La conciencia está compuesta por todos los procesos psicológicos de los que uno puede o no percatarse, como el sentido de la percepción del cuerpo propio y del mundo que nos rodea, y la capacidad de razonar. Su funcionamiento no es independiente de la subconciencia, sino que se basa en ella para que le facilite el acceso a la memoria. No estoy hablando solamente de recuerdos de experiencias del pasado, sino de recuerdos acerca de la forma en que pueden procesarse el sentido consciente de la percepción y la información asimilada en el plano consciente acerca de la vida. Si recurrimos de nuevo a la analogía de la computadora, la subconciencia equivaldría a los datos y programas, y la conciencia sería la unidad central de procesamiento: la parte de la computadora que procesa, manipula y modifica los datos nuevos o de entrada a partir de las pautas existentes. Esta última asimila la nueva información y la guarda en la memoria volátil (*ram*). También accede al programa almacenado en la memoria permanente y lo carga en la memoria volátil. Una vez que la nueva información y la pauta que indica cómo se la debe procesar se encuentran en la memoria volátil, la unidad central de procesamiento manipula o modifica los nuevos datos en función de dicha pauta.

Los seres humanos tomamos información y luego la manipulamos de diferentes maneras a partir de la experiencia previa. A este proceso lo denominamos «pensar». El modo en que pensamos se basa en la experiencia previa y el aprendizaje. Gran parte de nuestros pensamientos se obtienen a partir de pautas a menudo denominadas «creencias». Nuestro mayor problema es que no revisamos ni modificamos nuestras pautas de procesamiento de la información

—las «creencias»— con la frecuencia necesaria. En definitiva, pasamos más tiempo de lo debido pensando distorsionadamente (digamos así), es decir, pensando de una manera que resulta inadecuada con respecto a nuestra situación actual. Esto ocurre porque, en realidad, la mayoría de nosotros no aprende de la experiencia propia; el aprendizaje no consiste en vivir la vida y pensar las experiencias vividas con un esquema lógico que nos resultaba adecuado diez años atrás, sino en absorber las experiencias de la vida y permitir que modifiquen nuestros esquemas de pensamiento vigentes. En términos computacionales, diríamos que para la clase de información que debe procesarse es menester un nuevo programa de mayor flexibilidad y potencia, un programa capaz de procesar mejor la nueva información de entrada. Cuando en un sistema de computación se ingresa demasiada información, o información incompatible con el programa que la debe procesar, éste «se pincha»: simplemente deja de funcionar. En cierto sentido resulta un tanto desafortunado que los seres humanos no seamos tan limitados como las computadoras. Tenemos una *inmensa* capacidad para asimilar nuevas experiencias y procesarlas mediante creencias inadecuadas antes de «pincharnos». Así, puede pasar muchísimo tiempo antes de que advirtamos que existe un problema.

El pensamiento distorsionado que se basa en creencias desactualizadas es un problema terapéutico muy serio. Todos tuvimos alguna vez pacientes que decían cosas como las siguientes: «siempre estoy enfermo», «mis relaciones nunca funcionan», «nadie me quiere», «nunca tengo dinero», «usted no podrá ayudarme», «mi esposo/a no me comprende», «no sirvo para nada», «nunca logro nada», «no soy capaz de cambiar de empleo», «eso no servirá de nada». Todas estas afirmaciones y muchas otras que se escuchan todos los días son ejemplos de rigidez y distorsión de la conciencia. Toda vez que un paciente emplee los términos «no ser capaz de», «nunca», «siempre», «nadie», entre otros que indican limitación y negatividad, podrá inferirse que su pensamiento se halla distorsionado. Durante el trabajo que se realiza con el paciente para modificar su modo de pensar, siempre es dable averiguar cuán arraigadas se encuentran las viejas creencias en su subconciencia por la pasión y emoción con que las defiende. Como es sabido, algunas creencias pueden ser fácilmente modificadas a la luz de una lógica más clara o de nuevas experiencias, pero estoy seguro de que todos pasaron, durante su terapia personal, por la experiencia de intentar cambiar algún aspecto de su persona y de su manera de pensar, y se encontraron con un sólido muro de resistencia emocional que les decía que estaban frente a una pauta que para la subconciencia aún tenía valor de supervivencia.

Las reafirmaciones son una herramienta básica que puede ser útil en la modificación de las pautas de pensamiento distorsionadas. Suelo concebirlas como nuevos programas para la mente-computadora, pues el proceso de reafirmación es, en esencia, una técnica de reprogramación. Si examinamos la estructura de las reafirmaciones, en primer lugar veremos que siempre se las formula con términos positivos. En segundo lugar, se las arma de manera tal que resulten opuestas a una antigua creencia. En tercer lugar, la constante repetición interna de la reafirmación y la diseminación de papeletas con la reafirmación escrita en ellas en el ambiente que rodea al paciente generará una entrada permanente de nueva información en la conciencia. Esta información quedará almacenada en la memoria; siempre se hallará presente en la memoria volátil. Así, a la larga, cuando se active la antigua creencia esta información será un factor de modificación. Finalmente se la almacenará en la subconciencia junto con la creencia antigua como un nuevo parámetro por el cual, cada vez que se acceda a la antigua creencia, ésta se modificará. También puede ocurrir que la nueva información modifique en tan alto grado la creencia antigua que ésta deje de existir en su forma original.

Las reafirmaciones dan mejores resultados si el profesional logra inspirar en el paciente una actitud positiva con respecto a la técnica. El mejor método para hacer que el paciente sea positivo cuando se emplea la técnica de las reafirmaciones es hablarle apasionadamente acerca de las puertas que se le pueden abrir cuando se produzcan cambios en sus actitudes y maneras de pensar. Durante la enseñanza de la técnica de las reafirmaciones, es imprescindible que la actitud del profesional sea positiva en todo momento, incluso si los resultados no son manifiestos para el paciente. Aun si el resultado final no fuera la clase de cambio en el mundo exterior al cliente al que apunta la técnica, siempre podrá hacerse hincapié en lo positivo del cambio interno de actitud que se produce si se trabaja con esta técnica durante un período prolongado. La sola aparición de esperanza y de expectativas favorables en el paciente es un excelente resultado.

La conciencia desempeña un papel muy interesante con respecto a las enfermedades y los males, en especial el aspecto de ella al que llamamos «percatamiento» o reconocimiento consciente. Las personas recurren a las terapias porque han reconocido conscientemente

```
        CE LIB GANDHI
    MIGUEL ANGEL DE QUEVEDO
         CIUDAD DE MEX

NEGOCIO              1925387
TERMINAL T1         02019478

      ABR 04, 02 16:52
            VENTA
              VISA
     #4552550  53306080

       03/03   023739

 003470      000853      407271



 TOTAL            $233.00




        FIRMA _____
```

168.00
65.00 I

233.00
0/100 M

puesto
00.00
08.48

Stockware POS (Punto de venta)
Herramientas y programacion S.A. de C.V.

que tienen un problema, ya sea dolor, movilidad limitada o alguna forma de angustia emocional. Por supuesto, existen algunos tipos de enfermedades que no se reconocen conscientemente hasta que se hallan en una etapa muy avanzada, pero esto no es de nuestra incumbencia por ahora. Tan pronto como uno se percata de tener un problema, se crea una reacción en su modo de pensar. Se evalúa el percatamiento que se tiene del problema comparándolo con experiencias previas de la misma índole para ver cuánto se sabe sobre el tema, y decidir si bastará con esperar que el cuerpo se sane solo o que las emociones se calmen, o si se justifica prestarle al asunto una mayor atención. Si el problema sigue en pie luego de un período prolongado el percatamiento que se tenga de él creará, a partir de esa experiencia, una pauta que se almacenará en la memoria permanente. Cuando este proceso se ha completado, el problema ya forma parte de la realidad estable de la persona.

Éste es uno de los motivos por los cuales si durante el tratamiento hago presión en alguna parte del cuerpo del paciente que se revela extremadamente sensible, de la que antes él no se percataba, trato de evadir las preguntas casi inevitables del tipo de «¿qué tengo ahí?», «¿eso qué significa? o «¿eso con qué se relaciona?», respondiendo algo así como: «no es nada, sólo un músculo sensible», «no tiene importancia ni se relaciona con nada» o «sólo se trata de un poco de tensión localizada». No deseo que comience a preocuparse por problemas de los que hasta entonces no tenía «conocimiento», ya que una preocupación de esa índole no haría sino entorpecer la solución de sus problemas. Los problemas de los que uno no se percata conviene tratarlos junto con los problemas de los que sí se percata.

Luego del examen de la mente y la energía realizado hasta ahora, resulta obvio que la memoria cumple un papel vital. Dicho papel se ilustra claramente en un estudio llevado a cabo hace algunos años con personas que padecían de problemas crónicos en la espalda; esas personas se quejaban de tener dolores de espalda casi constantes. En primer lugar, advirtieron que en realidad sus dolores no eran constantes sino que, a veces, no se daban cuenta de que los tenían. En segundo lugar, si se les preguntaba acerca del dolor en un momento en el que en realidad no lo sentían, se colocaban la mano en la espalda y volvían a evocar la experiencia del dolor, almacenada en su memoria. Considero a la memoria como una entidad separada de la mente, como un depósito independiente en el que se almacenan tanto las experiencias vitales internas como las externas. Es posible acceder a ella mediante todos los diferentes planos de la mente. Nuestra identidad entera se basa en la memoria. Somos la suma de todos nuestros pensamientos y experiencias previos. Gran parte de la fragmentación del carácter y de la identidad que vivenciamos es producto de que, en un momento cualquiera, sólo tenemos acceso a una porción limitada de la totalidad de nuestras experiencias de vida. Muchas enfermedades y desequilibrios generales se prolongan debido a que el paciente accede conscientemente a su memoria en lo que atañe a ese problema en particular. Parte del proceso de recuperación consiste en dejar de evocar una y otra vez el recuerdo del problema. Es común que un paciente, en respuesta a la pregunta de cómo se siente acerca del problema que el profesional estuvo tratando, diga que como no tenía «conciencia» de él, posiblemente esté mejorando. Esto puedo deberse a que en efecto se está recuperando, pero también a que ya no le interesa recordar la molestia, o incluso a que no puede acceder a dicho recuerdo.

Quizá se entienda con mayor claridad la idea que hemos esbozado del percatamiento consciente y de la memoria en la siguiente situación. Un adolescente que ha tenido granos en el rostro durante algunos meses se lavará todas las noches y quizá se aplique alguna clase de crema para la piel antes de acostarse, con la esperanza de que le quite los granos. Es muy probable que, cuando se levante a la mañana, su rostro se encuentre mucho mejor, pero como las semanas anteriores no fue así, se ha incorporado a su memoria la creencia de que tal vez, a la mañana siguiente, los granos sigan en su rostro. Mientras aún permanece acostado, antes de tocarse el rostro o mirarse en el espejo, a menudo se ve asediado por pensamientos conflictivos: la creencia esperanzada en que los granos hayan desaparecido, porque el médico o terapeuta le dijo que probablemente se irían en unas semanas, y el pensamiento atemorizante basado en los ínfimos cambios que notó hasta ese momento cada vez que se miró en el espejo. En esta situación la memoria acompaña y niega a la vez el proceso de sanación. Se debe examinar cuál de los pensamientos es el que la subconciencia convierte en acto, pues ello determinará la situación real. En toda enfermedad y desequilibrio se hallan involucradas la subconciencia, la conciencia y la memoria.

La pauta energética que guarda relación directa con la conciencia es la de las espirales que irradian desde el ombligo. El doctor Stone la denominó «energía evolutiva», pues la conciencia es el aspecto de la mente que se halla en búsqueda constante de nuevas experiencias y crecimiento. Esta pauta energética es una espiral que se expande en todo momento, lo cual refleja la naturaleza de la conciencia, que, a su vez, busca expandirse permanentemente, ampliar sus horizontes. Ya que todas las enfermedades y desequilibrios involucran alguna clase de percatamiento consciente y pensamiento distorsionado, siempre habrá algún grado de trastorno en las espirales energéticas umbilicales. Según señalé, la subconciencia y la conciencia trabajan en conjunto; se debe establecer un equilibrio funcional entre las pautas energéticas que se relacionan con la subconciencia y las que se relacionan con la conciencia. Esto puede lograrse mediante la conexión de las espirales energéticas umbilicales con el sistema de los chakras. De acuerdo con mi percepción, la energía que emana del ombligo se encuentra en una octava diferente que la de los sistemas caduceos y de los chakras, y el ombligo no es equivalente al chakra del fuego (véase el Apéndice I, pág. 198).

La supraconciencia es el aspecto de la mente ligado sobre todo al alma, o sinónimo de ella. Se trata de una pauta organizadora o germinal. Si retomamos la analogía de la mente con la computadora, la supraconciencia sería el operador, la persona que elige el sistema que ha de usarse y luego determina cuáles serán los datos de entrada. Según mi experiencia, las únicas enfermedades asociadas a la supraconciencia son los males graves o que amenazan la vida, como el cáncer. Si una persona se entrega excesivamente a modos de pensamiento distorsionado, no utiliza de manera adecuada su capacidad de aprendizaje y se niega a buscar el verdadero significado de la vida, desde el punto de vista del «operador» está procesando erróneamente la información que ingresa. Llegará un momento en que el operador estará tan frustrado por la falta de habilidad de la computadora para procesar apropiadamente los datos de entrada, que la única alternativa que le quedará será apagar el sistema. Si lo hace, luego tendrá la opción de encenderlo otra vez con la esperanza de que sólo haya sido un error temporario, o considerar la posibilidad de crear un programa totalmente nuevo que pueda procesar los datos de entrada, pero esto implicará borrar el antiguo programa.

En términos humanos, a veces una persona sólo abandona su enfoque inadecuado de la vida cuando le toca enfrentarse a una enfermedad que realmente lo descoloca todo, una enfermedad terminal. En mi experiencia con pacientes que padecen de esa clase de males, he notado que los que sobreviven son los que están dispuestos a cambiar su vida entera —dieta, empleo, relaciones, modo de pensar—

hasta el mínimo detalle. Como dije antes, el poder de la mente es tal, que es capaz de mantener pensamientos y creencias conflictivos mientras lucha contra muchas de las dificultades de la vida, antes de «pincharse» del todo. Lamentablemente, desde el punto de vista del alma, el tiempo que le lleva a una persona advertir esta situación a menudo es muy largo, y por su capacidad de interactuar con el cuerpo de las pautas o etérico creará una situación tal que se manifestará algún tipo de enfermedad terminal —una poderosa señal indicadora de que la persona debe replantear su vida.

La supraconciencia define la pauta del flujo de todas las otras frecuencias de energía vital del cuerpo por medio del cuerpo etérico. La energía de la supraconciencia se encuentra en una octava energética superior a la del sistema de los chakras y la de la espiral umbilical. Probablemente funciona de modo parecido a las botellas magnéticas que inventaron los físicos atómicos modernos para contener el plasma, una forma de materia sumamente energizada que existe en el centro del Sol. La supraconciencia es el cuerpo etérico o de las pautas; en la práctica, es un campo de energía de alta intensidad que define la forma de otro campo sumamente energizado. Con respecto al significado del término «cuerpo etérico» ha habido algunas confusiones desde que, a fines del siglo pasado, lo utilizaron los teósofos por primera vez. No se relaciona con la garganta o el chakra del éter. Emplearon esa frase para expresar, en primer lugar, la idea de que para que algo fluya siguiendo cierta pauta es necesario que antes tenga por donde fluir, y en segundo lugar, que la forma del medio conductor define la pauta del flujo. Por ejemplo, si se desea que el agua fluya en zigzag, sólo se debe cavar una canaleta con forma de zig-zag y luego verter el agua en ella. Los límites del cuerpo etérico son los mismos que los del aura de la salud o física, que sigue el contorno del cuerpo con gran precisión. Es por ese motivo que lo llamaron *cuerpo* etérico y, a veces, doble etérico. También emplearon el término genérico «energía etérica» para todas las diferentes frecuencias de energía vital que fluyen dentro del cuerpo etérico. La forma general de esas diferentes frecuencias de energía vital fue denominado «aura». A medida que se han ido difundiendo, en los últimos veinte años, los conceptos de energía vital y equilibrio de la energía, se han vuelto a publicar muchos textos antiguos, y quienes los leyeron dieron su propia interpretación de los conceptos arcaicos y científicamente desactualizados que aparecían en ellos. Más tarde, esas mismas personas escribieron libros acerca de la sanación en los que utilizaron dichos términos con significados diferentes, lo que aumentó la confusión general. No me cabe duda de que el doctor Stone estudió todos los antiguos textos teosóficos escritos por Leadbeater y sus colaboradores. El estudio de los lugares en que empleó en sus textos las frases en cuestión me ha llevado a concluir que no siempre las utilizó con su significado original. Esto puede causar gran confusión en el lector, especialmente si está familiarizado con el uso y significado originales de los términos.

En los últimos años, he descubierto la pauta de la energía que fluye en el cuerpo humano que, según creo, se encuentra íntimamente relacionada con la supraconciencia, pauta energética que no aparece trazada en la obra pionera del doctor Stone. Es la pauta energética que sostiene al doble etérico. Asimismo, he descubierto numerosas formas de trabajar con esta pauta, pero la exploración detallada de este tema excede el alcance del presente libro.

Capítulo 7

TÉCNICAS PARA EQUILIBRAR LA ENERGÍA

Tratamiento para los oídos

Los oídos se relacionan con el elemento éter y están ubicados en el óvalo del elemento fuego. El canal auditivo es el polo positivo del centro de gravedad del cuerpo que se encuentra en el ombligo. Su relación con la cabeza es la misma que existe entre el ombligo y el cuerpo, lo cual sugiere que cualquier trastorno en la cabeza puede tratarse polarizándola con respecto a los oídos. Asimismo, es posible polarizar los oídos con respecto a cualquier otra parte del cuerpo. Las zonas de diagnóstico que aparecen representadas en los oídos son las siguientes: en el oído superior, la zona que se halla sobre el diafragma; en el oído medio, la zona abdominal; y en el lóbulo de la oreja, la pelvis. El enrojecimiento o la decoloración de cualquiera de las partes del oído indicará la existencia de trastornos en los órganos que representan. El doctor Stone recomendó aplicar una fuerza moderada en ciertas direcciones específicas cuando se trabaja con los oídos. Sin embargo, he descubierto que, si imaginamos que el centro del oído es el eje de una rueda de bicicleta y los rayos de la rueda representan las diferentes líneas de fuerza que se deben controlar, en realidad es importante explorar todas esas direcciones.

El trabajo sobre el canal auditivo es la clave para liberar los huesos del cráneo, pues dicho canal tiene gran influencia sobre el esfenoides.

TÉCNICA 1
El paciente está acostado boca arriba

1. Colocarse detrás de la cabeza.
2. Introducir los dedos de la tierra en los canales auditivos, manteniendo los dedos relajados y abiertos (fig. 6).

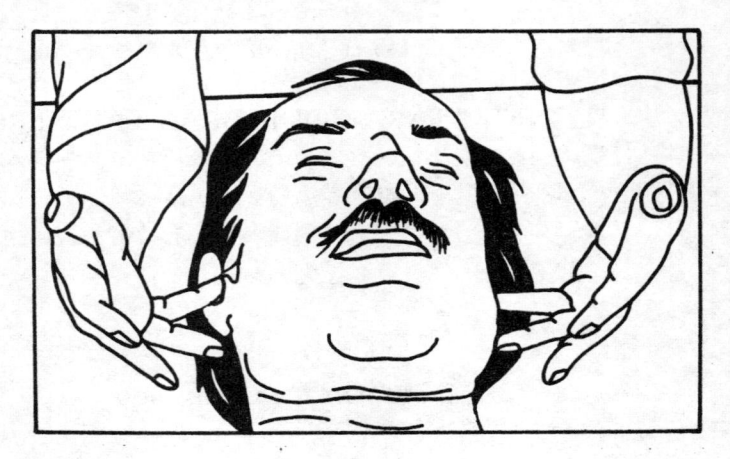

Fig. 6

3. Comprobar si el canal auditivo está dolorido, tirando (o presionando) moderadamente en las direcciones de fuerza según se acaba de señalar (fig. 7).
4. Cuando se encuentre una línea de fuerza dolorida, estimular en forma alternada uno y otro oído presionando ligeramente en la misma dirección con los dedos de la tierra (una especie de meneo), hasta que desaparezca el dolor.
5. Liberar las restantes líneas de fuerza doloridas.

Fig. 7

TÉCNICA 2
El paciente está acostado boca arriba

1. Colocarse detrás de la cabeza.
2. Introducir los dedos del aire en los canales auditivos (fig. 8).
3. Tomar entre el dedo del aire y el pulgar de cada mano el trago (la pequeña prominencia) de la oreja (fig. 9).
4. Estimular cada trago estirándolo y girándolo firmemente en diferentes direcciones durante más o menos un minuto. Mantener la posición de los dedos y sentir la energía.

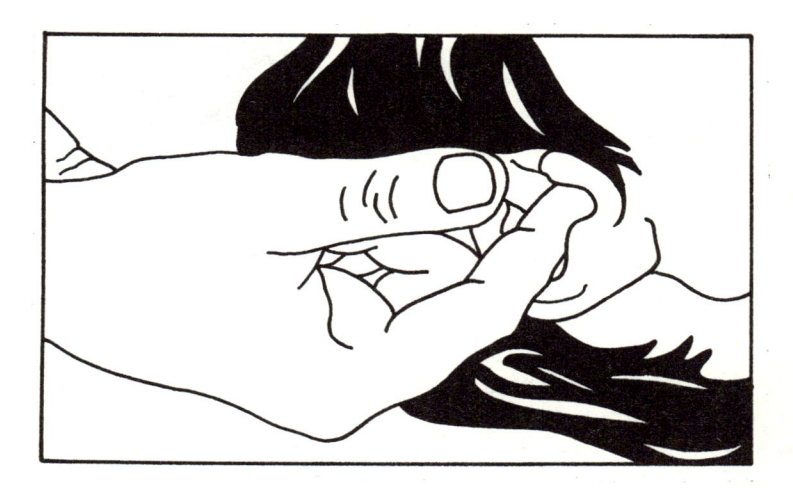

Fig. 8

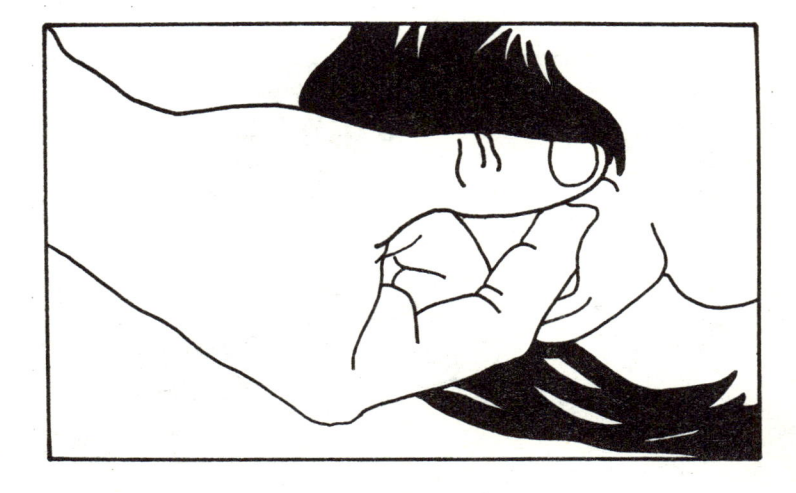

Fig. 9

TÉCNICA 3
El paciente está acostado boca arriba

1. Colocarse detrás de la cabeza.
2. Introducir los pulgares en los oídos (fig. 10).

Fig. 10

3. Tomar con los dedos la parte exterior de las orejas y, utilizando los pulgares como punto de apoyo, estirarlas a lo largo de los pulgares y tirar de ellas durante un minuto aproximadamente. Mantener la posición de los dedos y sentir la energía. Continuar el trabajo en toda la superficie de la oreja (fig. 11).

Nota: Es posible incrementar la eficacia de las técnicas descritas si se le pide al paciente que emita un sonido prolongado sin despegar los labios, en un tono que resuene en los oídos. De hecho, cual-

Fig. 11

quier tratamiento puede ganar en eficacia si se emite un sonido de este tipo, en un tono que resuene en la parte del cuerpo que se está polarizando.

Tratamiento para los ojos y la digestión

Ésta es una excelente técnica de liberación para el buen funcionamiento de los ojos y de todo el aparato digestivo. La zona occipital es el motor de la liberación de los ojos y es también un reflejo de la zona abdominal a la altura del ombligo. La cresta orbital es un reflejo del diafragma y es el polo positivo de los ojos, que forman parte de la tríada astrológica del fuego (ojos, plexo solar y muslos).

El paciente está acostado boca arriba

1. Colocarse detrás de la cabeza.
2. Apoyar el dedo del fuego de la mano derecha en la esquina orbital izquierda, cerca del puente de la nariz, y el dedo del aire de la mano izquierda en la parte izquierda de la cresta occipital, a 0,6 cm de la columna.
3. Estimular alternadamente durante un minuto. Mantener la posición de los dedos y sentir la energía.
4. Continuar con la polarización de todos los puntos a lo largo de la cresta occipital y de la orbital apartándose cada vez 1,75 cm del punto anterior. En la figura 12 se muestra esta técnica aplicada en el punto medio de ambas crestas.

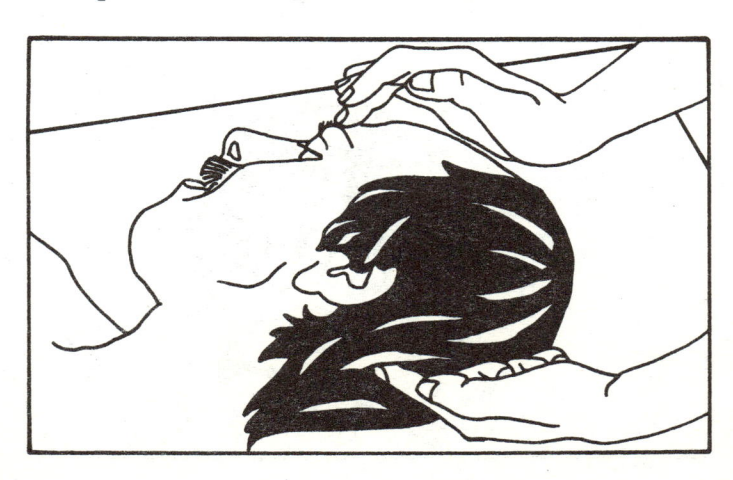

Fig. 12

5. Repetir la técnica en el lado derecho, empleando el dedo del aire de la mano izquierda sobre la cresta orbital y el dedo del fuego de la mano derecha sobre la cresta occipital. Este tratamiento puede llevarse a cabo realizando contactos diagonales.

Moldeado craneal

El moldeado craneal es una técnica de liberación craneal que, a diferencia de otras, no se basa en el trabajo con ritmos específicos de las pulsaciones energéticas craneales. Con ella se intenta soltar las suturas y la energía craneales para liberar el impulso cerebro-espinal. La autorregulación del sistema cerebro-espinal posibilita que la energía liberada se equilibre por sí sola. Se liberan el óvalo del elemento fuego y la circulación del prana en el fluido cerebro-espinal. Para liberar las suturas craneales que se encuentran fijas sólo hace falta un toque ligero, al igual que para poner en movimiento un péndulo. Obrar con suavidad.

El paciente está sentado

(La altura de la banqueta donde se encuentra sentado el paciente debe ser tal que su cabeza llegue al pecho del profesional.)

1. Colocarse detrás del paciente.
2. Ubicar ambas manos en las orejas del paciente, con los dedos apuntando hacia la parte superior de la cabeza, de modo que la base de la palma de la mano se apoye sobre la apófisis mastoides y el ángulo de la mandíbula en ambos lados (fig. 13).

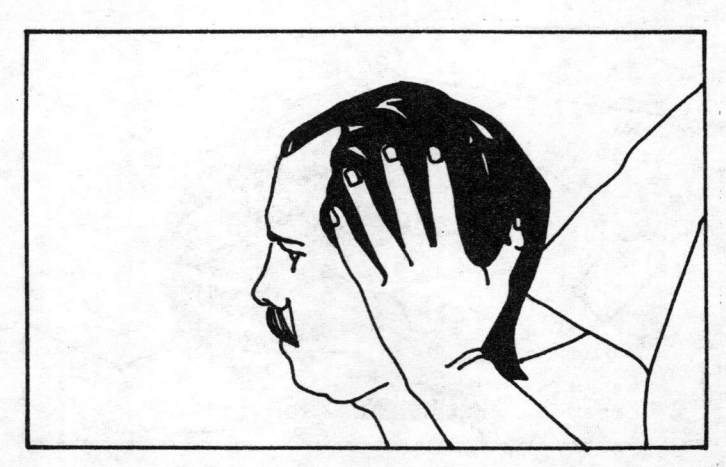

Fig. 13

3. Elevar la cabeza y llevarla hacia adentro *suavemente*, como si se tratara de despegarla de los hombros, mientras se la oprime en forma moderada. Una vez que la cabeza alcance la altura máxima, aplicar una leve vibración con las manos durante diez segundos. Dejar descansar la cabeza otros diez segundos. Repetir la secuencia tres o cuatro veces.

4. Colocarse a la izquierda del paciente.

5. Ubicar la base de la palma izquierda de modo tal que apoye debajo de la cresta orbital por encima del puente de la nariz. Colocar la base de la palma derecha sobre la parte central de la cresta occipital (fig. 14).

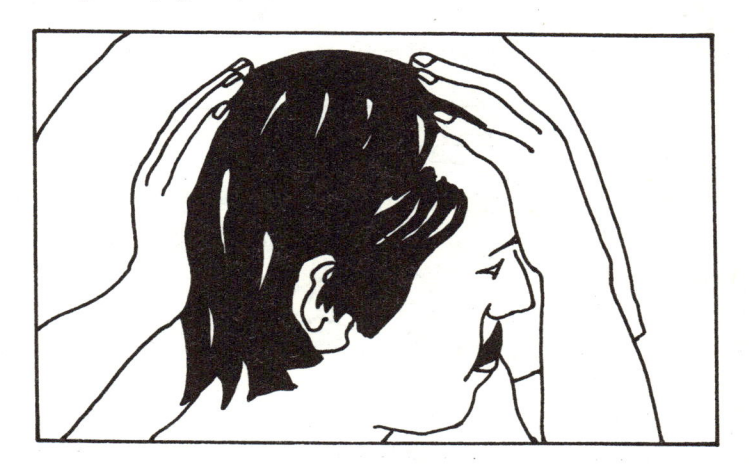

Fig. 14

6. Elevar, oprimir y hacer vibrar la cabeza como en el paso 3. Repetir tres o cuatro veces, descansando entre una y otra.

7. Permanecer a la izquierda del paciente.

8. Apoyar la base de la palma izquierda debajo del borde exterior de la cresta orbital y la base de la palma derecha debajo de la apófisis mastoides derecha (fig. 15).

9. Levantar, oprimir y hacer vibrar la cabeza como en el paso 6.

10. Colocarse a la derecha del paciente.

11. Repetir los pasos 8 y 9. Esta vez los contactos se encuentran en la cresta orbital exterior derecha y la apófisis mastoides izquierda.

12. Colocarse detrás del paciente.

13. Ubicar las bases de las palmas sobre las sienes con los dedos superpuestos sobre la frente (fig. 16).

14. Presionar levemente las sienes, aumentando y disminuyen-

Fig. 15

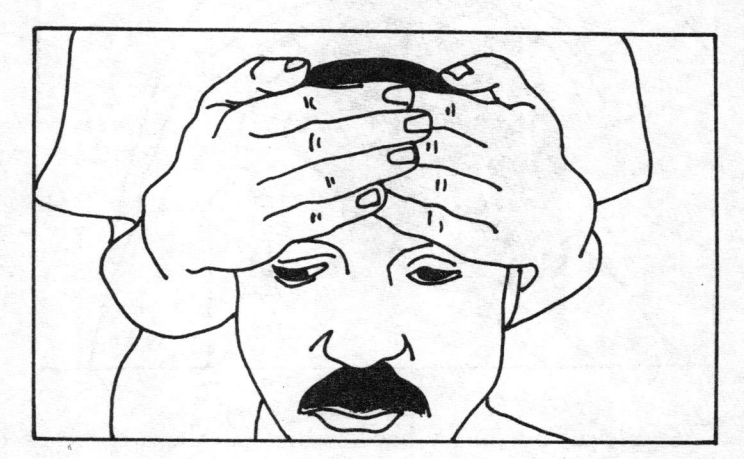

Fig. 16

do la presión cada algunos segundos en forma alternada, durante alrededor de un minuto.

15. Solicitarle al paciente que se acueste sobre la mesa y colocarse a su derecha.

16. Colocar el pulgar derecho sobre el pómulo izquierdo y dejar que la palma de la mano se adapte a la forma de la cara. Ubicar la base de la palma izquierda sobre la frente, por encima del ojo dercho (fig. 17).

17. Estirar la mejilla hacia afuera y abajo *suavemente*, y producir una vibración, durante treinta segundos aproximadamente, en el punto de contacto con la mejilla.

18. Repetir en el lado opuesto, desde el pómulo derecho hasta el lado izquierdo de la frente.

TÉCNICAS PARA EQUILIBRAR LA ENERGÍA 99

Fig. 17

Relaciones craneales

En la figura 18 se muestra cómo desciende el cráneo, que simboliza las pautas mentales creativas, a través de los diferentes campos ovales del cuerpo. Es una representación del modo en que la conciencia penetra todo el cuerpo, proceso durante el cual crea relaciones armónicas. Indica de qué manera la energía del sistema nervioso central enerva el cuerpo. Los polos del sistema nervioso central se distribuyen así: el polo positivo en el cráneo, el neutro en la zona de los hombros y el negativo en la pelvis. En la figura se aprecian varias relaciones entre la cabeza y el cuello, la cabeza y el pecho, la cabeza y el abdomen, y la cabeza y la pelvis. También se establece una cierta proporción básica entre los cinco campos ovales del cuerpo. Por ejemplo, la pupila del ojo, que se encuentra en la línea de circulación del aire, aproximadamente en el centro del óvalo del fuego, tiene cuatro puntos nodales adicionales (sobre la línea de circulación del aire, próximos al centro de los cuatro campos ovales restantes) que guardan con ella relaciones de reflejo muy potentes. Los puntos nodales se muestran en la figura 19. Así, existe un excelente tratamiento para los ojos que consiste en ubicar las yemas de los dedos sobre el ojo que se desea tratar y polarizarlo, mediante la estimulación alternada, en relación con los cuatro puntos nodales restantes.

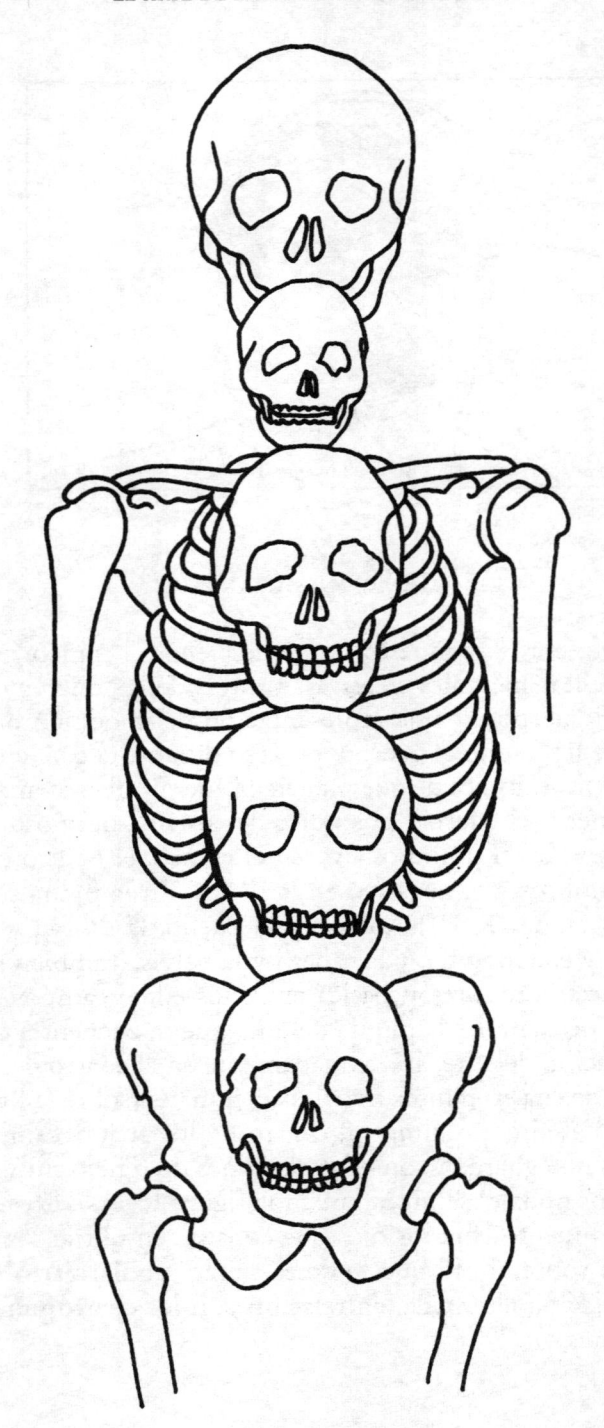

Fig. 18

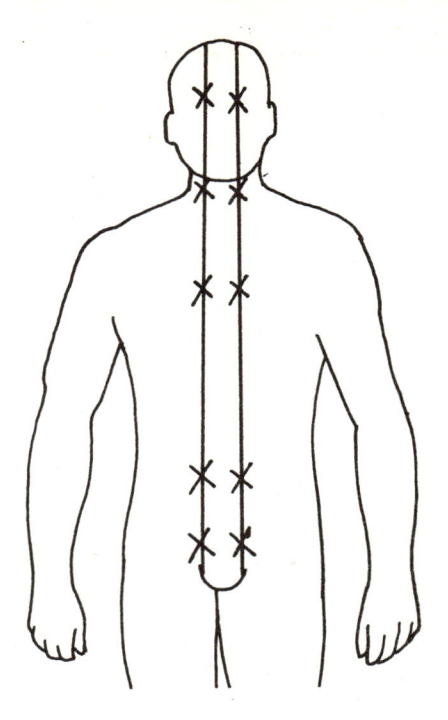

Fig. 19

Equilibrio del cráneo y de la pelvis

En este tratamiento se procura equilibrar el sistema nervioso central en sus polos positivo y negativo; es una excelente forma de concluir cualquier tratamiento polar.

El paciente está acostado boca arriba

1. Colocarse a la derecha del paciente.
2. Ubicar la mano izquierda oblicuamente a lo largo de la línea de la mandíbula. Colocar los dedos de la mano derecha sobre el lado derecho de la sínfisis pubiana (fig. 20).
3. Sentir la energía en la pelvis, y una vez que se conozca su ritmo o modo de vibración, balancear la mandíbula siguiendo el mismo ritmo. Todo el proceso debe llevar dos minutos.
4. Repetir en el otro lado del cuerpo.
5. Permanecer a la izquierda del paciente.
6. Ubicar el pulgar derecho sobre el maxilar, a la izquierda de la nariz, con los dedos estirados hacia el costado de la cabeza. Colocar la mano izquierda encerrando la cresta ilíaca derecha.

Fig. 20

7. Estimular mediante el balanceo de la cresta ilíaca durante un minuto o dos. Mantener la posición y sentir la energía.
8. Repetir en el otro lado del cuerpo (fig. 21).

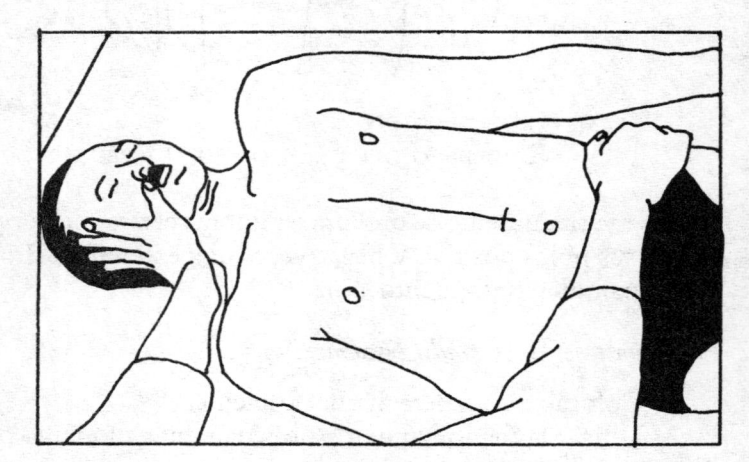

Fig. 21

9. Permanecer a la derecha del paciente.
10. Ubicar la mano izquierda sobre la frente y la mano derecha entre las crestas ilíacas (fig. 22).
11. Balancear el punto de contacto de la pelvis *muy delicadamente* durante un minuto o dos (la amplitud del movimiento no debe ser superior a medio centímetro). Mantener la posición y sentir la energía.
12. Quitar lentamente la mano izquierda de la frente y tomar con suavidad entre los dedos pulgar y del aire el puente de la nariz.

Desprender lentamente la mano derecha de la pelvis hasta que sólo quede en contacto con ésta el borde exterior de la palma (fig. 23).

13. Estimular la pelvis con el borde de la palma derecha como en el paso 11. Al finalizar, retirar las manos del cuerpo lentamente.

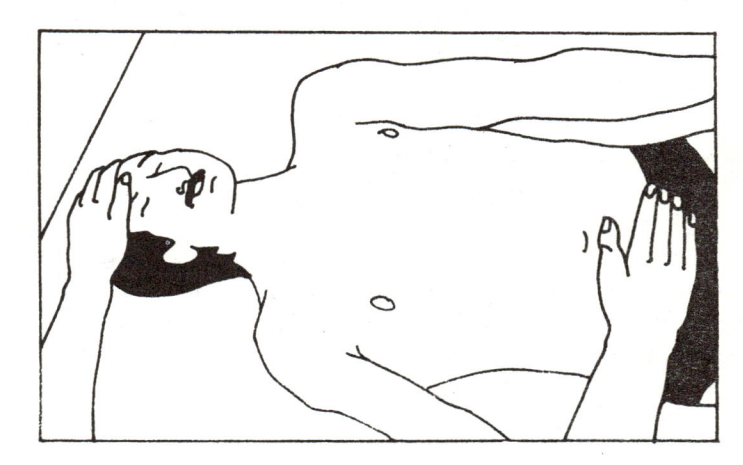

Fig. 22

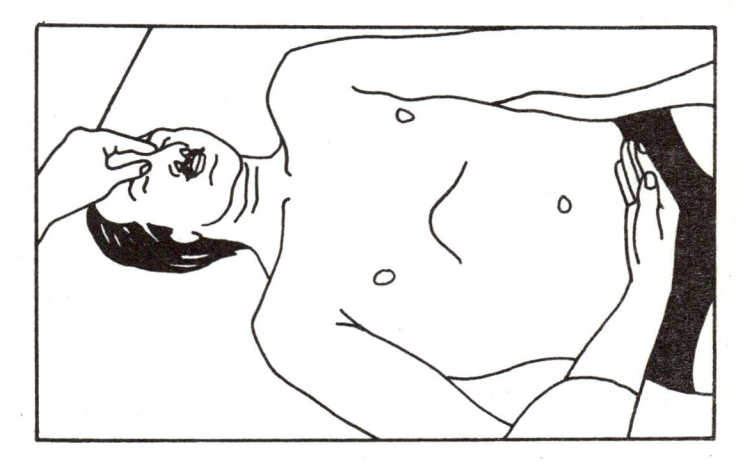

Fig. 23

Nota: Las relaciones entre los huesos del cráneo y de la pelvis sobre las que se basa el presente tratamiento son las siguientes:

Mandíbula - Sínfisis pubiana
Huesos parietales - Hueso cotal
Maxilar - Ligamento inguinal
Hueso frontal - Abdomen inferior
Hueso nasal - Punto medio en el óvalo de la pelvis

Terapia cardíaca

Se puede averiguar la naturaleza de un problema cardíaco específico controlando la sensibilidad en los espacios que existen entre los tendones de la mano y del pie izquierdos —interespacios—, y las distorsiones presentes en los dedos del aire, del fuego y del agua. En la figura 24, las zonas 1, 2, 3 y 4 representan la ubicación de los interespacios, que constituyen zonas de reflejo horizontal y resultan útiles tanto para el diagnóstico como para la polarización. Las zonas corresponden a los siguientes órganos:

1. Cuello, plexo braquial, impulso al hígado y al diafragma.
2. Diafragma, pulmones y plexo braquial (órganos respiratorios).
3. Riñones, duodeno, yeyuno y colon (órganos digestivos).
4. Próstata, útero, perineo y recto (órganos reproductivos).

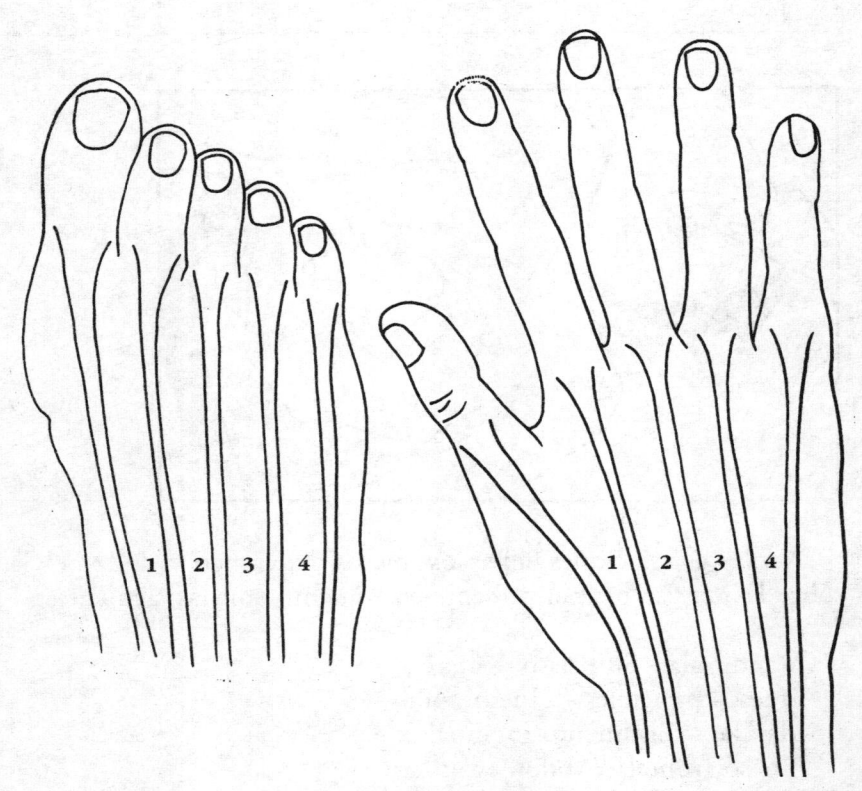

Fig. 24

Nota: Las zonas y correspondencias señaladas son las mismas para ambas manos y pies.

Debe controlarse en especial la primera articulación de los dedos del aire, del fuego y del agua. El dedo del aire constituye un fiel reflejo polar del corazón. Cuando está sensible, en casos de problemas cardíacos, el elemento aire recibe mayor presión que la normal; por ello, la disminución de la tensión mental y emocional resulta de gran importancia. Indica que el factor principal es la hipertensión. La sensibilidad del interespacio 1, que corresponde a la zona del cuello, también es una señal de la presencia de esta clase de problemas, pues esta zona es el nexo entre la cabeza y el corazón. Cuando la primera articulación del dedo del fuego o el interespacio 2 se encuentran sensibles, el problema se halla en la temperatura de la circulación y se debe a una mala digestión y a la probable acumulación de depósitos de grasa en las arterias y venas. Cuando están sensibles la primera articulación del dedo del agua y el interespacio 3, el problema se halla en la matriz acuosa de la estructura del corazón y en el impulso que lo hace bombear. Las mismas relaciones se dan entre los dedos del aire, del fuego y del agua del pie derecho y los interespacios correspondientes. Debe recordarse que los pies revelan bloqueos energéticos crónicos en tanto que las manos muestran bloqueos energéticos agudos.

El paciente está acostado boca arriba

1. Colocarse a los pies del paciente.
2. Polarizar las primeras articulaciones de los dedos del aire, del fuego y del agua de ambos pies. Comenzar a polarizar los dos dedos del aire al mismo tiempo estirándolos y oprimiéndolos moderadamente durante un minuto o hasta que la sensibilidad haya desaparecido. Continuar con los dedos del fuego y del agua.
3. Polarizar los interespacios 1, 2 y 3 de ambos pies. Tomar cada pie entre el pulgar y los otros dedos de la mano de modo tal que el pulgar quede debajo del pie y los otros dedos en el interespacio. Comenzar por el interespacio 1 (fig. 25). Estimular oprimiendo rítmicamente las zonas sensibles durante un minuto o hasta que la sensibilidad haya desaparecido. A veces resulta más sencillo realizar esta técnica con las manos cruzadas.

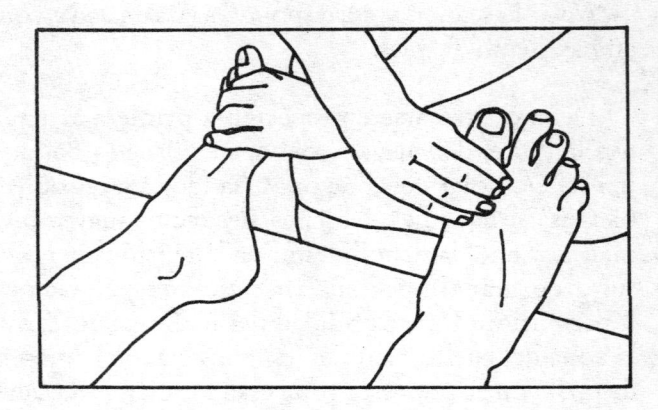

Fig. 25

4. Polarizar los dedos y los interespacios de las manos del mismo modo. En la figura 26 se muestra cómo tomar los interespacios de las manos.

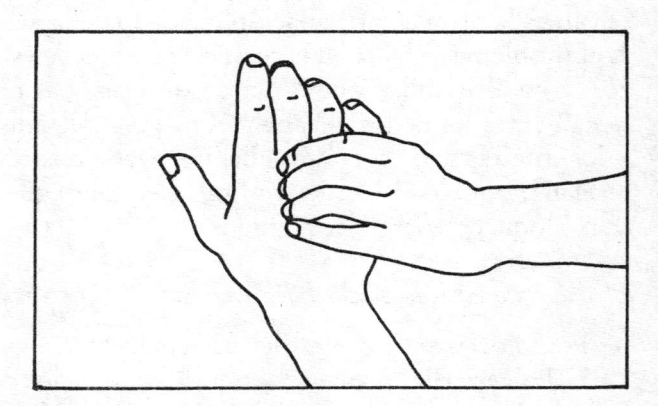

Fig. 26

5. Liberar ambos lados del plexo braquial.
6. Colocarse a la derecha del paciente.
7. Ubicar el pulgar derecho en la punta del esternón por debajo de la apófisis xifoides y tomar con la mano izquierda el hombro derecho ubicando el pulgar debajo de la clavícula (fig. 27).
8. Oprimir rítmicamente los músculos que se encuentran sobre el hombro derecho y alternar este movimiento con un contacto del pulgar por debajo de las costillas en dirección ascendente, apuntando al hombro derecho. Trabajar a lo largo de la línea de las costillas inferiores derechas liberando las zonas sensibles, si las hubiera. En algunos casos, deberá utilizarse el dedo meñique en lugar del pulgar debido a la gran tensión.

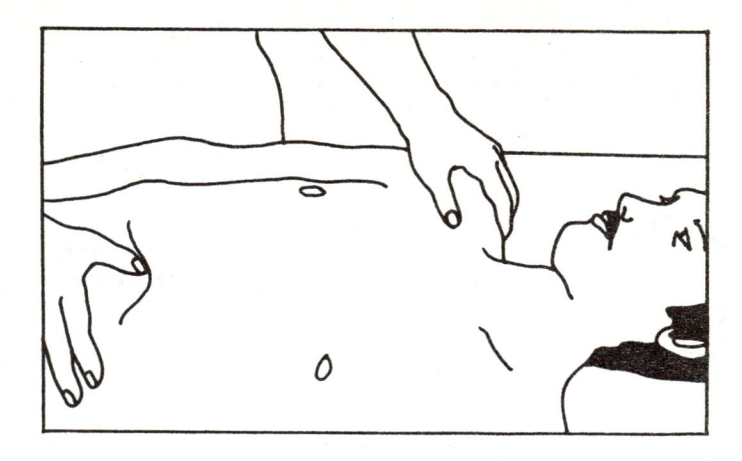

Fig. 27

9. Mientras se permanece de pie a la derecha del paciente, debe tomarse con la mano izquierda el hombro izquierdo y liberar las zonas sensibles, si las hubiera, a lo largo de las costillas inferiores izquierdas, utilizando las mismas técnicas que en el paso 8.

Nota: El objetivo principal de los pasos 5-9 es liberar cualquier tipo de tensión o espasticidad que se presentara en el diafragma. El diafragma es el músculo más importante en lo que se refiere al funcionamiento del corazón, y su equilibrio constituye un factor vital al que se debe aspirar en toda terapia cardíaca. En el libro *Polarity Therapy - The Power that Heals*, de Alan Siegel, se dan detalles acerca de la liberación del plexo braquial.

10. Permanecer de pie a la derecha del paciente. Colocar nuevamente el pulgar derecho en la apófosis xifoides, apuntando hacia arriba. A fin de estimular el funcionamiento cardíaco, colocar el pulgar izquierdo sobre el tercer ojo y los dedos restantes sobre el segmento de la línea de la estabilidad cardíaca que se encuentra por encima de la oreja izquierda (fig. 28). En la figura 28a se muestra la línea de la estabilidad cardíaca.

11. Estimular la estabilidad cardíaca con un movimiento moderado de los dedos de la mano izquierda, mientras se mantiene estático el contacto del pulgar derecho durante aproximadamente un minuto.

12. A fin de relajar el funcionamiento cardíaco, colocar la mano izquierda sobre la línea del lado izquierdo de la mandíbula y dirigir el pulgar de la mano derecha que se encuentra en la apófosis xifoides hacia el contacto de la mandíbula (fig. 29).

108 EL ARTE DE LA TERAPIA DE POLARIDAD

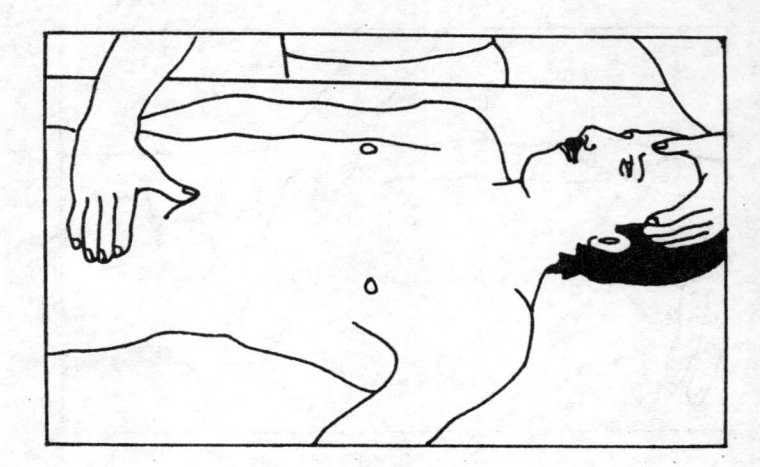

Fig. 28

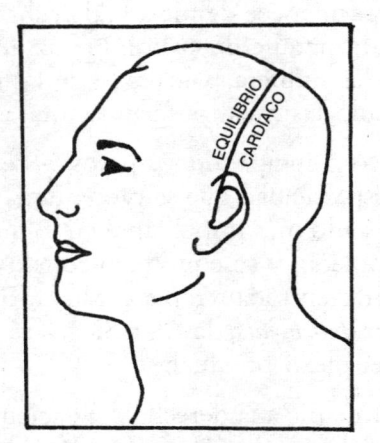

Fig. 28a

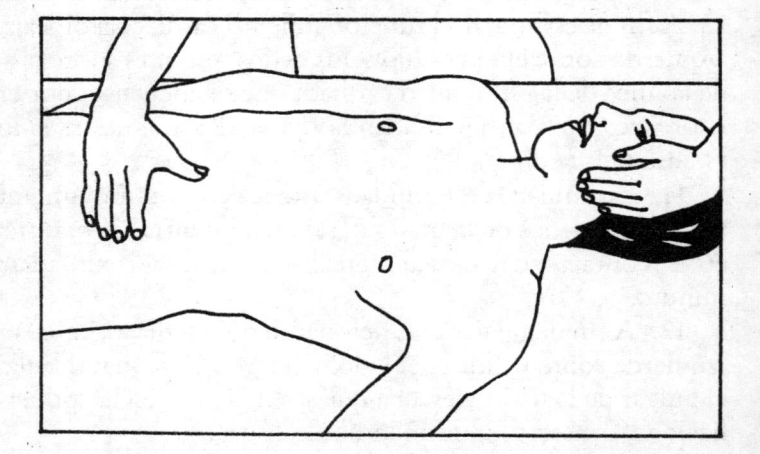

Fig. 29

13. En esta técnica no se realiza ningún tipo de estimulación. Se trata de una toma sátvica.

Nota: La línea de la estabilidad cardíaca (fig. 28a) es un reflejo de control craneal del funcionamiento cardíaco. Se extiende a lo largo de la línea del lado izquierdo de la mandíbula, pasando por la oreja y luego en dirección paralela a la línea de las suturas de los huesos fronto-parietales, aproximadamente en el medio del hueso parietal. El segmento superior constituye la zona de contacto para tonificar la actividad del corazón, y el inferior, la zona de contacto para sedarla. Debe tonificarse o sedarse el corazón del paciente de acuerdo con sus necesidades.

Contactos que siguen el flujo de la corriente superficial y contactos opuestos a dicho flujo

Estas técnicas se utilizan para liberar bloqueos energéticos localizados en cualquier parte del cuerpo. Al aplicarlas pueden utilizarse una o ambas manos; ello dependerá de cómo se obtengan mejores resultados. El efecto energético principal de dichas técnicas lo genera el impulso direccional, y no la polaridad efectiva de los contactos. Para aplicarlas debe empujarse con todo el cuerpo. Los contactos consisten en una presión de poca amplitud. Importa que todo el cuerpo esté bien relajado. Los contactos que siguen el flujo de la corriente tienen un efecto sedante, mientras que los que se aplican en dirección opuesta tienen un efecto estimulante. Los primeros se emplean en los casos en que existe calor, dolor e inflamación; los segundos se utilizan cuando hay espasmos musculares, parálisis o tensión excesiva. En todas las técnicas habrá que modificar el ángulo de aplicación hasta que los resultados sean óptimos.

Nota: Las tres técnicas siguientes *siguen el flujo de la corriente*.

TÉCNICA 1
El paciente está acostado boca abajo

1. Colocarse a la izquierda del paciente.
2. Ubicar la mano izquierda sobre la parte superior de la espalda en un ángulo de 45 grados (fig. 30).

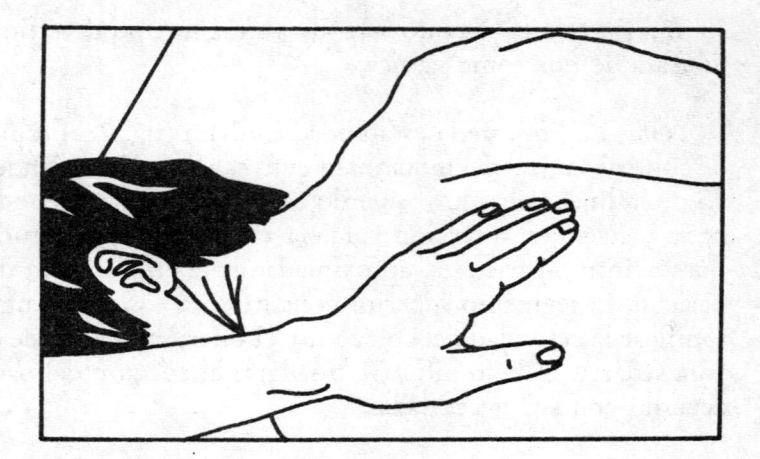

Fig. 30

3. Girar la mano izquierda hasta que los dedos apunten hacia abajo mientras se conserva un contacto firme pero suave con la piel. De este modo se conoce la flojedad de los tejidos subyacentes (fig. 31).

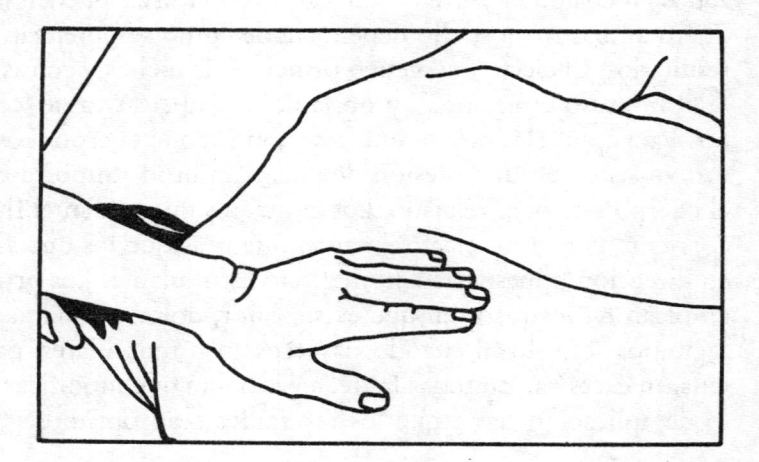

Fig. 31

4. Afirmar el contacto ubicando la mano derecha sobre la izquierda (fig. 32).

5. Desplazar el peso del propio cuerpo a los dedos de los pies y hacer presión en el cuerpo del paciente balanceándolo hacia adelante y hacia atrás durante un minuto o dos. Asegurarse de emplear todo el cuerpo para hacer presión y no solamente los brazos (fig. 33).

TÉCNICAS PARA EQUILIBRAR LA ENERGÍA   111

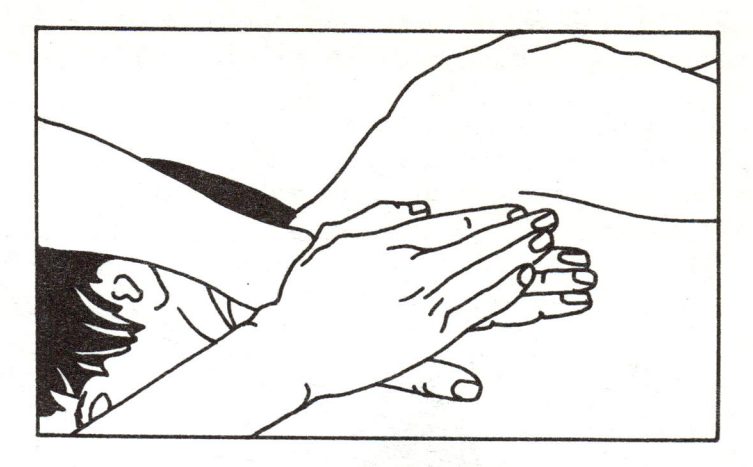

Fig. 32

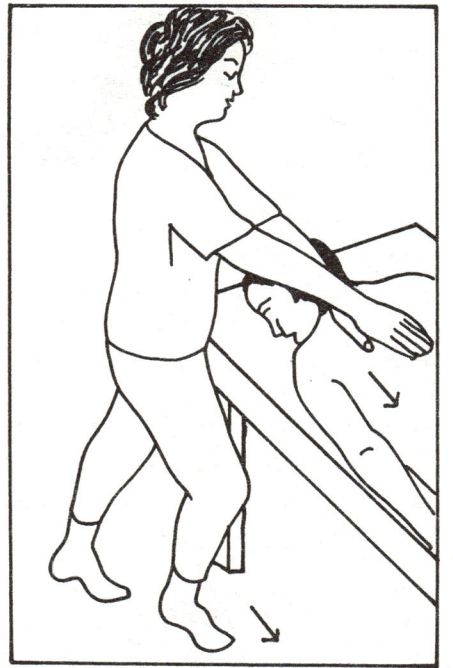

Fig. 33

TÉCNICA 2
El paciente está acostado boca arriba

    1. Colocarse a la derecha del paciente.
    2. Ubicar la mano izquierda sobre la parte inferior derecha del abdomen de modo tal que los dedos que se encuentran sobre el hueso

púbico apunten hacia abajo. Colocar la mano derecha sobre la parte superior del muslo con los dedos apuntando en la misma dirección (fig. 34).

3. Empleando todo el cuerpo (como en el paso 5 de la técnica 1), hacer presión hacia abajo en dirección a los pies durante un minuto o dos. Cerciorarse de que las manos no se deslicen por la piel.

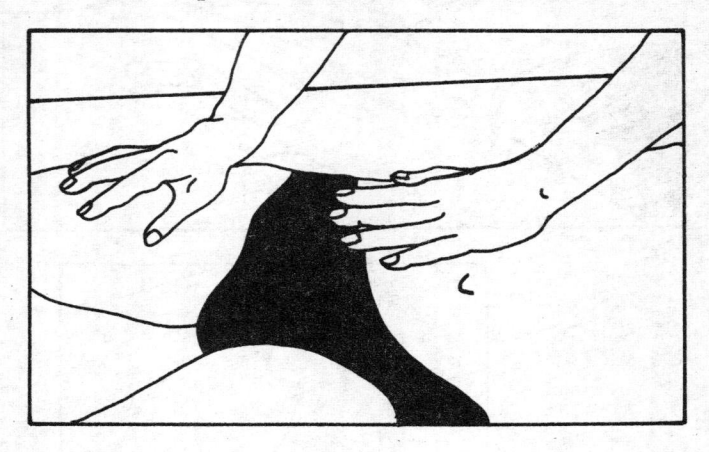

Fig. 34

4. Colocarse a la izquierda del paciente.
5. Ubicar la mano izquierda sobre la parte superior del muslo del paciente con los dedos apuntando hacia arriba y la mano derecha sobre el abdomen de modo tal que las yemas de los dedos empujen moderadamente hacia arriba, por debajo de las costillas flotantes del lado izquierdo (fig. 35).
6. Empujar con las manos como en el paso 3, pero hacia arriba, en dirección a la cabeza, durante un minuto o dos.

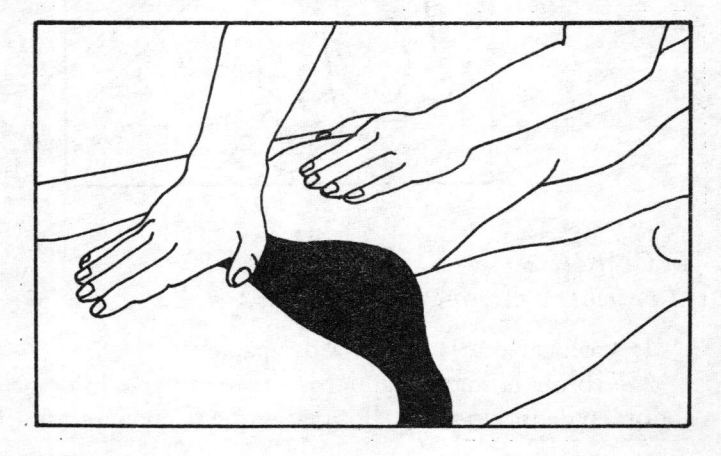

Fig. 35

TÉCNICA 3

Con esta técnica se polariza la columna produciendo estiramientos en sentidos opuestos en los músculos de uno y otro lado. Se la puede aplicar en todas las zonas de la columna en las que haya tensión, dolor o espasmos.

El paciente está acostado boca abajo

1. Colocarse a la izquierda del paciente.
2. Ubicar la mano izquierda sobre la columna en un ángulo de 45 grados, cubriendo con la palma las vértebras dorsales inferiores. Colocar la palma derecha sobre la otra como soporte (fig. 36).

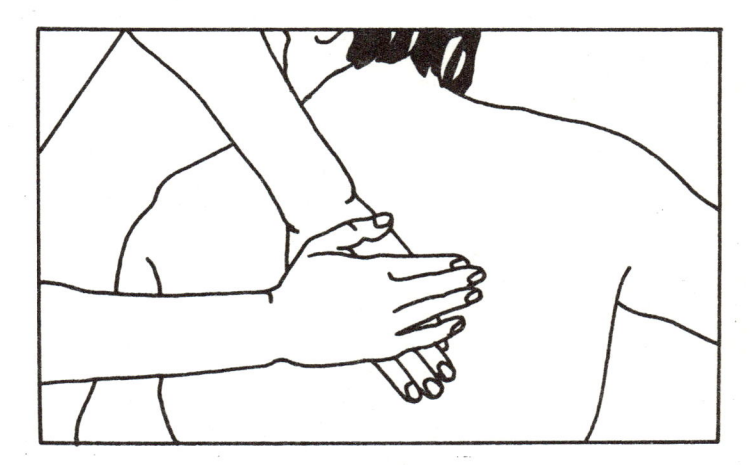

Fig. 36

3. Girar las manos en sentido opuesto a las agujas del reloj mientras se presiona con firmeza (fig. 37).
4. Conservar los músculos bajo presión y, simultáneamente, empujar las manos hacia arriba en dirección a la cabeza, balanceando todo el cuerpo propio, hasta que los músculos del paciente se relajen. Como alternativa se pueden aplicar impulsos vibratorios.

DRENAJE MUSCULAR MEDIANTE FUERZAS OPUESTAS (LA TÉCNICA «S»)

El doctor Stone recomendaba esta técnica por ser una de las formas más simples y eficaces de drenaje del material estancado en los músculos. La mejor manera de llevarla a cabo es en contra del flujo de corriente local, como contacto estimulante.

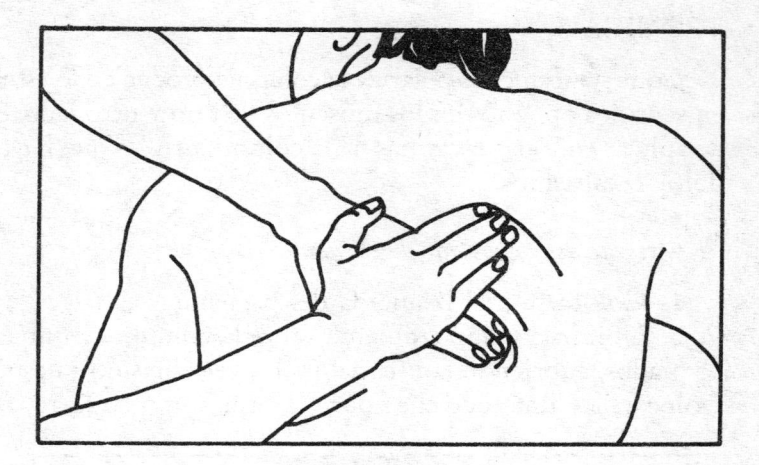

Fig. 37

El paciente está acostado boca abajo

1. Colocarse a la izquierda del paciente.
2. Ubicar el pulgar derecho a la izquierda de una fibra muscular tensa y el pulgar izquierdo a la derecha. Por lo general los músculos más tensos se encuentran cerca de la columna (fig. 38).

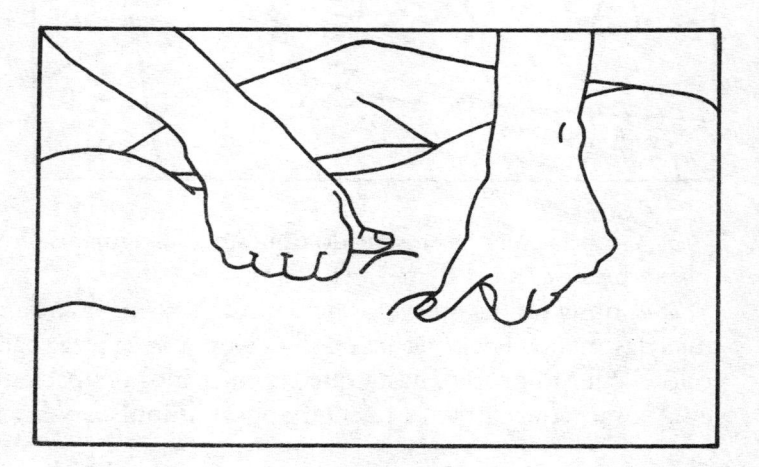

Fig. 38

3. Empujar el pulgar derecho hacia arriba y el izquierdo hacia abajo, asegurándose de que no se deslicen. De esta forma se creará en los tejidos un pliegue en forma de «S» (fig. 39).
4. La misma técnica básica formando la «S» puede aplicarse horizontalmente con respecto al cuerpo (fig. 40). También se la puede llevar a cabo utilizando toda la mano (fig. 41).

TÉCNICAS PARA EQUILIBRAR LA ENERGÍA 115

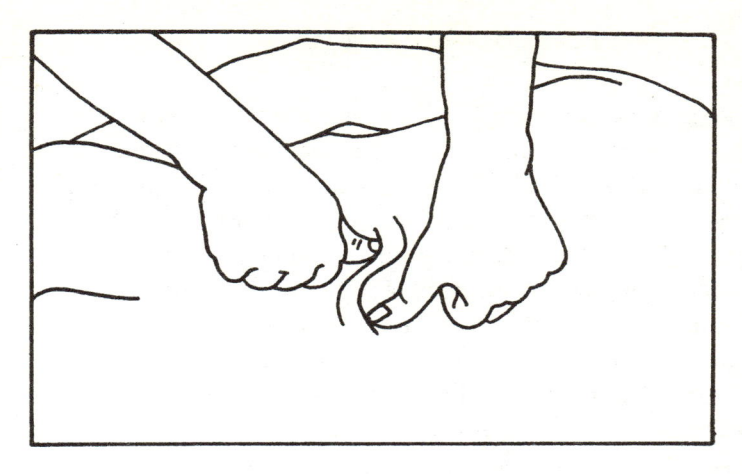

Fig. 39

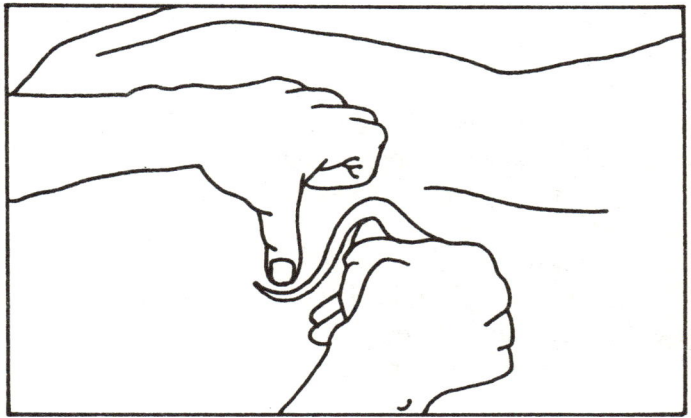

Fig. 40

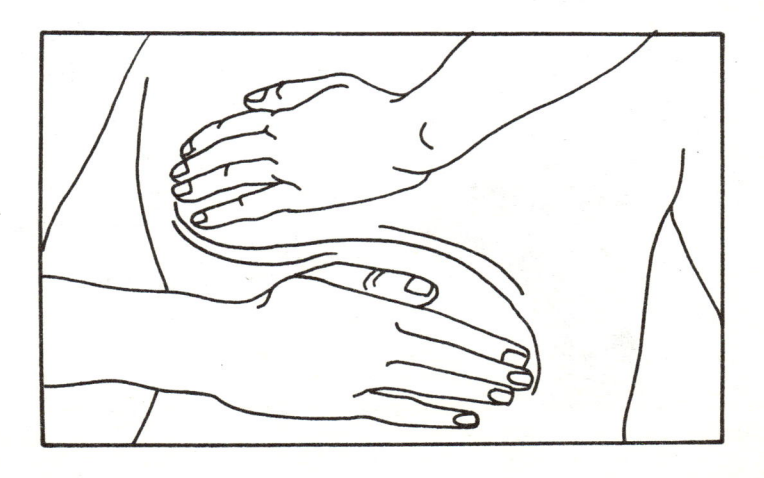

Fig. 41

Tratamiento digestivo

Con este tratamiento se trabaja sobre el elemento tierra. Para llevarlo a cabo se emplea la parte de la tríada astrológica del elemento tierra representada por las rodillas y la zona de funcionamiento físico del elemento tierra que se encuentra en el campo oval abdominal. A menudo la presencia de dolor en alguna de las rodillas procede de bloqueos energéticos en el hígado o en el estómago, y esta clase de liberación suele ser eficaz. También se aplican contactos sobre el ligamento de Poupart, base de la estrella de cinco puntas. Este patrón energético tiene gran influencia sobre el aparato digestivo. También explica por qué el dolor de la rodilla derecha suele ser un reflejo de la parte opuesta del cuerpo, el estómago.

El paciente está acostado boca arriba

1. Colocarse a la izquierda del paciente.
2. Ubicar la mano izquierda sobre la rodilla izquierda y las yemas de los dedos de la mano derecha sobre el ligamento de Poupart del lado izquierdo (fig. 42).
3. Estimular alternadamente durante un minuto o dos, balanceando la rodilla y deslizando los dedos hacia la pelvis con moderación, y luego hacia el hombro del lado opuesto como si se estuviese cavando. Mantener la posición de los dedos y sentir la energía.

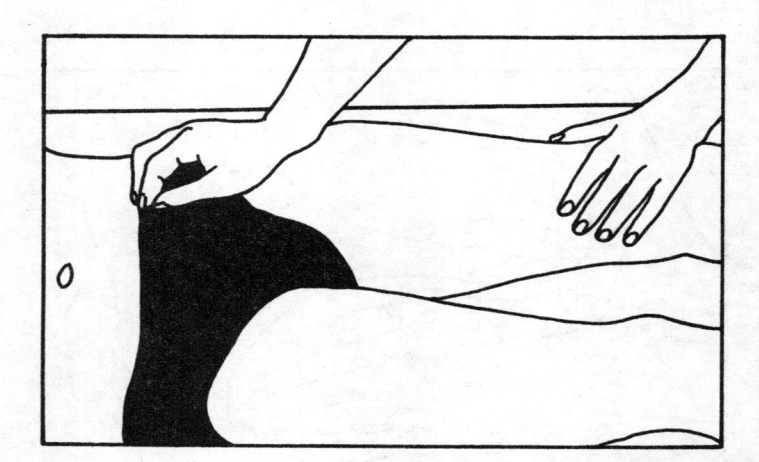

Fig. 42

4. Llevar la mano izquierda hacia el ligamento de Poupart del lado izquierdo y la mano derecha a la zona del hígado, en el lado opuesto del cuerpo. En caso necesario, pueden colocarse las yemas de los dedos de la mano derecha hacia arriba, por debajo de las costillas flotantes del lado derecho (fig. 43).

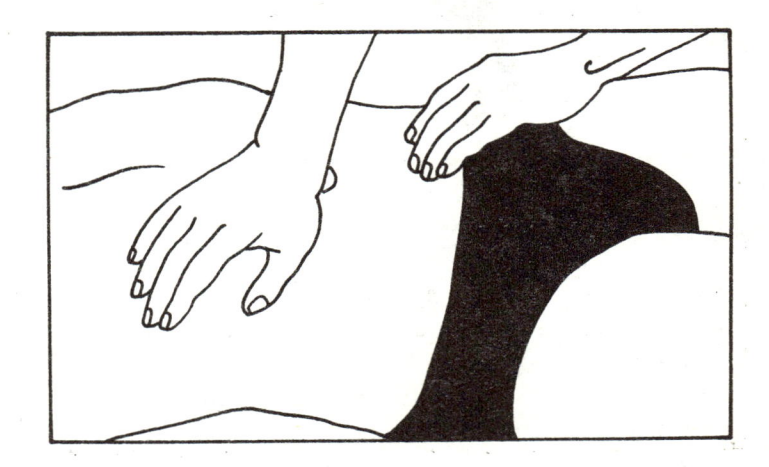

Fig. 43

5. Estimular el ligamento de Poupart como en el paso 3 y alternar dicho movimiento con un balanceo moderado de la zona que va desde el hígado hasta el hombro derecho durante un minuto o dos. Mantener la posición de los dedos y sentir la energía.
6. Llevar nuevamente la mano izquierda hacia la rodilla izquierda mientras la mano derecha permanece en la zona del hígado (fig. 44).
7. Estimular alternando el balanceo de la rodilla con el de la zona del hígado durante un minuto o dos. Mantener la posición de los dedos y sentir la energía.
8. Repetir las manipulaciones de los pasos 1-7 en el lado derecho del paciente. No olvidar que se debe penetrar hasta el abdomen para llegar al estómago.

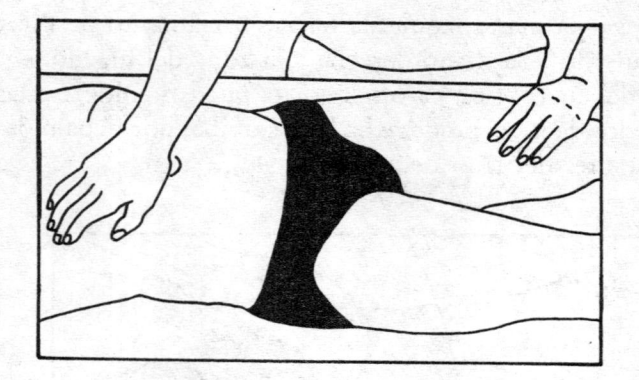

Fig. 44

Equilibrio por contorno

«Equilibrio por contorno» es el nombre dado por el doctor Stone al tratamiento de las zonas bloqueadas del cuerpo a partir del principio hermético de la correspondencia. Yo empleo también el término «simetría de formas» como denominación alternativa para esta clase de trabajo. Básicamente, se trata de las zonas del cuerpo cuyo contorno o forma es similar y que guardan entre sí una relación de reflejo definida. Los puntos sensibles de una zona en particular pueden liberarse mediante su polarización con otras zonas de forma semejante. Las zonas punteadas de la figura 45 representan

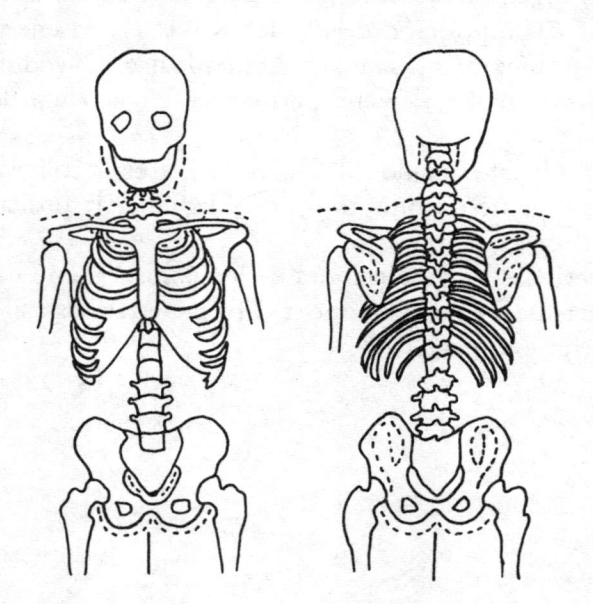

Fig. 45

los puntos de contacto de la cintura pelviana (abajo) que guardan relación con puntos similares de la cintura escapular (arriba). Si se analiza dicho esquema en función de los elementos, la liberación de las nalgas y los hombros equivale al equilibrio de los elementos aire y agua. La liberación de la tensión de las zonas mencionadas dará como resultado una clara mejoría en la calidad del movimiento. Asimismo, en este tratamiento se equilibra el sistema nervioso parasimpático, pues los músculos glúteos superiores son alimentados por los nervios parasimpáticos sacros, y los músculos del cuello y de los hombros, por los nervios secundarios vago y espinal, que también forman parte del sistema nervioso parasimpático.

El paciente está acostado boca abajo

1. Colocarse a la izquierda del paciente.
2. Con el pulgar derecho, hallar el punto más sensible de la nalga izquierda, y con el pulgar izquierdo, el punto más sensible de la escápula izquierda.
3. Estimular la zona sensible de la nalga con el pulgar derecho mientras se mantiene el pulgar izquierdo sobre el punto sensible de la escápula. Emplear una fuerza moderada en diferentes direcciones en el contacto de la nalga hasta que desaparezca la sensibilidad de ambas zonas. También es posible estimular ambas zonas en forma alternada (fig. 46).

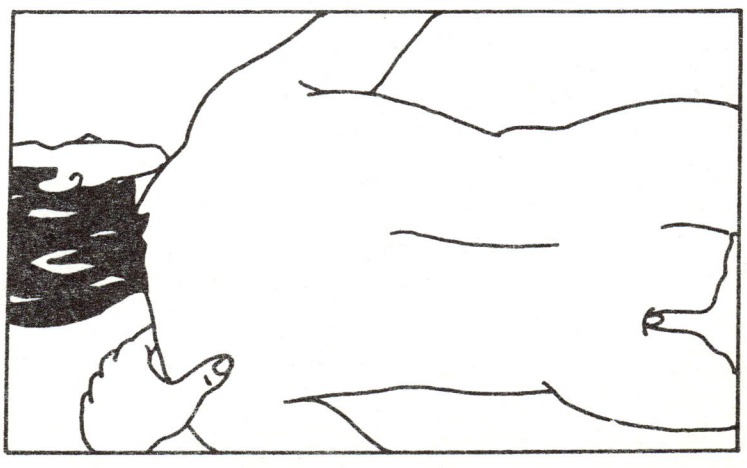

Fig. 46

4. Repetir en el lado derecho del paciente.

5. Puede suceder que el estrés y la tensión se crucen diagonalmente al otro lado del cuerpo, en cuyo caso los contactos se efectuarán de una nalga al hombro opuesto. El trabajo sobre la zona que va desde las nalgas hasta los músculos que se encuentran entre la columna y la escápula del lado contrario constituye una excelente forma de liberar el diafragma. Emplear los pasos 2-4 pero realizando contactos diagonales (fig. 47).

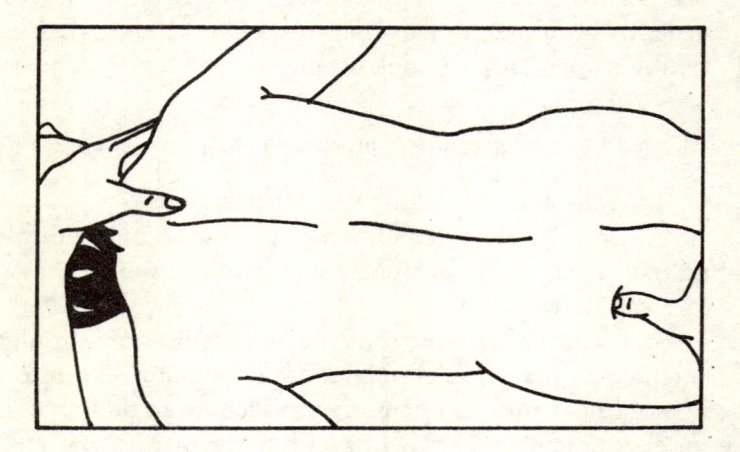

Fig. 47

Tratamiento de pecho

En este tratamiento, que resulta muy útil para tratar bultos y estancamiento en los senos, se equilibran las zonas de reflejo posterior motor del elemento agua. La zona de la escápula es el polo motor de los pechos; las nalgas proporcionan empuje (acción motora) a los genitales; y las pantorrillas brindan a los pies la fuerza motriz. En la figura 48 se muestran las zonas sobre las cuales se debe trabajar.

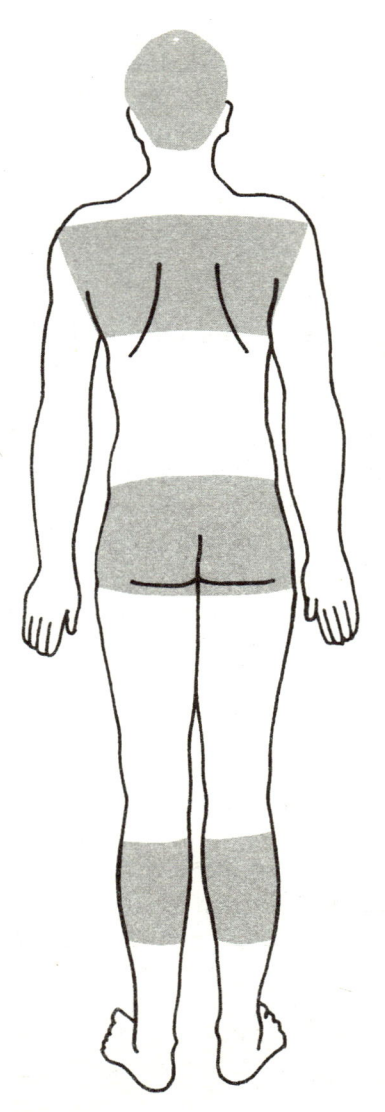

Fig. 48

El paciente está acostado boca abajo

1. Colocarse a la izquierda del paciente.
2. Ubicar la palma de la mano izquierda sobre la nalga izquierda y la palma de la mano derecha sobre la zona de la pantorrilla, con los dedos apuntando hacia la cabeza. Las zonas de contacto son las sombreadas en la figura 48.
3. Estimular durante un minuto o dos ambos puntos de contacto simultáneamente mediante un balanceo en dirección a la cabeza.
4. Llevar la palma de la mano izquierda a la escápula izquierda y la palma de la mano derecha a la nalga izquierda.
5. Estimular como en el paso 3.
6. Dejar la palma de la mano izquierda sobre la escápula y llevar la palma de la mano derecha a la zona de la pantorrilla.
7. Estimular como en el paso 3.
8. Repetir en el lado derecho del paciente.

Liberación del cuello y de las vértebras dorsales con el paciente sentado

Ésta es una «técnica rural» cuyo objetivo es liberar todas las vértebras de la parte alta de la columna hasta la novena vértebra dorsal. Se llama «técnica rural» a la que se aplica cuando no se cuenta con una mesa de trabajo y se debe trabajar con el paciente sentado. Constituye una manipulación excelente para liberar la fijación vertebral. En ella se emplean los contactos diagonales para activar las corrientes profundas a lo largo de la columna. La mano sobre la cabeza estabiliza al paciente y centra el atlas.

El paciente está sentado

1. Colocarse detrás del paciente.
2. Pasar el brazo derecho por delante de la parte frontal del hombro derecho del paciente y ubicar la mano derecha al costado de la cabeza, de modo que la oreja quede entre los dedos del agua y del fuego (fig. 49) y la yema del pulgar izquierdo quede junto a una vértebra fija sensible.
3. Estimular las vértebras haciendo vibrar el pulgar izquierdo y moviéndolo hacia la línea central del cuerpo durante un minuto aproximadamente o hasta que la sensibilidad haya desaparecido (fig. 50).

TÉCNICAS PARA EQUILIBRAR LA ENERGÍA 123

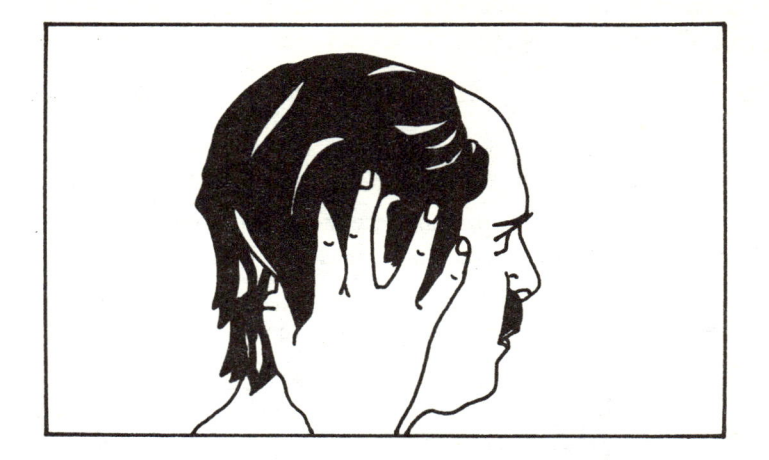

Fig. 49

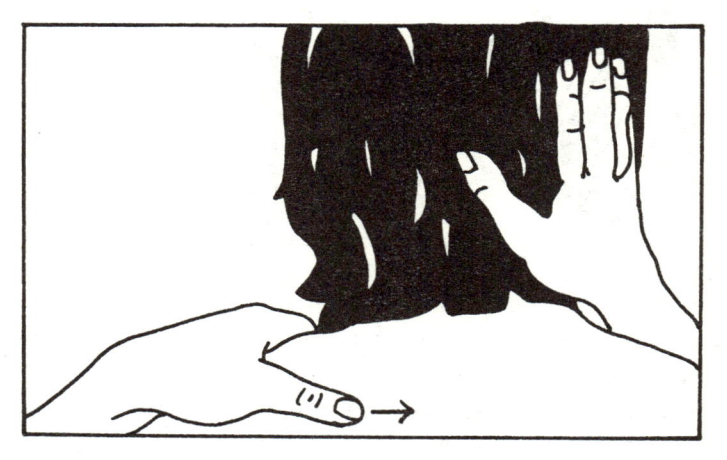

Fig. 50

4. Trabajar con las demás vértebras sensibles de la misma manera. Si es necesario, tratar ambos lados de la columna.

Liberación de la parte inferior de la pelvis

La tensión y la sensibilidad en la parte inferior de los músculos recto y piramidal del abdomen suelen indicar que existen trastornos en los órganos de esa zona (la vejiga, el útero, la próstata o el recto). La liberación de la tensión muscular mejora el funcionamiento de los órganos internos. También se puede emplear esta técnica como un modo de manipulación muy eficaz tendente a la reubicación del sacro en los casos en que existe una distorsión de éste que no responde favorablemente a las técnicas vibratorias.

El paciente está acostado boca arriba

1. Colocarse a la derecha del paciente.
2. Ubicar la mano izquierda debajo de la parte posterior del cuello y del occipucio, y la yema del pulgar derecho plana sobre las fibras musculares tensas, por encima de la sínfisis pubiana (fig. 51).

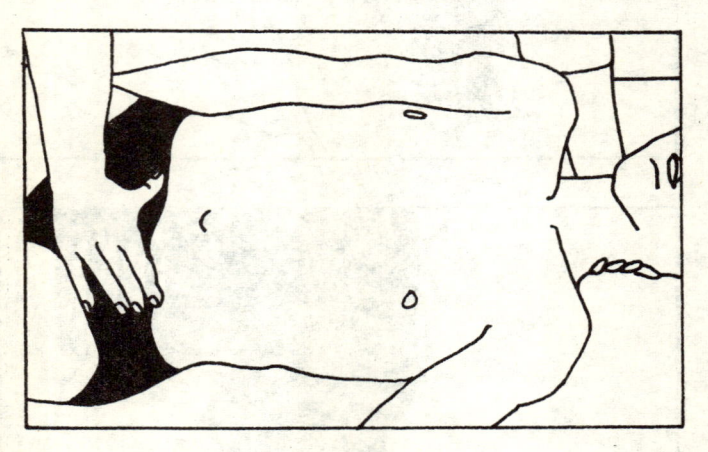

Fig. 51

3. Solicitarle al paciente que aspire, y cuando exhale levantar su cuello, mientras se mantiene el pulgar fijo sobre los músculos tensos. Conservar la posición un instante y luego permitir que baje lentamente la cabeza. Dejar que se relaje durante un lapso breve y repetir la secuencia tres veces más (fig. 52).

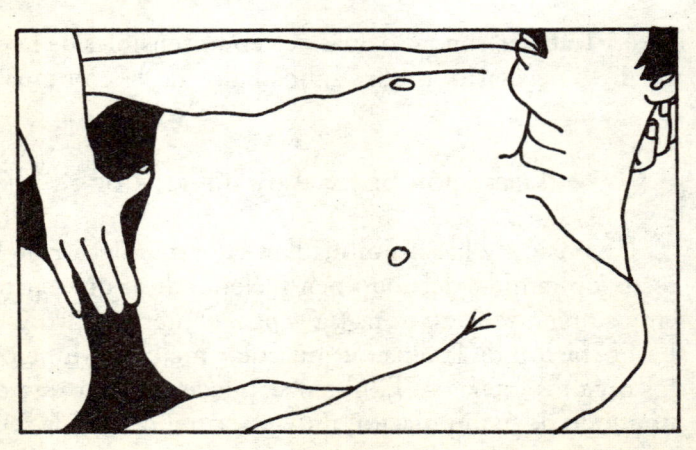

Fig. 52

Nota: Si se utiliza esta técnica para la corrección del sacro, el contacto del pulgar debe hacerse sobre el lado de la pelvis donde se encuentra la base anterior del sacro, por encima de la zona central del ligamento de Poupart.

Estímulo del flujo de corriente sensorial

Con esta técnica se trabaja sobre el elemento éter, pues se la aplica sobre las articulaciones. Se procura estimular la vuelta del flujo de energía sensorial desde la circunferencia hacia el centro del cuerpo; así, la técnica produce un efecto equilibrante con respecto a las corrientes de energía motoras. No obstante, según creo, cuando el doctor Stone menciona en este caso el centro y la circunferencia se refiere al ombligo y la espiral energética que irradia desde él. En mi opinión, con este tratamiento se retardan o equilibran los excesos de actividad de las espirales energéticas umbilicales. De hecho, los primeros puntos de contacto en las manos y pies son puntos de reflejo del ombligo. Esta técnica resulta de gran utilidad en los casos en que el paciente despliega demasiada energía en una actividad frenética; por ejemplo, en los días que preceden a las Navidades. Puede aplicarse tanto en la parte frontal como en la parte posterior del cuerpo. He descubierto que, desde el punto de vista sintomático, resulta muy provechosa en los casos de artritis reumatoidea y para detener las oleadas de calor asociadas a la menopausia femenina. En la figura 53 aparecen representadas las zonas de contacto como puntos situados por encima y por debajo de la línea de flexión de una articulación, en una zona de acción romboidal.

Fig. 53

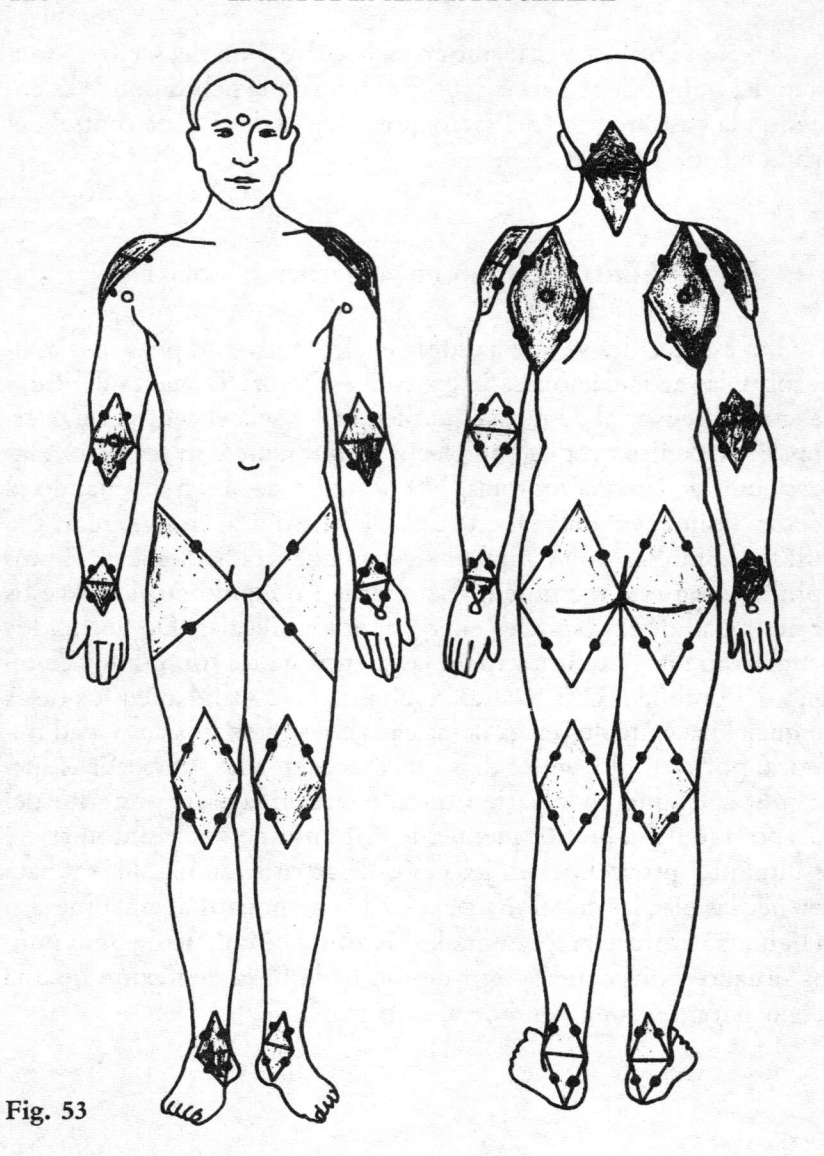

El paciente está acostado boca arriba

1. Colocarse a los pies del paciente.
2. Ubicar el pulgar derecho en la planta del pie derecho y el dedo del fuego de la mano izquierda sobre uno de los puntos de la zona en forma de rombo que abarca al tobillo derecho (fig. 54).
3. Mantener los dedos en las zonas de contacto durante un mi-

nuto aproximadamente o hasta que se sienta la energía en el dedo del fuego con gran intensidad.

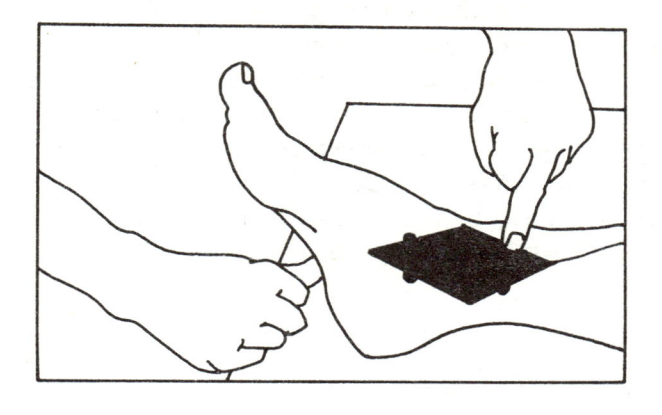

Fig. 54

4. Llevar el dedo del fuego a un punto situado debajo de la rodilla derecha en la siguiente zona en forma de rombo y el pulgar a la posición en la que estaba el dedo del fuego (fig. 55).

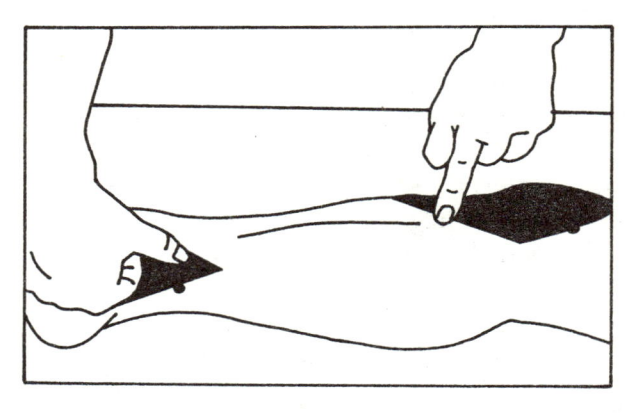

Fig. 55

5. Repetir el paso 3.
6. Llevar el dedo del fuego a un punto situado por encima de la rodilla y el pulgar al punto que se encuentra debajo de aquél.
7. Repetir el paso 3.
8. Continuar de la misma manera hasta que se haya llevado la energía por encima de la articulación de la cadera derecha. Repetir los pasos 1-8 en la pierna izquierda y en ambos brazos. Para trabajar con los brazos, el primer punto de contacto del pulgar se encuentra en el centro de la palma. También es posible empujar la energía de vuelta hacia abajo por la articulación de la mandíbula.

Técnica de los orígenes y las inserciones

Mediante esta técnica se liberan los bloqueos energéticos musculares que se manifiestan como trastornos del funcionamiento motor o del movimiento. El origen de un músculo es su punto de unión con la estructura esquelética, y la inserción es el punto de unión con el hueso movido por ese músculo. El origen es el polo positivo de un músculo, y la inserción su polo negativo. El polo neutro se encuentra en el medio del músculo. Los bloqueos energéticos pueden liberarse mediante la polarización del origen con la inserción (o con el polo neutro).

Liberación de los músculos de las piernas

Con este tratamiento se liberan todos los músculos de las partes superior e inferior de la pierna.

El paciente está acostado boca arriba

1. Colocarse a la izquierda del paciente.
2. Pasar la mano derecha por debajo de la rodilla izquierda, desde la parte interna de la pierna. Deben percibirse al tacto varios tendones. Doblar la mano izquierda sobre el pie izquierdo de modo tal que las yemas de los dedos hagan presión contra los tendones que hay en la base de los dedos de los pies (fig. 56).

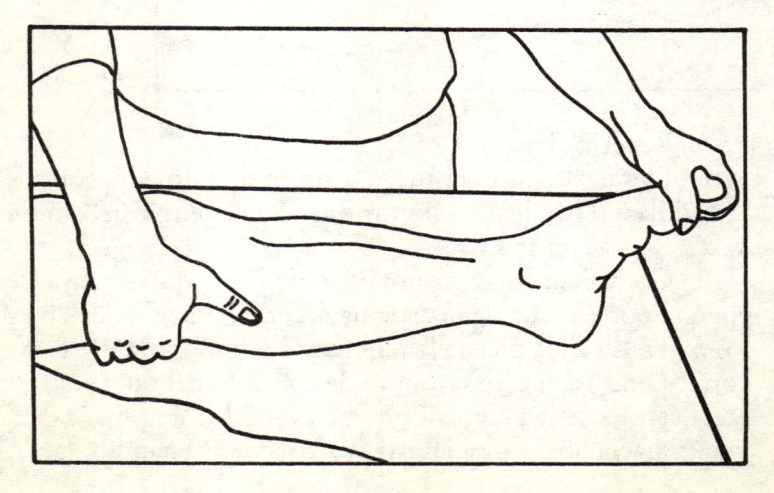

Fig. 56

3. Estimular alternadamente durante dos o tres minutos haciendo presión bajo los dedos de los pies al tiempo que se los extiende rítmicamente y se realiza un movimiento circular bajo la rodilla. Mantener la posición y sentir la energía.

4. Si se desea lograr la liberación más específica de los músculos de la pantorrilla (por ejemplo, de los gemelos), se deberá llevar la mano izquierda a la zona del tendón de Aquiles.

5. Llevar la mano derecha a los tendones que rodean la articulación de la cadera y la espina ilíaca inferior (fig. 57). Alternar un movimiento circular en esa zona con la manipulación de los dedos del pie durante dos o tres minutos. Mantener la posición y sentir la energía.

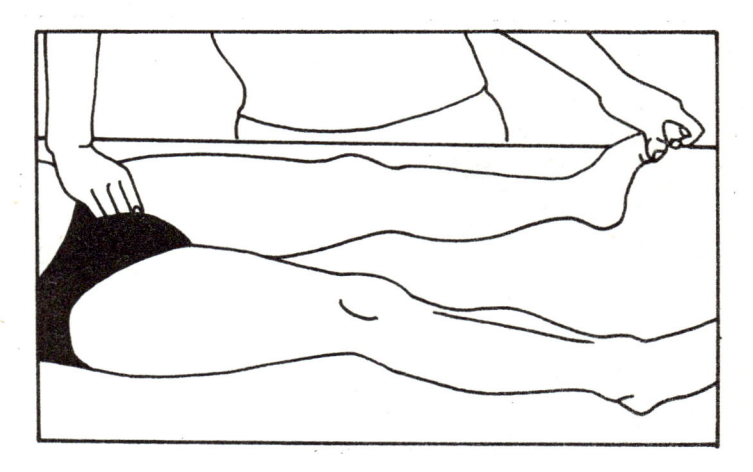

Fig. 57

Liberación del músculo recto anterior del muslo

El músculo recto anterior del muslo es uno de los músculos cuadríceps de la parte superior de la pierna que tienen a su cargo la extensión de la rodilla y el enderezamiento de la pierna. Se ha elegido este músculo sólo para ilustrar la técnica básica. Esta técnica puede emplearse en cualquier músculo si se conocen su origen y su inserción.

El paciente está acostado boca arriba

1. Colocarse a la izquierda del paciente.
2. Ubicar las yemas de los dedos de la mano izquierda sobre la

estructura tendinosa que se encuentra inmediatamente por encima de la rótula, y las de los dedos de la mano derecha sobre el origen del músculo, es decir, sobre la espina ilíaca anterior e inferior, justo por encima de la articulación de la cadera (fig. 58).

3. Alternar el estímulo con un movimiento circular de los dedos durante dos minutos aproximadamente. Mantener la posición de los dedos y sentir la energía.

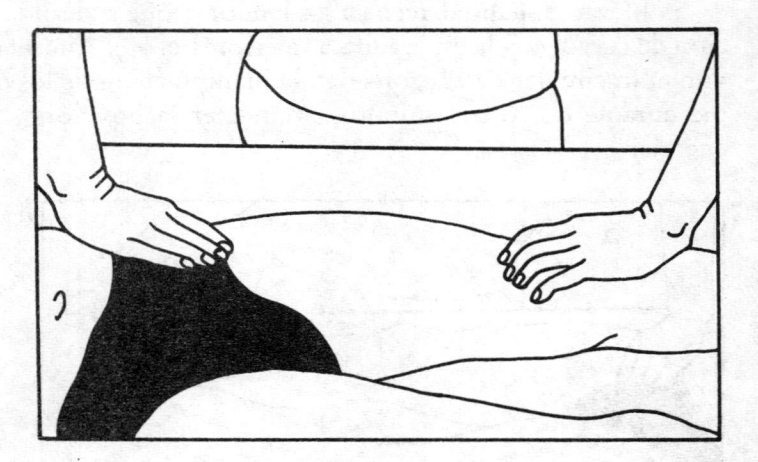

Fig. 58

Tratamiento del dolor en los huesos largos de las piernas

El dolor en los huesos largos de las piernas puede ser señal de anemia, estasis linfática o falta de algunos nutrientes, como vitamina C, sodio, manganeso o calcio. También puede proceder del agotamiento causado por la marcha prolongada o por estar muchas horas de pie. En muchos casos el dolor se produce a causa de una digestión deficiente y debe tratárselo teniendo en cuenta dicha situación. También puede recurrirse a un trabajo de liberación local, como el que se describe a continuación.

El paciente está acostado boca arriba

1. Colocarse a la izquierda del paciente.
2. Pasar los brazos por encima del cuerpo ubicando la mano derecha sobre la parte interna superior del muslo derecho y la mano izquierda sobre la parte inferior de la pierna (fig. 59).
3. Tomar los músculos y tendones de la parte interna del muslo

y rotar la mano hacia afuera, tomando al mismo tiempo los músculos de la parte inferior de la pierna y torciendo los tejidos hacia la parte interna. Hacer vibrar las manos durante treinta segundos aproximadamente. Descansar un instante, y luego repetir una o dos veces más.

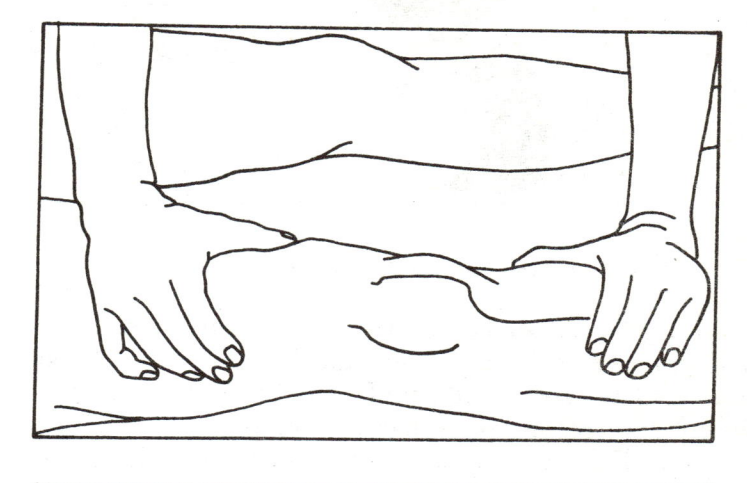

Fig. 59

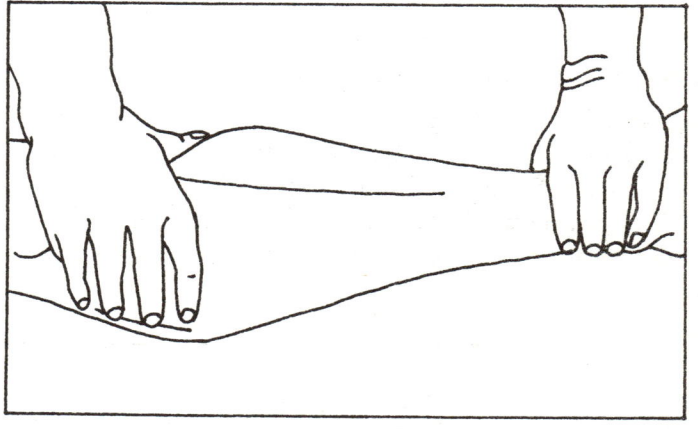

Fig. 60

4. Hacer otros contactos de torsión similares ubicando las manos en diferentes partes de la pierna. Realizar ambos contactos sobre la parte inferior o sobre la parte superior de la pierna (fig. 60).

5. Por último, ejecutar un contacto de torsión hacia afuera sobre la parte superior (o inferior) de la pierna junto con un contacto en la pelvis. El contacto de la pelvis puede hacerse con una vibración hacia arriba o con un balanceo (fig. 61).

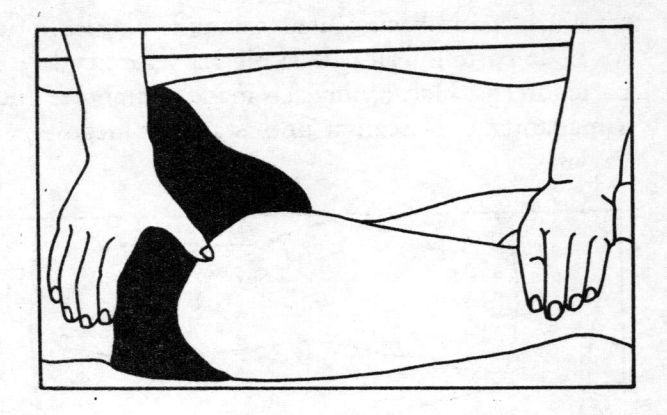

Fig. 61

CORRECCIÓN DE PIE PLANO

Ésta es una técnica de corrección para el aplanamiento de los arcos en uno o ambos pies. Es importante que la estructura de los arcos plantares sea apropiada. Mediante la corrección de los arcos se pueden liberar numerosos reflejos hacia el cuerpo y eliminar muchos dolores y padecimientos que se originan en desequilibrios estructurales.

El paciente está acostado boca arriba

1. Colocarse a los pies del paciente.
2. Para trabajar con el pie derecho, tomar firmemente el arco del pie con la mano derecha (fig. 62); con la mano izquierda tomar la parte externa del pie, de modo tal que los dedos sostengan el talón y la palma cubra el hueso cuboides, con el pulgar debajo del astrágalo (fig. 63).

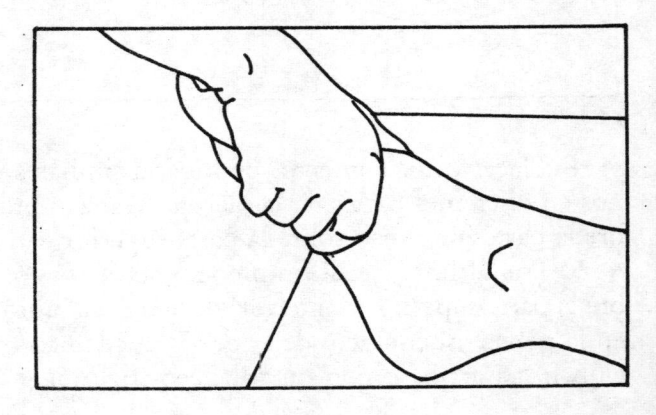

Fig. 62

3. Conservar los contactos con firmeza hasta que se sienta la energía fluir intensamente; luego, para corregir el arco deberá hacerse un movimiento de torsión con la mano derecha y dar a la vez un breve empujón con la mano izquierda hacia la derecha. En la figura 63, las flechas indican la dirección en que deben moverse ambas manos.

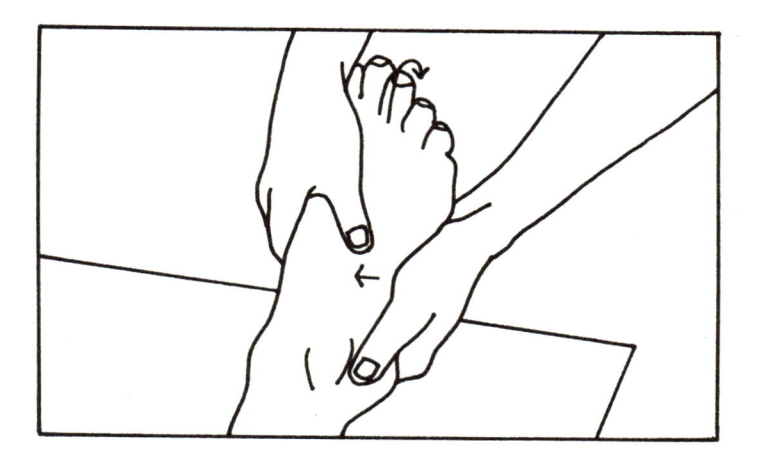

Fig. 63

Capítulo 8

EQUILIBRAMIENTO ESTRUCTURAL

El término «equilibramiento estructural» se refiere al aspecto del equilibrio energético y del trabajo corporal que se ocupa específicamente de equilibrar el cuerpo con relación a la gravedad, tarea que constituye la fase final del proceso de equilibramiento energético sobre el cual se trabaja en la terapia de la polaridad. Es la fase que se ocupa de la cristalización de la energía en forma o materia, el cuerpo físico. En el equilibramiento estructural se trabaja sobre la relación del cuerpo con las fuerzas externas, en particular con la fuerza de gravedad, pues ésta predomina sobre las otras fuerzas externas que influyen en el cuerpo durante toda la vida de éste.

El proceso de cristalización que da origen a la estructura física se lleva a cabo de manera muy similar a como una solución salina produce cristales si se la deja reposar durante cierto tiempo. En el ser humano, es el cuerpo energético —la matriz organizadora— quien dirige la cristalización de la energía en forma. La solución a partir de la cual se forma el cuerpo son los cinco elementos primordiales. La estructura fundamental se crea en el útero. El medio existente dentro del útero constituye un factor externo que puede tener gran influencia en la estructura básica. Incluso si no aparece ninguna distorsión estructural en la etapa previa al nacimiento, es muy probable que la influencia de los factores externos que operarán a partir de dicho momento inicie un proceso de distorsión. Hasta los 25 años sigue habiendo crecimiento físico; es durante ese período cuando la estructura tiende a deformarse más, pierde literalmente su forma original. Desde el nacimiento, la gravedad y la presión del aire son las primeras fuerzas que actúan sobre el organismo. La gravedad es la más intensa de estas dos fuerzas primarias, y continúa actuando sobre el cuerpo durante toda la vida de éste como una tensión «deformadora».

La metáfora de la «cristalización» resulta muy útil para descubrir el proceso de creación, pero no para dilucidar el proceso dinámico en que la «vida» consiste. En realidad, el cuerpo humano es un sistema sorprendentemente flexible y maleable. Sólo debemos comparar una foto actual nuestra con otra que nos fue tomada hace diez o veinte años para darnos cuenta de cuán cierta es la afirmación anterior.

La gravedad es la fuerza externa que más actúa sobre el cuerpo. No es la única, pero como es la de mayor influencia, el modo en que el cuerpo y el ser se relacionan con ella sirve de metáfora de su relación con las restantes fuerzas externas. En gran parte de los procedimientos de equilibramiento energético que se llevan a cabo en la terapia de polaridad se tratan las relaciones internas, por ejemplo la relación entre el ser, las emociones y el funcionamiento fisiológico vital. El equilibramiento estructural se ocupa de las relaciones externas, como la relación del cuerpo con la gravedad, pero también, en un sentido más amplio, de su relación con la vida como un todo: las relaciones humanas, el trabajo, las actividades recreativas, etc. El modo en que el paciente se organiza con respecto a la gravedad brinda mucha información acerca de cómo se relaciona con la vida. El grado de distorsión del cuerpo del paciente con relación a la gravedad también revela el grado de distorsión de su persona con respecto a los factores externos restantes. En mi opinión, el impacto de las relaciones personales íntimas constituye la segunda fuerza más importante, después de la gravedad, que influye en nosotros. Con la tabla de gravedad se puede obtener mucha información en lo tocante a la manera en que el paciente sobrelleva sus relaciones personales. Cuando éste se encuentra acostado sobre la mesa de trabajo corporal, de alguna manera la gravedad no lo afecta, ya no actúa sobre su estructura del mismo modo; así, lo que ve el profesional son las relaciones del paciente con sus fuerzas internas: las energías y el funcionamiento vitales (véase el capítulo 3). Podría afirmarse que existen dos clases de lectura corporal: una realizada respecto de la gravedad y la otra sin tener en cuenta dicha fuerza. La lectura del cuerpo que se lleva a cabo con relación a la gravedad revela información acerca de la relación del paciente con su vida externa; cómo se relaciona con las fuerzas externas y con las personas. La lectura del cuerpo que se realiza cuando la gravedad no influye en él muestra la relación del paciente con su vida interna; cómo sobrelleva sus pensamientos y sentimientos acerca de sí mismo. La realización de ambas lecturas del cuerpo y su correlación puede brindar información muy valiosa acerca de la verdadera naturaleza de los problemas del paciente, lo que resulta de gran utilidad para la terapia de polaridad.

Importa advertir que el paciente puede «tener una gran joroba y estar totalmente deformado y, sin embargo, vivir hasta una edad muy avanzada» (para emplear las palabras del doctor Stone). No son las distorsiones estructurales las que nos matan sino el cese de nuestro funcionamiento fisiológico vital. Los órganos internos del cuerpo necesitan el espacio suficiente como para expandirse y contraerse; si la estructura provoca la falta de espacio, obviamente se creará un verdadero problema de salud. No obstante, la corrección de la estructura externa no acarreará necesariamente la corrección del funcionamiento fisiológico deteriorado. La lectura con relación a la gravedad brinda un cuadro bastante completo acerca de las distorsiones estructurales y la aptitud del cuerpo para adaptarse a las tensiones, pero en dicho cuadro no se dice nada acerca del estado del funcionamiento fisiológico y energético internos. Puede ocurrir que un paciente tenga su estructura bien equilibrada con respecto a la gravedad y que, sin embargo, padezca de graves trastornos internos. No se debe olvidar que la energía vital se encuentra más allá de la influencia de la gravedad, y por eso la relación del cuerpo con esta última no refleja de modo alguno el estado de salud del paciente. El doctor Stone señala que en realidad refleja la capacidad de acción y las relaciones entre las partes.

¿Cuál es la relación entre la energía y la estructura? Lo primero que debe entenderse es que los músculos —más específicamente, el equilibrio de la tensión muscular entre los diferentes grupos de músculos— determinan la alineación ósea de la estructura. Así, resulta evidente que nos encontramos en la búsqueda de la relación entre los músculos y la energía vital. Obviamente el nexo entre ellos son las emociones. Todos sabemos cuánto cambia nuestra postura, y por ende nuestra tensión muscular, al cambiar nuestro estado de ánimo. Intentemos recordar la última vez que nos sentimos felices y contentos: es seguro que nos mantuvimos más erguidos y nos movimos con mayor facilidad que lo normal. Ahora tratemos de recordar un momento de depresión. Estoy convencido de que tuvimos alguna combinación de los siguientes síntomas: el diafragma se puso tenso; la respiración se volvió superficial, y esto hizo que se acentuara la curvatura lumbar, provocando una lordosis bastante importante; teníamos los hombros caídos; estábamos cabizbajos; etc. Cualquier tipo de trastorno en el flujo de emociones puede dar origen a un patrón de tensión muscular, a menudo llamado «acorazamiento» del cuerpo. Los trastornos emocionales y los patrones de acorazamiento muscular asociados a dichos trastornos vuelven imposible la adaptación eficaz del cuerpo a la fuerza externa de gravedad. La relación entre la energía y la estructura se encuentra en un nivel inferior o en una fase involutiva del movimiento energético durante la cual la conciencia y la energía se manifiestan en la forma física.

Si el flujo de la energía vital puede influir en la estructura de manera dinámica durante toda la vida, ¿cómo influye, si es que lo hace, la estructura en la energía? Si analizamos la afirmación del doctor Stone citada anteriormente, parecería que, en su opinión, la estructura influye muy poco en el flujo de la energía vital. Sin embargo, en otras partes de sus escritos sostiene que la distorsión estructural creada mediante los factores ambientales externos ejerce cierta influencia en el funcionamiento vital. Dejando de lado las situaciones en las que el trauma físico es el resultado de accidentes u operaciones quirúrgicas, quizá la mayor fuente de distorsiones estructurales sean ciertas acciones que realizamos a menudo durante largos períodos cuando trabajamos y nos recreamos. Por ejemplo, supongamos que uno de nuestros pacientes, que es granjero, pasa muchas horas manejando un tractor y que a menudo mira hacia atrás por encima de su hombro izquierdo, con el cuerpo torcido, para controlar su trabajo. Con el paso de los años desarrolló una distorsión importante de los patrones de tensión de su cuerpo, hasta el punto de que bastó una tensión adicional mínima para provocar en él un colapso estructural. Esta persona ha recurrido a nosotros después de varios meses de padecer de dolores más o menos intensos, y muy probablemente sufra graves espasmos en el diafragma y los mismos espasmos, que se encontraban presentes desde el primer colapso, ahora obstaculicen el flujo de las diferentes pautas de la energía corporal, causando problemas concurrentes, como digestión defectuosa, dificultades respiratorias y constipación. Es imprescindible recordar que, según se señaló cuando se nombraron los acorazamientos, todo trastorno estructural que provoque dolor creará un trastorno emocional; así, a la postre el proceso interno es semejante. El factor principal en este caso es el tiempo. Sabemos que una manipulación eficaz orientada a restablecer el equilibrio energético, que puede llevarse a cabo en pocos minutos, a veces cambia la estructura instantáneamente, pues la energía es el factor organizador de la forma física como un proceso entrópico o reductivo; sin embargo, la reacción inversa requiere de mucha energía. La estructura física, que básicamente consiste en energía que vibra en una frecuencia muy baja, debe aplicar dicha energía durante un largo período para que su influencia en las frecuencias más altas sea significativa.

Cuando se lleva a cabo el equilibramiento estructural, se reestructura el cuerpo con relación a la gravedad. Se procura lograr una postura simétricamente equilibrada y vertical, es decir, perpendicular a la base del cuerpo sobre la tierra (las plantas de los pies) (véase la fig. 64). Esta orientación particular de la postura es señal de un perfecto equilibrio, tanto de las fuerzas internas como de las externas. No obstante, no debe olvidarse que en realidad esa clase de equilibrio simétrico en la estructura ósea que daría lugar a una relación perfecta con la gravedad se presenta en pocas personas. Cuando se vuelva a verificar la alineación del paciente luego de una sesión estructural, no debe pretenderse que exhiba la estructura perfecta que se muestra aquí.

La lectura del cuerpo que forma parte del equilibramiento estructural se lleva a cabo sobre la tabla de gravedad. En ella se utiliza una plomada que indica la manera en que el cuerpo debería organizarse con relación a la gravedad para economizar energía mediante un funcionamiento con la fuerza y no en contra de ella. La plomada también constituye el espejo que refleja con precisión la deformación del cuerpo respecto de la gravedad. Cuando el paciente se encuentra de pie sobre la tabla de gravedad, se ven las distorsiones del armazón esquelético causadas por tensiones musculares desiguales. Existen diferentes líneas de tensión en el cuerpo físico asociadas a la fuerza de gravedad (véase la fig. 65). La comprensión de dichos patrones y del modo dinámico en que el cuerpo recurre a la compensación cuando alguna de esas líneas de tensión se distorsiona resulta esencial para ser capaz de devolver al cuerpo el equilibrio estructural.

En las figuras 66 y 67 se muestran algunas relaciones estructurales importantes del cuerpo. En la figura 66 se ha reproducido la pauta energética conocida con el nombre de «los triángulos entrelazados» o «la estrella de seis puntas» (Sello de Salomón). Esta representación de la estrella de seis puntas difiere en aspectos mínimos de la pauta clásica, pero el doctor Stone afirma que es la orientación correcta de la pauta dentro del cuerpo humano. En cuanto a lo esotérico, dicho símbolo representa un encuentro del cielo y la tierra. El triángulo invertido simboliza la creación de la materia a partir del espíritu, el principio masculino; el otro triángulo, que apunta hacia arriba, representa el camino de regreso del hombre al cielo, el principio femenino. El entrelazamiento de los dos triángulos es señal de un perfecto equilibrio entre ambos principios. En cuanto a lo estructural, en el gráfico se muestra, en relación con la parte posterior del cuerpo, que la base del triángulo inferior atraviesa las articulaciones sacro-ilíacas y el vértice toca la zona del cerebro conocida como bulbo raquídeo, donde se encuentra el control central del funcionamiento autónomo del cuerpo. La base del triángulo superior atraviesa el agujero occipital y el vértice toca el centro del sacro, a mitad de camino entre las articulaciones sacro-ilíacas. El patrón que corresponde la parte frontal del cuerpo cubre una zona algo más amplia; el borde orbital y la sínfisis púbica forman las bases superior e inferior de los triángulos. Esto muestra una conexión entre el centro de la conciencia o tercer ojo y los órganos generadores. Evidentemente, el equilibrio de esta pauta energética en particular es de suma importancia desde el punto de vista fisiológico, pero también indica la relación estructural entre el sacro y el occipucio, y al mismo tiempo, en un sentido más general, la relación de la cabeza con la pelvis.

En la figura 67 se muestran otras relaciones de la cabeza, el cuello y la pelvis. En dicha figura se observa que la relación entre el occipucio y el sacro conforma una estructura de dos triángulos en forma de rombo o cometa; el triángulo superior representa al occipucio y el inferior, al sacro. Según el doctor Stone, hay un equilibrio giroscópico entre ambos huesos. Las líneas de la figura señaladas con una «a» muestran la relación entre el medio del hombro, el vértice sacro y la articulación sacro-ilíaca de cada lado. Las señaladas con una «b» marcan la relación entre la articulación de la mandíbula y la de la cadera, y la del hueso temporal con el coxal. Las señaladas con una «c» indican la relación entre la base occipital y la base del sacro; ambas deberían estar dispuestas en forma horizontal.

Si la pauta energética de la estrella de cinco puntas, o pentagrama, se superpone al cuerpo humano, las relaciones entre las caderas y los hombros aparecen como líneas diagonales de energía o de tensión. También se ve una relación vertical entre las articulaciones de

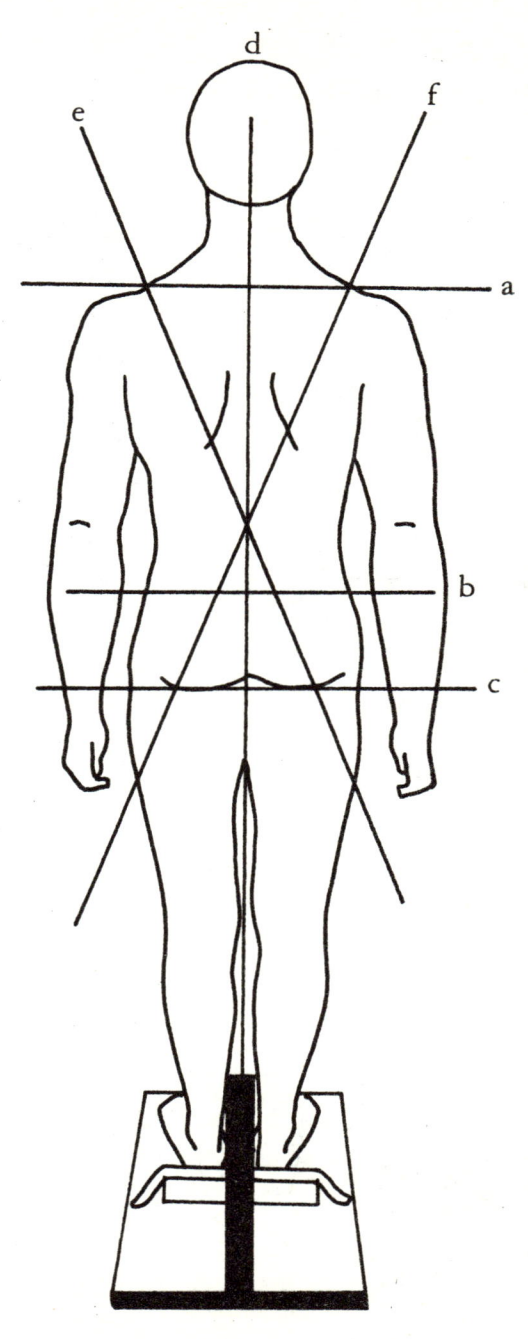

Fig. 64

142 EL ARTE DE LA TERAPIA DE POLARIDAD

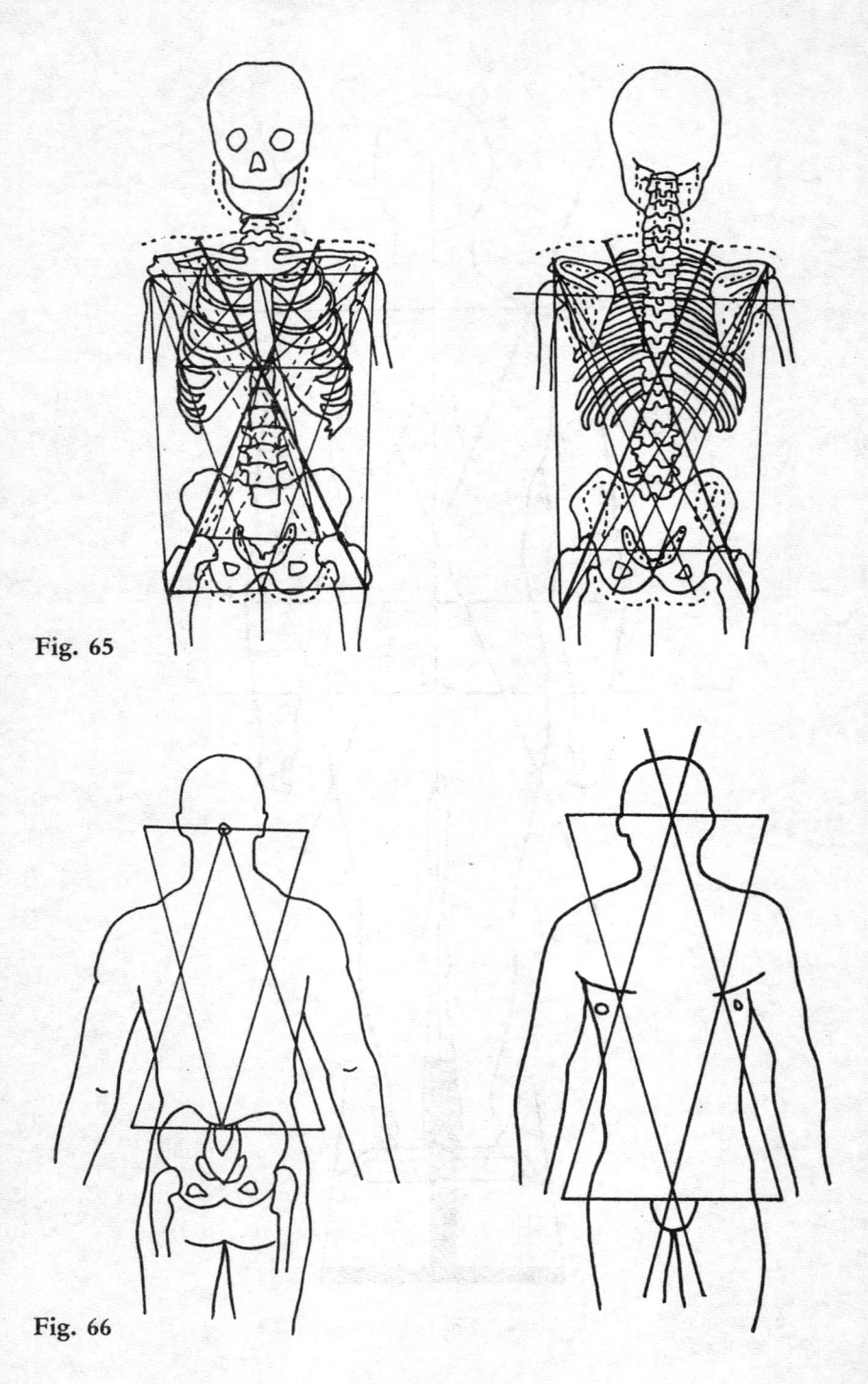

Fig. 65

Fig. 66

las caderas, como cimientos del occipucio, y la posición de la cabeza en general. Siendo que en otros escritos se ha analizado dicho esquema con cierto detalle, no profundizaré mucho más en él, salvo para señalar su importancia respecto del trabajo estructural.

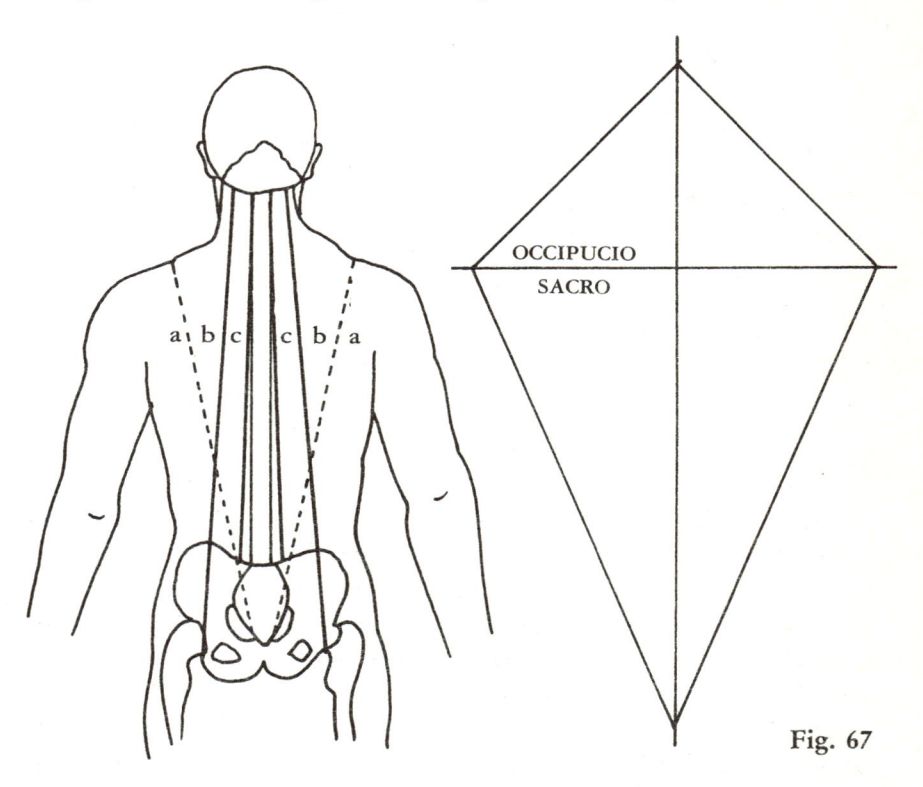

Fig. 67

En la figura 68 se muestra la estructura arquitectónica de la relación entre el sacro y las articulaciones de la cadera; dicha estructura tiene forma de ménsula. En un cuerpo cuya estructura se encuentra equilibrada todo el peso de la parte superior recae directamente en el sacro, que luego tensa la estructura pélvica en la medida adecuada al igual que la piedra fundamental de un puente. La estructura mensular está formada por el arco grueso posterior de la pelvis. Las tres vértebras sacras superiores son los cimientos del arco y la estructura ósea gruesa de la parte inferior del ilión, sus costados. La ménsula está sujeta a la cabeza del fémur por el ligamento iliofemoral. Esta disposición singular permite que el peso de la parte superior del cuerpo se sostenga sin esfuerzo muscular, pues los extremos fijos de la ménsula representados por las cabezas de los fémures neutralizan la fuerza hacia abajo ejercida en el extremo sacro de la ménsula. Sólo si la pelvis funciona de esta manera la acción de caminar se vuelve verdaderamente ligera y enérgica.

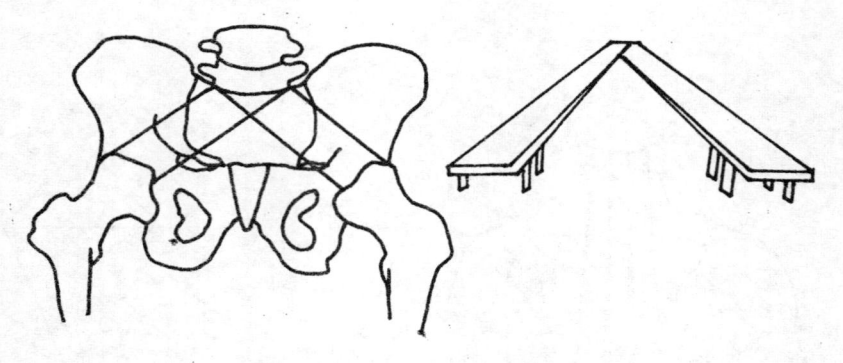

Fig. 68

La tabla de gravedad tiene 60 cm de largo por 30 cm de ancho. La atraviesa un separador central de madera de 6 cm de ancho y 2,5 cm de alto. A lo largo del separador debe trazarse una línea que pase por su centro. La pieza transversal o tope de retención tiene 2,5 cm de ancho y 5 cm de alto. Sujeto a uno de los extremos del separador debe haber un pequeño resorte al que se atará la plomada cuando se utilice la tabla. El resorte es necesario porque una plomada que cuelga libremente oscila con mucha facilidad. La primera vez será necesario utilizar la plomada para establecer la alineación correcta de la tabla y la cuerda. Posteriormente, para agilizar la organización, bastará con ubicar la tabla en el suelo siempre en el mismo lugar y colgar la plomada del mismo punto del techo. Esto puede lograrse marcando en el suelo dónde va la tabla, para no tener que volver a verificar su ubicación respecto de la plomada cada vez que se la utiliza. También se puede hacer lo que recomendaba el doctor Stone: tener la tabla unida con bisagras a una pared, de modo tal que cuando no se la emplee se la pueda plegar para que no ocupe espacio.

El trabajo con la tabla de gravedad se lleva a cabo con el paciente totalmente desvestido. Debe estar de pie sobre la mitad frontal de la tabla de modo que sus talones queden contra el tope de retención del separador central, y la parte interior de sus pies toque el separador central. El paciente debe mirar un punto fijo en la pared a la altura de los ojos; ello ayuda a evitar un balanceo indebido del cuerpo. El profesional debe sentarse detrás de él y encontrar un punto de vista desde el cual la plomada siempre se mantenga alineada con la línea central de la tabla. Luego de haber examinado por unos instantes la postura del paciente para obtener una idea general de sus relaciones estructurales, utilizar un lápiz para escribir sobre piel o una fibra para marcar con un signo más los músculos tensos que sobresalgan en dirección al profesional y con un signo menos las zonas hundidas. La importancia de este procedimiento se debe a que cuando el paciente está acostado, los esquemas de tensión suelen ser diferentes e incluso opuestos. Las marcas indican dónde debe trabajarse. Las zonas marcadas con los signos más y menos pueden ser polarizadas entre sí o con el centro de gravedad del cuerpo. En la figura 64 se muestra un cuerpo que está perfectamente alineado con la gravedad. La línea horizontal superior señalada con una «a» muestra la nivelación de los hombros. La línea horizontal señalada con una «b» indica la nivelación de los huesos coxales. La línea horizontal señalada con una «c» muestra la nivelación de la base del sacro. La línea vertical central (la cuerda de la plomada), que lleva una «d», muestra una columna perfectamente derecha, sin rotaciones. Importa señalar que los omóplatos se encuentran nivelados y que no hay pliegues en la piel en la zona de la cintura. Las líneas diagonales, que llevan una «e» y una «f», indican la relación diagonal o de la estrella de cinco puntas de las líneas de tensión que van de las caderas, atravesando las articulaciones sacro-ilíacas, hasta los puntos centrales de cada hombro. Estas dos líneas se cruzan en un punto, entre la segunda y la tercera vértebra lumbar, que se encuentra a la misma altura del ombligo. De acuerdo con el doctor Stone, allí se encuentra el centro de gravedad del cuerpo. El descrito es un esquema del cuerpo ideal al que se debe aspirar como objetivo final del trabajo de equilibramiento estructural.

Cuando examino por primera vez la disposición de un nuevo paciente respecto de la tabla de gravedad, hago mi lectura de abajo hacia arriba. Comienzo con el estudio de la línea «c» por debajo de las nalgas. Mientras realizo el examen, suelo hacer un diagrama de mis descubrimientos. A continuación verifico si la cuerda de la plomada coincide con el surco interglúteo. Un desplazamiento hacia la izquierda o hacia la derecha indica una rotación del cuerpo en esa dirección. Luego estudio la línea «b» para ver si las caderas se encuentran niveladas, y examino la alineación de la columna con respecto a la cuerda de la plomada para ver si el paciente presenta escoliosis, y tomo nota de ello, al igual que de todos los pliegues cutáneos que aparezcan en la zona de la cintura como resultado de grupos de músculos contracturados en cualquiera de los lados. Por último, observo si los hombros están nivelados (los pliegues axilares son un indicador útil de la altura de los hombros), así como la posición de la escápula (mediante el estudio de la estructura ósea) y la orientación de la cabeza. También controlo el grado de lordosis (curvatura lumbar) en la parte inferior de la espalda examinando el perfil del cuerpo.

No debe olvidarse que la tabla de gravedad no indica en absoluto el estado de la salud del paciente. Si éste se queja de intensos dolores en la parte inferior de la espalda y, sin embargo, su cuerpo se ve derecho y nivelado en la tabla de gravedad, es probable que —como señaló el doctor Stone— se esté en presencia de un problema prostático (si el paciente es de sexo masculino) o uterino (si es de sexo femenino). Es imprescindible tener en cuenta que las técnicas de corrección estructural *no deben aplicarse* cuando el dolor es agudo. Resulta vital deshacerse del dolor mediante la liberación de bloqueos energéticos antes de realizar correcciones estructurales. Incluso, luego de eliminar los bloqueos energéticos ya no suele ser necesario otro tipo de tratamiento, pues la estructura se ha acomodado por sí sola gracias a la acción del sistema nervioso simpático.

Antes de estudiar en detalle las clases de distorsiones estructurales que pueden hallarse al trabajar con la tabla de gravedad, deseo hacer unos comentarios acerca de mi forma básica de encarar la práctica y la enseñanza de las técnicas de equilibramiento estructural. Lo primero que quiero dejar en claro es que no es posible, desde ningún punto de vista, enseñar el trabajo de equilibramiento estructural como si se tratara de una ciencia. Me refiero a que no se puede, luego de mirar el cuerpo del paciente, afirmar que tiene la pierna izquierda más corta debido a la posición inferior y anterior de la base del sacro en ese lado, a más del hombro izquierdo elevado y una posición posterior del hueso coxal izquierdo, y tratarlo con las técnicas A, B y C. Ni el cuerpo reacciona de esa manera ni los efectos de las técnicas resultan tan predecibles; ello se debe a la forma dinámica y particular en que cada persona se adapta a la gravedad mediante compensaciones. En mi enfoque del equilibramiento estructural actúo con y a través de la estructura corporal; trabajo un poco sobre ella y estudio los efectos de dicho trabajo mediante la tabla de gravedad para comenzar a tener una idea de cómo responde el paciente a las técnicas aplicadas. Imito con mi cuerpo la estructura del cuerpo del paciente para comprender en forma directa la dinámica involucrada en su postura. Esta técnica puede revelar mucha información mediante la apreciación cinestésica de las tensiones y presiones que se producen en el cuerpo. Al igual que cualquier otra técnica, la de representar posturas mejora mucho con la práctica.

El doctor Stone enumera en sus libros algunas distorsiones comunes del cuerpo y explica cómo tiende éste a adaptarse en la mayoría de los pacientes, pero deja en claro que en la práctica puede aparecer *cualquier* tipo de distorsión o anormalidad. Por este motivo resulta difícil generalizar con respecto al trabajo estructural. Por ejemplo, él afirma que por lo general una posición anterior e inferior de la base del sacro en cualquiera de los lados del cuerpo crea una pierna más corta y un hombro bajo en ese mismo lado. También dice que el lado en el que se presenta la posición anterior e inferior de la base del sacro es el lado del cuerpo que se desplaza hacia adelante a menos que, y en este punto se encuentra la esencia del problema, existan otras rotaciones y distorsiones que compliquen la situación, o que, pasado cierto tiempo, la función compensadora natural del cuerpo haya modificado dicha situación. En la fig. 69 se muestra el resultado típico de una inclinación de la base del sacro como la descrita. La base del sacro está inclinada hacia la derecha, creando un hombro derecho bajo y una contractura general en ese lado del cuerpo. La nalga derecha, más baja que la izquierda, indica la posición del sacro. La posición del sacro se ha representado en forma exagerada para mayor claridad. En estos casos el lado derecho del cuerpo suele estar desplazado hacia adelante (rotado hacia la derecha), como lo indica el hecho de que la cuerda de la plomada caiga hacia la izquierda de la línea central. Los signos menos indicarán el lado anterior del cuerpo, y los signos más, el lado posterior. En los pacientes con exceso de grasa en la cintura, suele formarse un pliegue cutáneo en el lado del cuerpo opuesto al de la inclinación del sacro; en este caso el pliegue se presenta en el lado izquierdo.

La fig. 70 es un dibujo basado en una fotografía de la alineación estructural de un paciente real mientras se encontraba de pie sobre

148 EL ARTE DE LA TERAPIA DE POLARIDAD

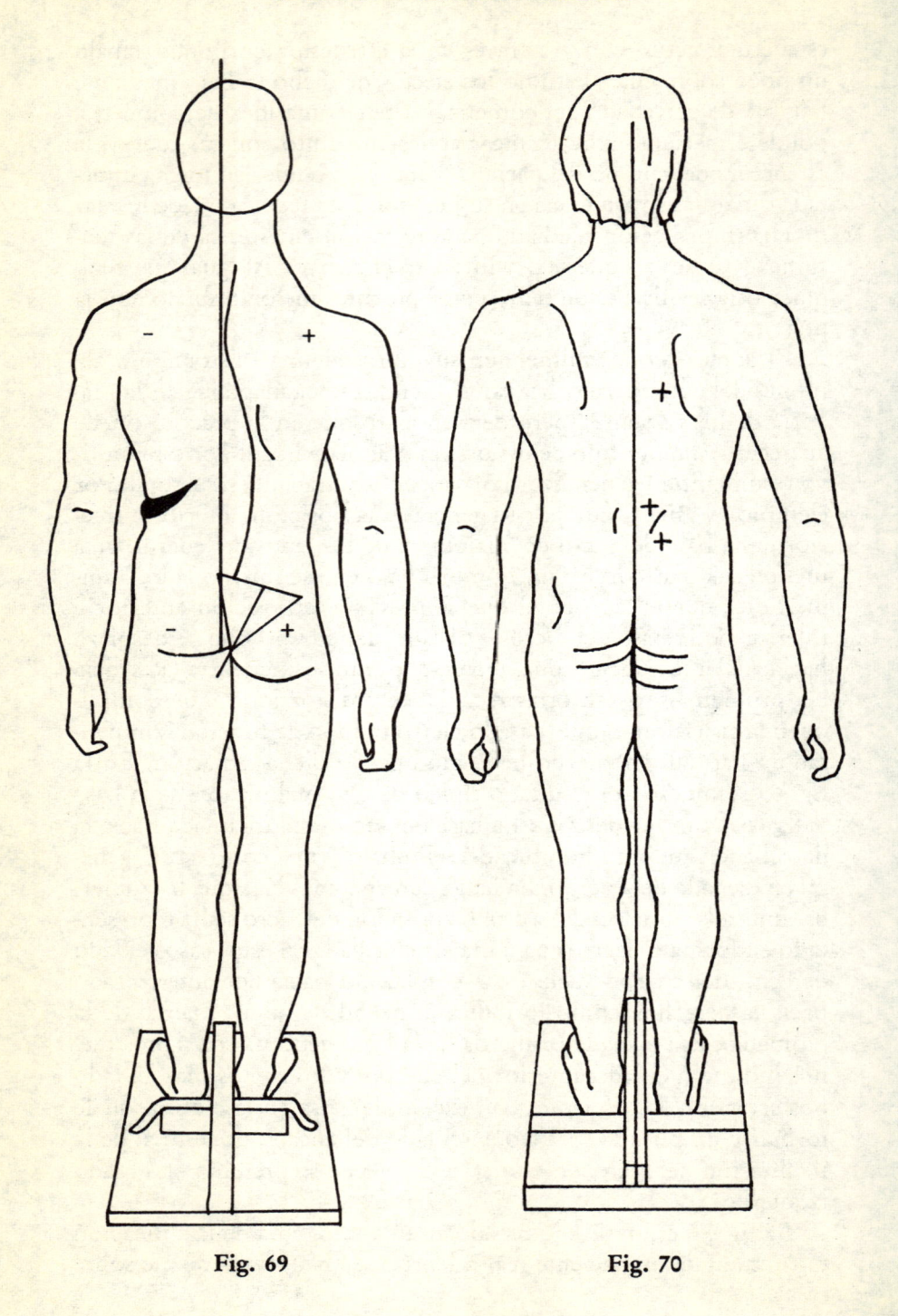

Fig. 69   Fig. 70

la tabla de gravedad. Esta misma persona fue el modelo que se empleó para los tratamientos de equilibramiento estructural que aparecen descritos a continuación. A pesar de que dicha descripción no fue encarada como estudio ilustrado de una historia clínica, durante su desarrollo introduzco ciertos comentarios acerca de la clase de cambios experimentados y, hacia el final, examino con mayor detalle los cambios generales que tuvieron lugar luego de las tres sesiones de trabajo estructural. Volvamos a la figura. Al analizar la línea a la altura de las nalgas se ve, en primer lugar, que la base del sacro está en posición inferior y anterior en el lado derecho. El hombro derecho está caído, como lo revelan la línea superior de los hombros y la diferente posición de las escápulas, y más claramente aún los pliegues axilares. Repárese en la forma desigual en que cuelgan los brazos a los costados del cuerpo, y en la anchura del torso en relación con la pelvis. El paciente presenta, además, gran tensión muscular cerca del hombro derecho y en ambos lados de la zona lumbar (marcada con signos más). Por último, la plomada no muestra que la posición del sacro esté compensada por la columna, y la cabeza se encuentra alineada con esta última. El hecho es interesante, pues significa que el cuerpo del paciente presenta una adaptación sobrepuesta a la compensación natural que se produce cuando la posición del sacro no es normal. El paciente se había lesionado unos meses antes mientras transportaba una carga pesada, y padecía de fuertes dolores en el sacro, tanto en reposo como en movimiento.

Correcciones de pies

Una sesión estructural siempre se inicia por los pies, ya que una buena estructura comienza por los cimientos. Hay que eliminar los bloqueos energéticos de los pies antes de hacer cualquier otra cosa. Los arcos de los pies deben estar en buen estado. En cada pie hay dos arcos, uno longitudinal y otro transversal. El longitudinal aparece en la parte izquierda de la figura 71 y el trasversal, en el centro. A la derecha se muestra cómo los arcos trasversales de uno y otro pie forman una estructura completa si se los toma en conjunto. El estiramiento de la pierna llevado a cabo en una sesión general de equilibramiento estructural es un método para corregir el arco alto;

Fig. 71

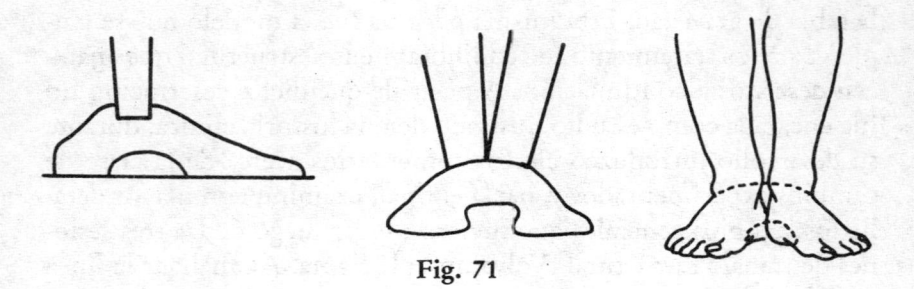

la técnica empleada para corregir el arco bajo o pie plano se muestra en la página 132.

Corrección del calcáneo

El calcáneo es el cimiento óseo de la estructura corporal. Es el polo negativo del occipucio; el sacro es el polo neutro. La zona que rodea el talón del lado de la pierna corta suele mostrarse sensible y a menudo hay tensión occipital severa, a pesar de que de vez en cuando la tensión occipital se manifiesta en el lado opuesto. Generalmente, el más distorsionado es el hueso del talón del lado de la pierna corta; por eso, la técnica suele aplicarse en ese lado. No obstante, ambos tobillos pueden estar desalineados, en cuyo caso deberá trabajarse sobre uno y otro. En la figura 72 se representa por medio de líneas rectas la acción de la gravedad, que pasa por los calcáneos y las articulaciones sacro-ilíacas y llega al occipucio; las líneas punteadas representan las ondas energéticas que irradia el occipucio y que bajan por los músculos de la espalda, atraviesan las articulaciones de las caderas y llegan hasta los talones. La integridad de estas corrientes energéticas determina la postura respecto de la gravedad. En la parte izquierda de la figura 72 se muestra la relación entre la fuerza de gravedad y las ondas energéticas como si fuera el aparejo del mástil de un barco; ésa es la única manera de estabilizar una estructura tan alta como la del cuerpo. La corrección del calcáneo tiene un efecto muy pronunciado sobre la rotación del cuerpo, la que, por su parte, es uno de los indicadores más claros de la necesidad de recurrir a dicho tratamiento. Debe recordarse que generalmente el cuerpo rota hacia el lado en que la base del sacro se encuentra en una posición inferior y anterior.

EQUILIBRAMIENTO ESTRUCTURAL 151

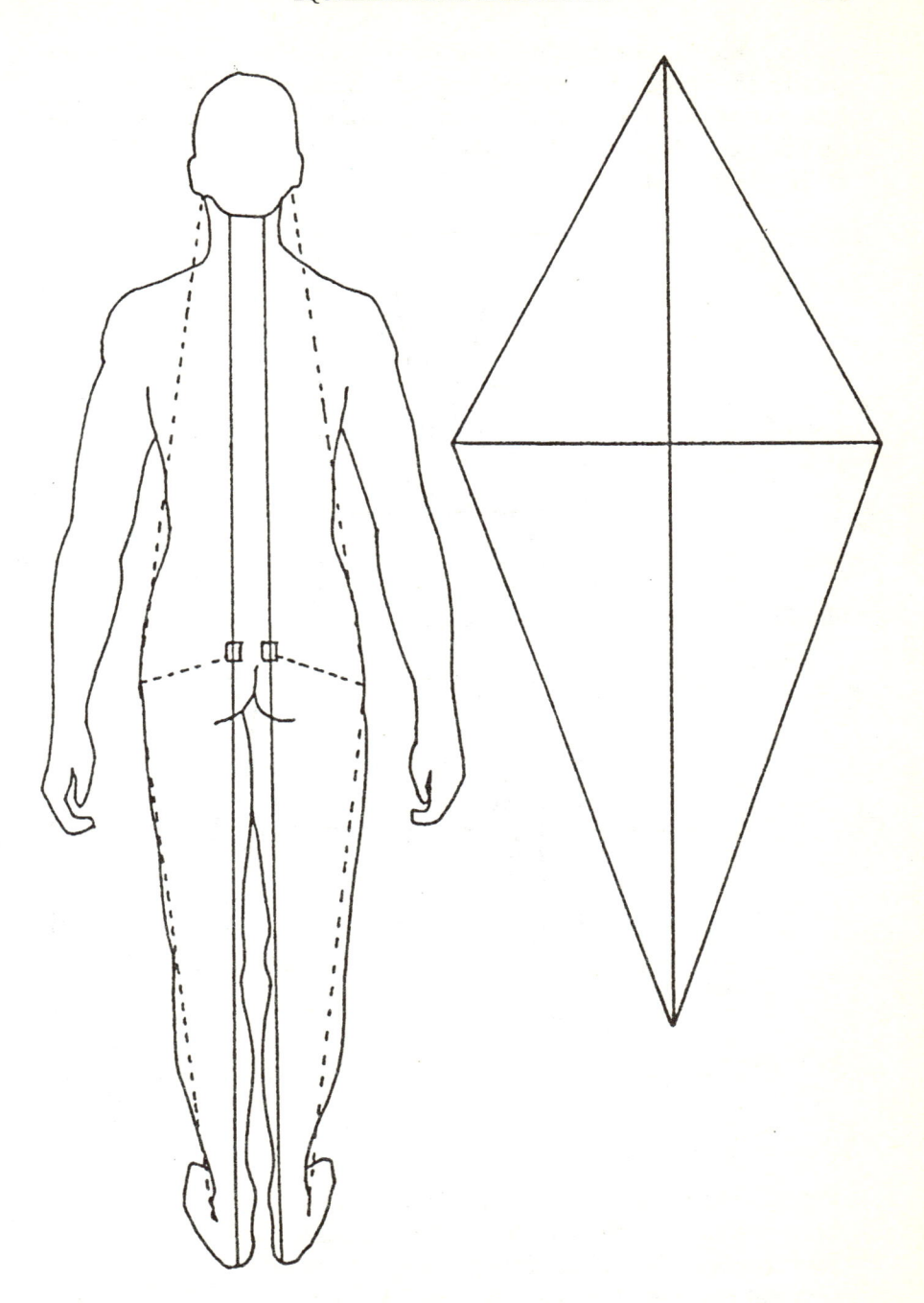

Fig. 72

La posición normal del talón permite el libre movimiento del tobillo en cualquier dirección (fig. 73). En la figura 74 se muestra una distorsión típica. En ella se ve la verdadera posición del calcáneo de nuestro paciente. El más distorsionado es el talón del lado de la pierna corta.

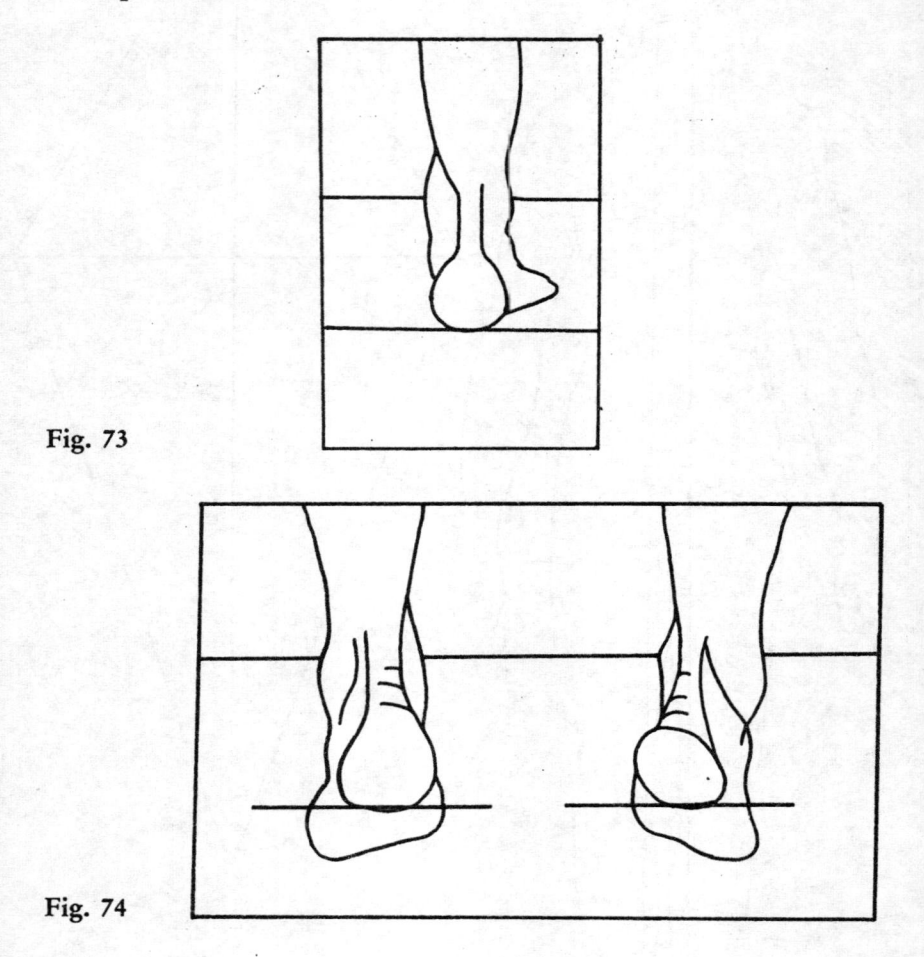

Fig. 73

Fig. 74

El paciente está acostado boca abajo

1. Colocarse a la derecha del paciente.
2. Levantar su pie derecho, y con el pulgar derecho hacer contacto con la zona más sensible por encima del talón, en la parte externa del calcáneo. Colocar los demás dedos sobre la base del talón de modo que las yemas queden en la parte interna.

EQUILIBRAMIENTO ESTRUCTURAL 153

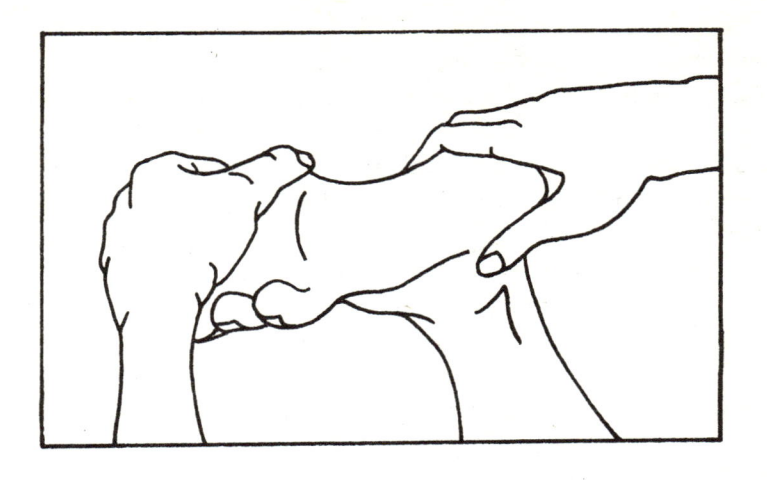

Fig. 75

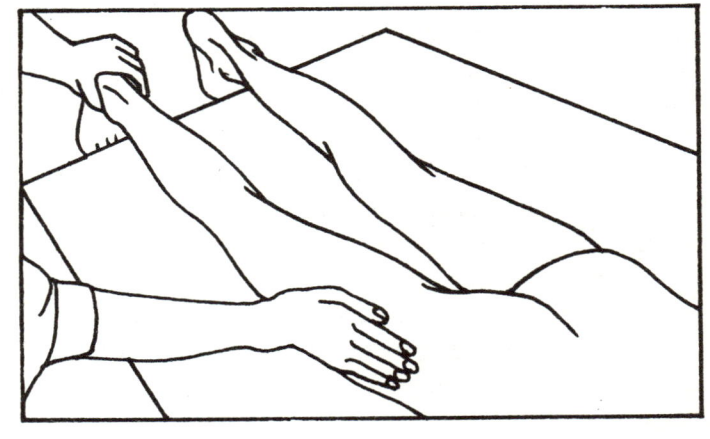

Fig. 76

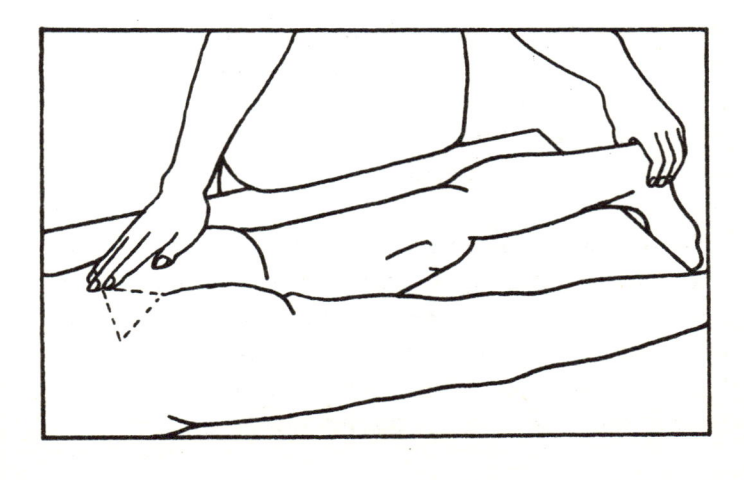

Fig. 77

3. Con el pulgar de la mano izquierda, hacer un contacto en la zona del pie que es reflejo del diafragma (fig. 75).

4. Alternadamente estimular la zona de reflejo del diafragma con un movimiento circular mientras se sostiene el hueso del talón hacia afuera, sin aflojar la presión del pulgar en el punto sensible. Realizar dicha operación durante un minuto o dos hasta sentir la energía intensamente.

5. Bajar la pierna y realizar el mismo contacto correctivo del talón, pero esta vez con la mano izquierda, y balancear el muslo derecho del paciente con la mano derecha en la misma dirección (en especial los grupos de músculos que se encuentren tensos). Estimular durante un minuto o dos hasta sentir el flujo de energía.

6. Manteniendo el mismo contacto en el talón, llevar la mano derecha hacia la articulación de la cadera y con las yemas de los dedos hacer contactos sobre los músculos tensos que rodean la articulación. Estimular durante un minuto o dos hasta sentir la liberación de los músculos y el flujo intenso de la energía (fig. 76).

7. Sin soltar el talón, llevar la mano derecha a la articulación sacro-ilíaca derecha. Estimular la articulación sacro-ilíaca durante un minuto o dos (fig. 77).

8. Desplazar la mano derecha por el cuerpo hacia arriba para hacer contactos en las zonas tensas de la espalda (marcadas con un signo más). Estimularlas, sin soltar el talón, durante un minuto o dos. Para llevar a cabo dicha operación eficazmente es probable que sea necesario flexionar la pierna.

9. Hacer un contacto en la parte más sensible de la cresta occipital. En este caso se encuentra en el lado izquierdo. Estimular el occipucio, mientras se mantiene el contacto en el talón, durante un minuto o dos hasta que ceda la tensión (fig. 78).

Si el talón del paciente se tuerce hacia afuera, el punto sensible sobre el cual debe trabajarse se encuentra en la parte interna del talón. El acto correctivo, sin importar cuál sea la distorsión, siempre tenderá a nivelar y realinear la planta del talón.

Si ahora se colocan los pies del paciente sobre al almohada o sobresaliendo del borde de la camilla se notará que se encuentran nivelados. A continuación, deberá pedírsele que se coloque de pie sobre la tabla de gravedad para ver cómo se ha modificado la estructura general. ¡He tenido pacientes cuya estructura *total* resultó realinea-

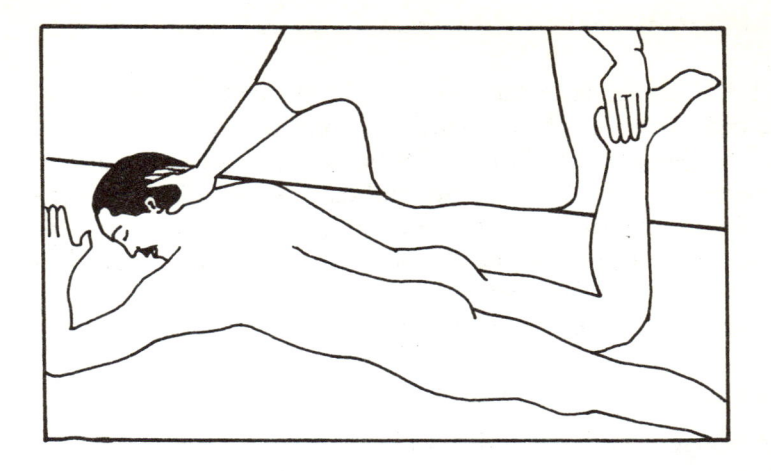

Fig. 78

da al finalizar el tratamiento del hueso calcáneo! En este caso en especial, la rotación desapareció pero no se experimentaron otros cambios importantes.

Correcciones de piernas cortas

El lado de la pierna corta es el resultado de distorsiones en el sacro y del desequilibrio muscular en la pelvis. Es un indicador de una contracción general de las corrientes energéticas que circulan en ese lado del cuerpo. El doctor Stone afirmó que cuando el lado de la pierna corta se alarga y se mantiene así, se posibilita la operación de los procesos de reparación normales en el cuerpo. Asimismo, dicho alargamiento es indicador de que el sacro se halla nivelado y las fuerzas musculares y energéticas que lo rodean se encuentran equilibradas. Existen diferentes técnicas para liberar el lado corto y se pueden aplicar sin necesidad de una sesión completa de equilibrio estructural. La corrección de una pierna corta como tratamiento específico no requiere que se la practique en una sesión estructural, pues cualquier forma de corrección del sacro tendrá como resultado la corrección de la pierna corta. No obstante, el tratamiento descrito a continuación es una forma valiosa de liberación que puede emplearse durante una sesión de equilibrio estructural.

Liberación de la pierna corta mediante tensión

El lado de la pierna corta suele ser el lado de la pierna tensa. A fin de determinar cuál es el lado de la pierna corta y tensa, el paciente debe estar acostado boca arriba, y con los dedos del aire se deben empujar simultáneamente ambos pies hacia la línea central del cuerpo (rotación medial) y comparar la tensión y la resistencia que cada uno de ellos opone al movimiento. La pierna más difícil de mover es la pierna corta y tensa.

Volvamos a nuestro paciente. Su pierna corta y tensa es la derecha:

El paciente está acostado boca arriba

1. Colocarse a la derecha del paciente.
2. Tomar la pierna derecha, hacerla girar hacia adentro (hacia la línea central) y mantenerla en esta posición con la mano izquierda en el muslo y la mano derecha un poco más abajo de la rodilla (fig. 79).

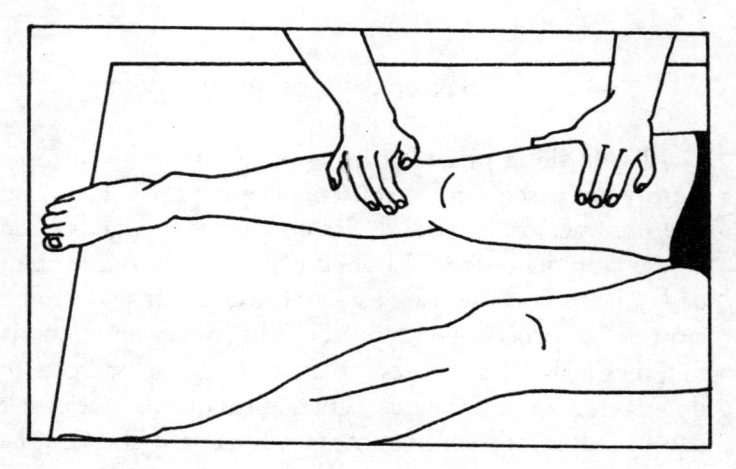

Fig. 79

3. Manteniendo la pierna en la misma posición, balancearla suave y rítmicamente en dirección a la línea central. Todo el cuerpo comenzará a mecerse suavemente. Continuar balanceando durante dos o tres minutos hasta que se liberen los músculos. Puede modificarse la posición de las manos durante el tratamiento y mover la pierna hacia arriba y abajo, pero manteniendo la rotación hacia el centro. Liberar los músculos de los muslos respecto de los pelvianos anteriores sin dejar de balancear la pierna hacia adentro resulta especialmente útil (véase fig. 80).

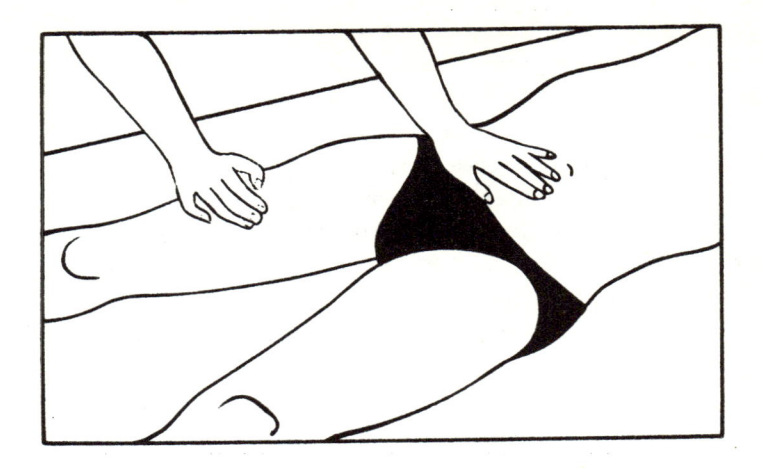

Fig. 80

Correcciones del sacro

El doctor Stone consideraba que el sacro es la clave de la estructura y el funcionamiento del cuerpo. Es el punto focal donde confluyen todas las presiones y tensiones físicas y la fuerza de gravedad. La relación entre el sacro y la cabeza del fémur por vía de las uniones musculares es esencial para mantener la postura erguida. La relación entre el sacro y los otros huesos de la pelvis es también muy importante. El movimiento del sacro dentro de la pelvis es mínimo; varios ligamentos se encargan de mantenerlo en su lugar. La articulación sacro-ilíaca limita el movimiento del sacro a una leve rotación deslizante entre el sacro y la parte posterior del hueso ilíaco o coxal. En realidad, el movimiento del que estamos hablando es de sólo unos milímetros. No obstante, el grado de tracción muscular que se necesita para mover el sacro de su posición normal y mantener la distorsión es enorme. El estudio de la estructura ósea de la pelvis revela que decir que el sacro se ha movido hacia atrás no significa literalmente que haya sobrepasado la contención del ilíaco, pues ello requeriría que el movimiento fuera de varios centímetros. Cuando decimos que uno de los extremos de la base del sacro se ha movido hacia atrás, ello significa que se encuentra más hacia atrás que el otro extremo, el cual se ha desplazado unos pocos milímetros hacia adelante dentro de la pelvis. Este movimiento del sacro hacia atrás y hacia adelante suele estar acompañado de una inclinación de su base hacia el lado que se movió para adelante.

En la práctica, antes de intentar equilibrar o reubicar el sacro es importante liberar el profundo espasmo muscular interno que mantiene al sacro en esa posición. Por lo general, la mejor manera de lograrlo consiste en aplicar un tratamiento perineal y polarizar el punto de contacto perineal con los puntos sensibles relacionados del cuello y los hombros y con el punto más dolorido de la espalda. También resulta útil equilibrar la sensibilidad de las nalgas con las zonas sensibles que se encuentran sobre o alrededor de los omóplatos (según se indica en la figura 46 de la pág. 119). Asimismo, la liberación de la parte frontal del cuerpo mediante la aplicación del esquema de la estrella de cinco puntas puede resultar muy valiosa como modo final de relajación del psoas y de los músculos ilíacos.

Volvamos a nuestro paciente. Su sacro está en posición anterior e inferior en el lado derecho:

TÉCNICA 1
El paciente está acostado boca abajo

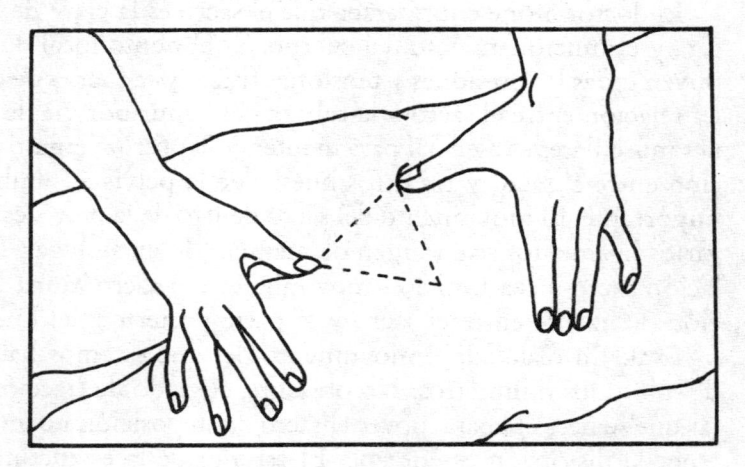

Fig. 81

1. Colocarse a la izquierda del paciente.
2. Hacer un contacto con el pulgar izquierdo en la parte izquierda de la base del sacro; el pulgar debe apuntar hacia abajo. Hacer un contacto con el pulgar derecho en el vértice del sacro; el pulgar debe apuntar en diagonal a la cadera derecha (fig. 81).
3. La posición de los pulgares indica la dirección en la que se deben aplicar los impulsos vibratorios en el sacro. Aplicar vibraciones suaves durante un minuto o dos.

4. Colocar los pulgares como se indica en la figura 82 y aplicar vibraciones en las direcciones mostradas durante un minuto o dos.

5. Colocar la mano derecha sobre el sacro con los dedos apuntando hacia el lado derecho, y la mano izquierda sobre el polo positivo del sacro, es decir el hueso occipital (fig. 83). Rotar la mano derecha aproximadamente 20 grados en dirección opuesta a las agujas del reloj. Aplicar una vibración suave con la mano derecha dando al sacro un impulso direccional correctivo hacia abajo y hacia adelante con la base de la palma de la mano durante un minuto. Sentir el equilibrio energético en ambas manos.

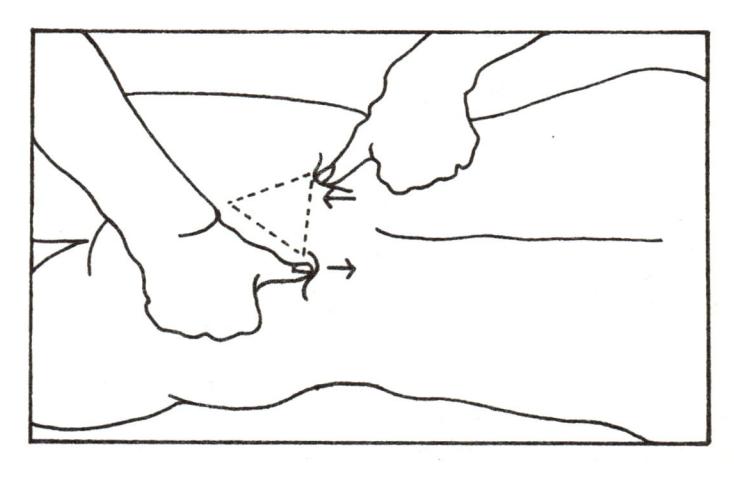

Fig. 82

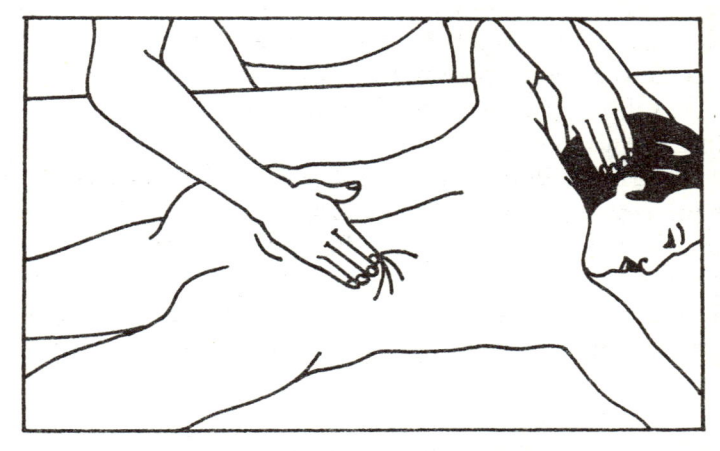

Fig. 83

TÉCNICA 2
El paciente está acostado boca abajo

1. Colocarse a la izquierda del paciente.
2. Ubicar el dedo derecho del fuego en el vértice del sacro, con la palma hacia arriba, y el dedo izquierdo del fuego sobre la espina ilíaca cerca de la articulación sacro-ilíaca izquierda (fig. 84).

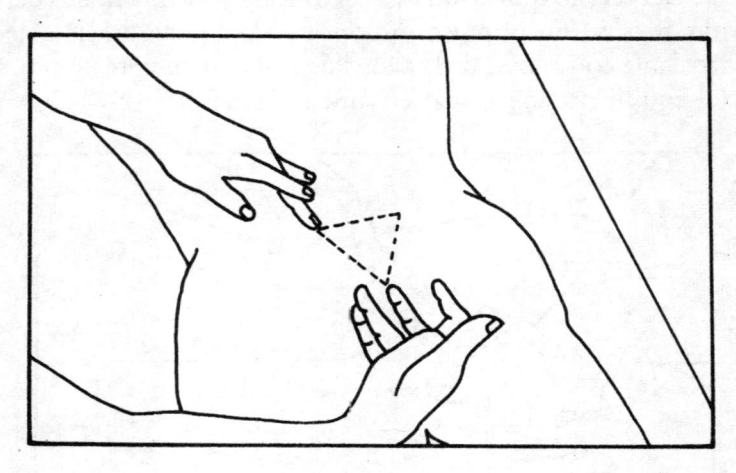

Fig. 84

3. Mantener el dedo izquierdo del fuego firme mientras con el dedo derecho del fuego se aplica un movimiento en dirección a la cabeza y se lleva suavemente el vértice del sacro hacia atrás. Se procura devolver el sacro a su posición de equilibrio. La palma de la mano derecha hacia arriba ayuda a recordar que el impulso que se aplica sobre el sacro no es anterior, pues si así fuera, sólo se tendería a incrementar la distorsión. Aplicar el impulso vibratorio y direccional durante un minuto o dos.

4. Dejar el dedo derecho del fuego sobre el vértice del sacro, y colocar la mano izquierda sobre la zona occipital de la cabeza como en el paso 5 de la técnica 1. Manteniendo firme el contacto superior, aplicar suaves vibraciones en el punto de contacto del sacro hacia arriba en dirección a la cabeza durante un minuto aproximadamente. Mantener ambos contactos y sentir el equilibrio energético.

TÉCNICA 3
El paciente está acostado sobre su lado izquierdo

1. Colocarse detrás del paciente y ubicar una almohada debajo de la cadera izquierda.

2. Hacer un contacto sobre el vértice del sacro con el dedo izquierdo del fuego mientras se ubica la mano derecha sobre la cresta ilíaca (fig. 85).

3. Aplicar suaves vibraciones y llevar el vértice del sacro hacia la cadera derecha, mientras se mantiene delicadamente la cresta ilíaca en un plano perpendicular a la mesa (la acción de la mano derecha consiste en un leve movimiento oscilante que abre la articulación sacro-ilíaca).

4. Estimular el vértice del sacro durante un minuto; descansar durante otro minuto. Repetir la secuencia cuatro o cinco veces.

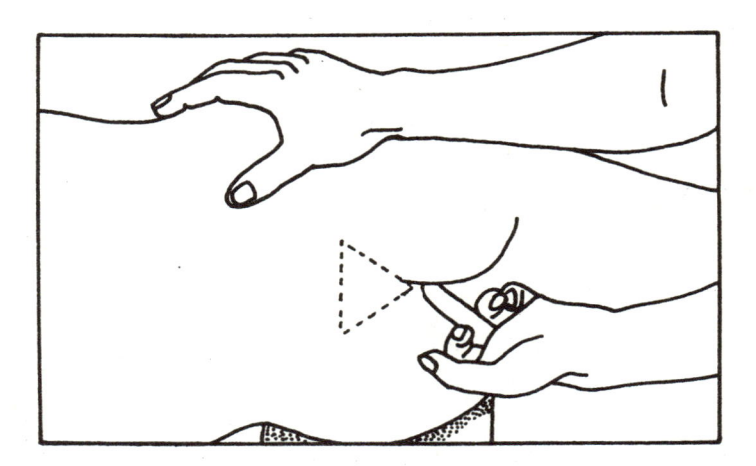

Fig. 85

TÉCNICA 4
El paciente está acostado boca abajo

1. Colocar una almohada o un almohadón debajo de la parte inferior del abdomen. Ello ayuda a liberar el bloqueo del sacro y la tensión lumbar. También lleva los reflejos del sacro a la superficie del cuerpo. La colocación de un almohadón en esta posición resulta útil en toda corrección del sacro que se lleve a cabo cuando el paciente se encuentra acostado boca abajo.

2. Colocarse a la derecha del paciente.

3. Flexionar las piernas del paciente con el brazo izquierdo de modo que queden en ángulo recto con relación a la mesa. Con el pulgar de la mano derecha mantener el lado derecho del triángulo sacro hacia arriba en dirección a la cadera izquierda.

4. Mientras se mantiene el contacto en el sacro, balancear las pier-

nas hacia el cuerpo del profesional durante un minuto o dos. Si la flexibilidad del cuerpo del paciente lo permite, pueden acercarse las pantorrillas a los muslos de modo que la distancia entre ellos sea menor que la indicada (fig. 86).

5. Es posible reemplazar el contacto del pulgar derecho por un contacto realizado con la base de la palma de la mano (fig. 87). Asimismo, un contacto de esa clase puede emplearse a lo largo de toda la espalda sobre los músculos espinales que se encuentren tensos. La descrita es una técnica muy potente; se debe prestar mucha atención a cualquier molestia que pueda causar en el paciente.

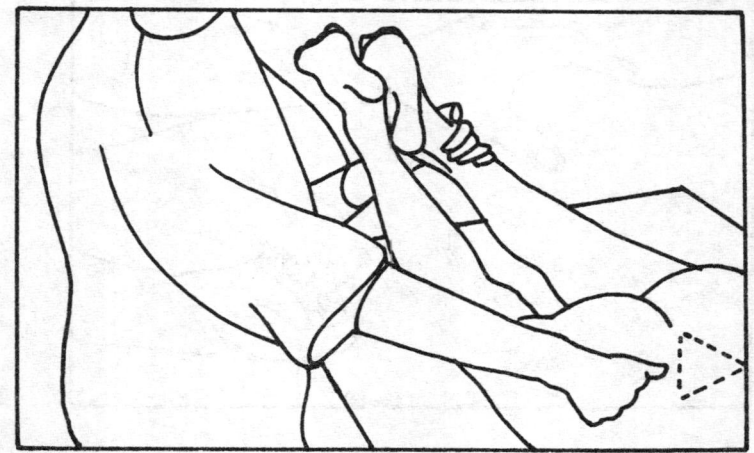

Fig. 86

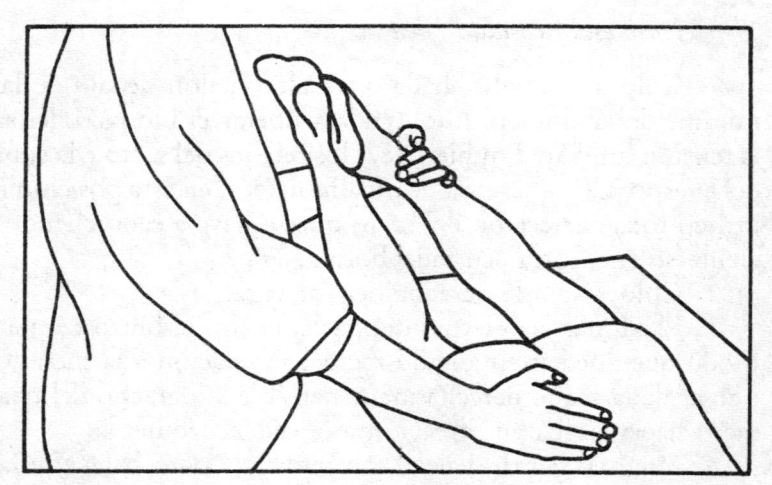

Fig. 87

TÉCNICA 5

Esta técnica consiste en una manipulación de los triángulos entrelazados (fig. 66), y por lo tanto su influencia no se limitará a la posición del sacro. Resulta útil en los casos de problemas de vejiga, trastornos menstruales, calambres en las piernas; y es un excelente modo de liberar los senos.

El paciente está acostado boca arriba

1. Colocarse a la izquierda del paciente.
2. Ubicar la mano izquierda sobre el lado izquierdo de la sínfisis pubiana, y el pulgar de la mano derecha sobre el lado derecho del pubis.
3. Empleando un balanceo, llevar la mano izquierda hacia arriba, mientras el pulgar de la mano derecha trabaja con un movimiento hacia abajo en los tejidos musculares contracturados que se encuentran junto al hueso, todo a lo largo del pubis. El ángulo de aplicación de los contactos puede modificarse para facilitar la liberación dentro de lo posible (fig. 88).

Nota: Las ilustraciones que aparecen a continuación muestran la técnica en cuestión observada desde la derecha del paciente.

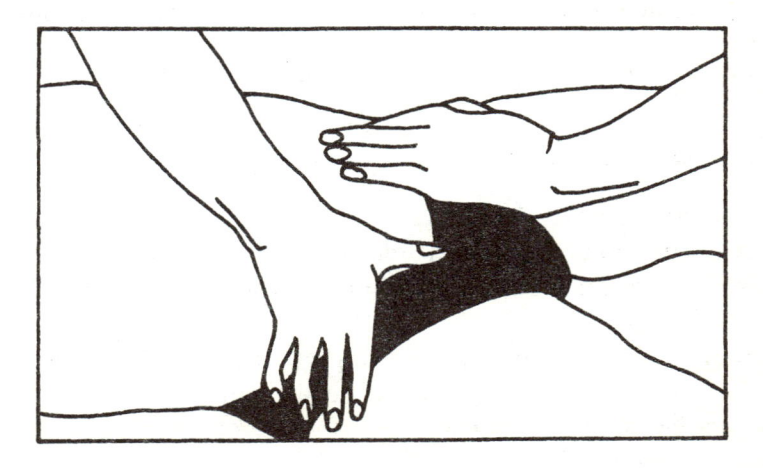

Fig. 88

4. Por último, se puede aplicar un balanceo de liberación utilizando ambas manos (fig. 89).

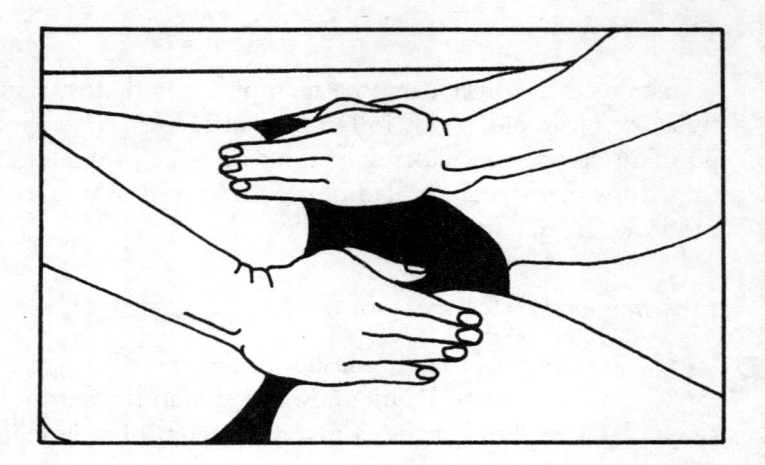

Fig. 89

Corrección de caderas

Una vez que se ha corregido la posición del sacro, debe equilibrarse la relación entre la articulación de la cadera y la pelvis. La técnica que se describe a continuación no apunta solamente a la corrección de la cadera sino también a la liberación de la energía y de los tejidos espásticos. Consiste en localizar puntos sensibles en los glúteos, y luego, trazando una línea imaginaria que una el punto sensible con la cabeza del fémur, agregar a continuación la longitud del fémur.

Esto indica la línea de fuerza en la que se debe trabajar.

El paciente está de costado

1. Colocarse frente al paciente.
2. Si se encuentra un punto sensible en la parte media de la nalga, el alineamiento con la cabeza del fémur y la pierna será tal como se indica en la figura 90.
3. Ubicar la mano izquierda sobre la parte frontal del hombro izquierdo, y sostener la cadera con el pulgar de la mano derecha sobre la cabeza del fémur y los otros dedos estirados de manera tal que cubran el punto sensible.

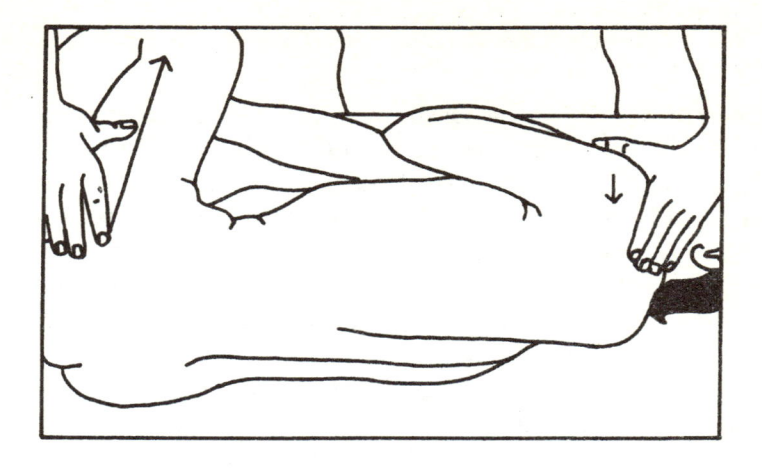

Fig. 90

4. Tensar suavemente el cuerpo empujando el hombro hacia atrás y ejerciendo tracción a lo largo de la línea de la pierna. Mantener la posición de las manos por un momento y luego acomodar el cuerpo mediante la aplicación de un pulso de un centímetro, en ambos puntos de contacto. En la figura 90 se muestra la dirección en la que debe aplicarse el pulso.

5. Si se encuentra un punto sensible en la parte superior de la nalga, la posición de la pierna deberá ser similar a la que se muestra en la figura 91. Obsérvese que la pierna está más estirada.

6. Repetir los pasos 3 y 4. Las flechas de la figura 91 indican la línea de aplicación.

7. Tratar todos los puntos sensibles en ambos lados según lo descrito.

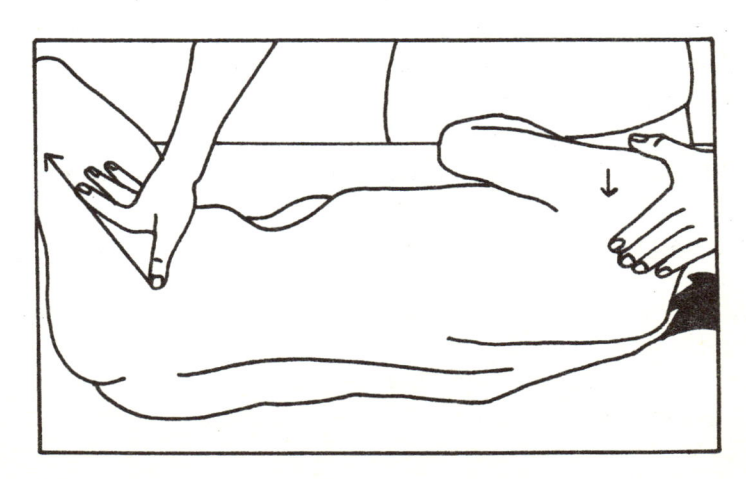

Fig. 91

Equilibramiento de la columna

En esta etapa del trabajo de equilibramiento estructural es necesario liberar todas las fibras musculares tensas de la espalda (marcadas en el paciente con signos más). Para llevar a cabo dicha tarea se pueden emplear diferentes enfoques que van desde la conexión de la base perineal o coxis con las zonas tensas, hasta contactos manuales simples y dobles realizados siguiendo el flujo de la corriente u opuestos a dicho flujo (véase pág. 109). Una vez que se hayan liberado los músculos tensos se deberá examinar el grado de sensibilidad de cada vértebra y polarizarla con otras con las que guarde correspondencia, según se muestra en la figura 92. Además de las correspondencias que se muestran en el cuadro existen otras, que consignamos a continuación:

Primera dorsal - Segunda dorsal
Primera cervical - Tercera dorsal
Segunda cervical - Cuarta dorsal
Tercera cervical - Quinta dorsal
Cuarta cervical - Sexta dorsal
Quinta cervical - Séptima dorsal
Sexta cervical - Octava dorsal
Séptima cervical - Novena dorsal

Las anteriores son relaciones estructurales, pero —según señala el doctor Stone— los efectos funcionales que se obtienen en el aspecto fisiológico al equilibrar las vértebras sensibles son igualmente benéficos. Las vértebras que corresponden a los diferentes aparatos fisiológicos son las siguientes:

Aparato circulatorio: séptima cervical; primera, segunda, novena y décima dorsales.
Aparato respiratorio: tercera cervical; tercera y quinta dorsales; y tercera lumbar.
Aparato digestivo: sexta cervical; cuarta, octava y duodécima dorsales; y cuarta lumbar.
Sistema glandular: cuarta cervical; tercera dorsal y quinta lumbar.
Sistema de excretorio: quinta cervical; sexta, séptima y undécima dorsales; primera y segunda lumbares.

Cuando se equilibran vértebras sensibles, lo usual es hacerlo solamente con las vértebras correspondientes que presentan signos de trastornos. No obstante, puede resultar provechoso equilibrar todas las vértebras relacionadas, sea que se hallen sensibles o no.

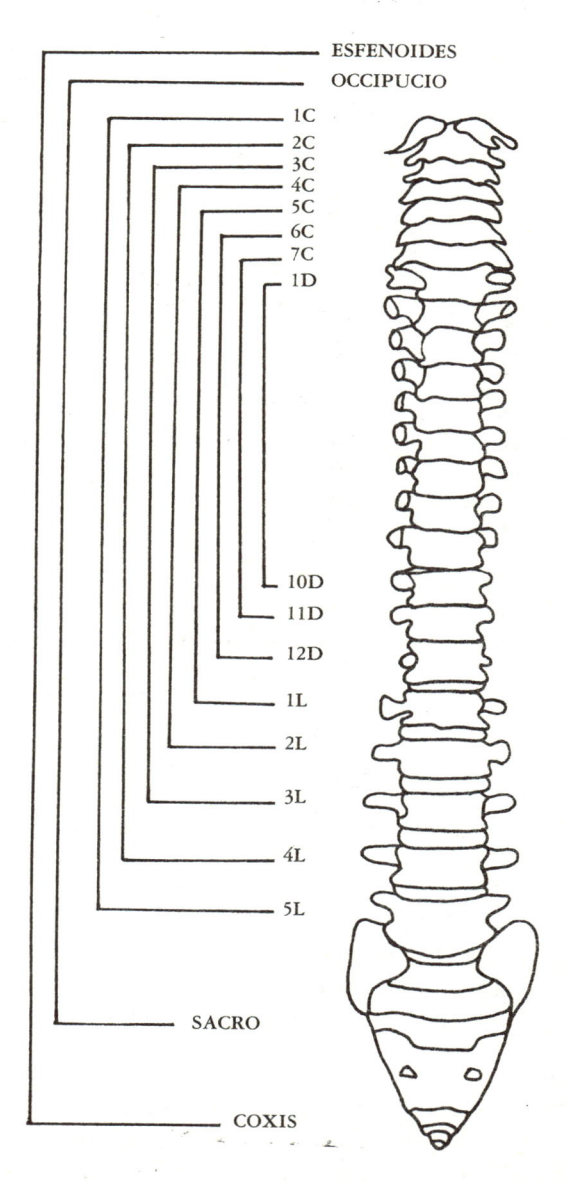

ESFENOIDES
OCCIPUCIO
1C
2C
3C
4C
5C
6C
7C
1D
10D
11D
12D
1L
2L
3L
4L
5L
SACRO
COXIS

Fig. 92

El paciente está acostado boca abajo

1. Colocarse a la izquierda del paciente.
2. Manteniendo la mano izquierda en la parte alta de la columna, utilizar las yemas de los dedos pulgar y del aire para realizar un contacto en las apófisis transversas de las vértebras que se procura equilibrar (fig. 93). Alternadamente, puede emplearse la yema del pulgar y el segundo nudillo del dedo del aire como contactos (fig. 94).
3. Estimular en forma alterada durante un minuto o dos, o hasta que la sensibilidad haya desaparecido.

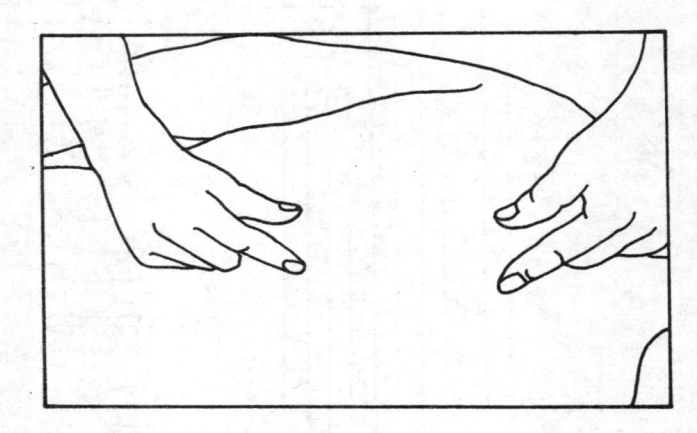

Fig. 93

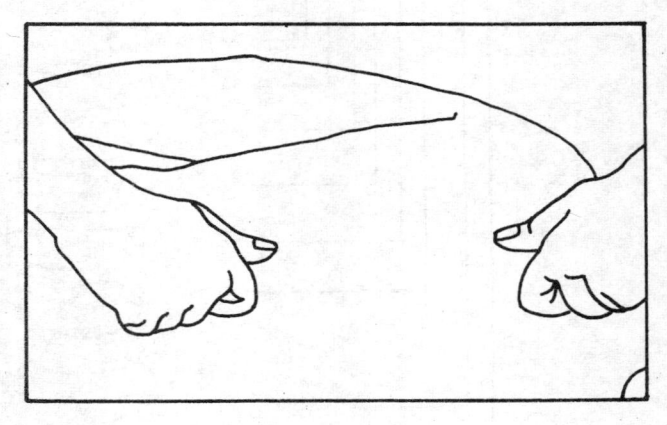

Fig. 94

Nota: Antes de trabajar con la vértebra correspondiente, es necesario liberar el bloqueo del polo negativo de las vértebras sensibles mediante su polarización con la zona de reflejo que se encuentra en los pies. La relación entre los pies y las vértebras espinales se enseña en la figura 95.

EQUILIBRAMIENTO ESTRUCTURAL 169

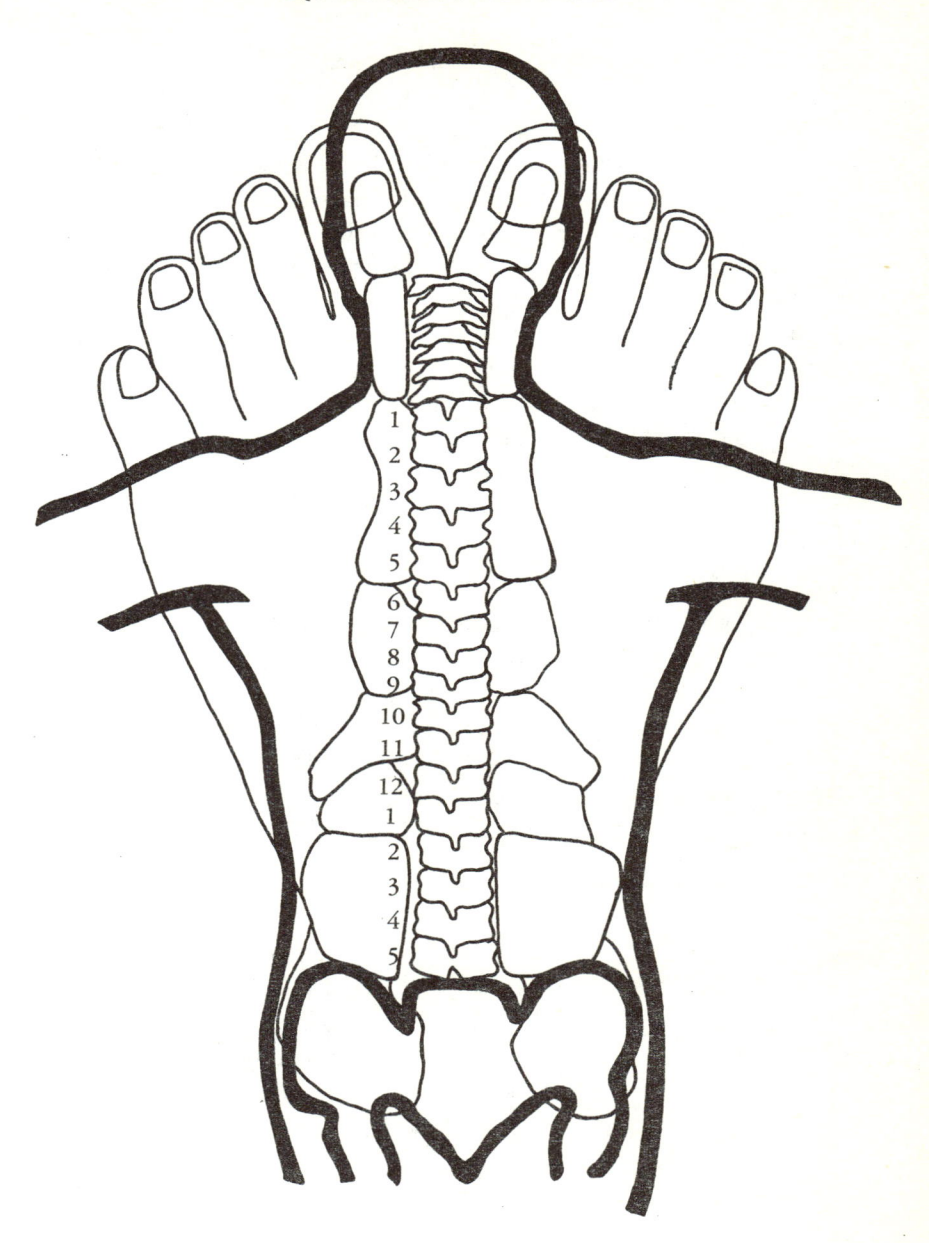

Fig. 95

Correcciones de la parte superior del cuerpo

Una vez que se han liberado el calcáneo, el lado de la pierna corta, el sacro, las caderas, los músculos de la espalda y las vértebras, hay que realizar algunas correcciones finales en la relación entre la cabeza, los hombros y la pelvis. En el trabajo estructural es de vital importancia que el diafragma se halle libre; si ése no es el caso, ¡se lo debe liberar ahora!

En esta fase del trabajo estructural aún no ha desaparecido la contractura del lado izquierdo del paciente, pero, lo que no deja de ser interesante, la elevación del hombro cambió de lado y ahora se encuentra en el hombro izquierdo; por ello, el tratamiento que se realiza es el siguiente:

TÉCNICA 1
El paciente está acostado boca abajo

1. Colocarse frente a la cabeza del paciente.
2. Hacer girar su cabeza hacia el lado del hombro alto, en este caso hacia la izquierda.
3. Ubicar la mano izquierda detrás de la oreja izquierda, cubriendo el temporal y la base occipital. Mantener los dedos del aire, agua y fuego cerca uno del otro sobre la zona indicada. Colocar la mano derecha sobre la escápula izquierda (fig. 96).

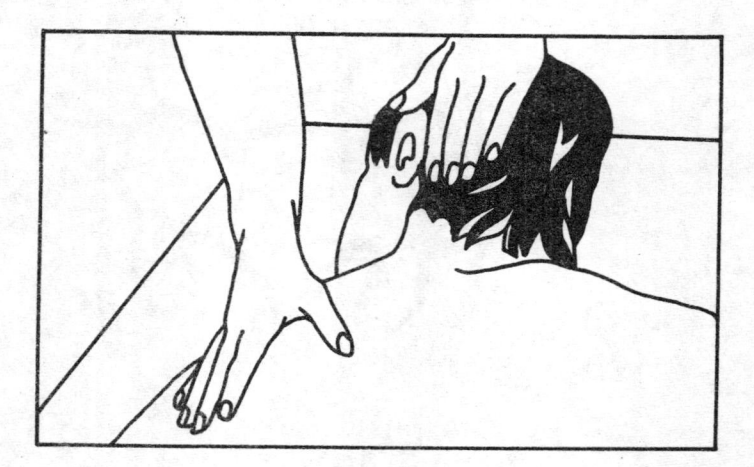

Fig. 96

4. Estirar los tejidos con suavidad mediante un leve empujón hacia abajo con la mano derecha, mientras se lleva lentamente la mano

izquierda hacia uno. Se trata de un estiramiento en línea recta. No debe rotarse la cabeza, pues es probable que ello ocasione un espamo en los músculos del cuello.

5. Cuando resulte apropiado, llevar el contacto de la mano derecha hacia arriba o hacia abajo sobre la zona del hombro, o cerca de las vértebras dorsales del mismo lado.

TÉCNICA 2

El tratamiento que se acaba de describir puede modificarse para convertirlo en una forma de liberación de cráneo y pelvis. Dicha manipulación resulta útil cuando se percibe que una parte del cuerpo se encuentra contracturada, en cuyo caso se la lleva a cabo como un estiramiento de apertura y liberación. El tratamiento en cuestión también puede emplearse en casos de problemas auditivos y como liberación de las caderas, pues el hueso coxal y los parietotemporales guardan una relación de simetría de forma.

El paciente está acostado boca abajo

1. Colocarse detrás de la cabeza del paciente.
2. Ubicar los dedos del aire, fuego y agua de la mano izquierda sobre el hueso temporal y la base occipital, y la mano derecha sobre el lado izquierdo del hueso coxal (fig. 97).
3. Aplicar un estiramiento leve entre ambos contactos y mantener la posición durante un minuto. Si se considera necesaria la estimulación, hacer vibrar los contactos.

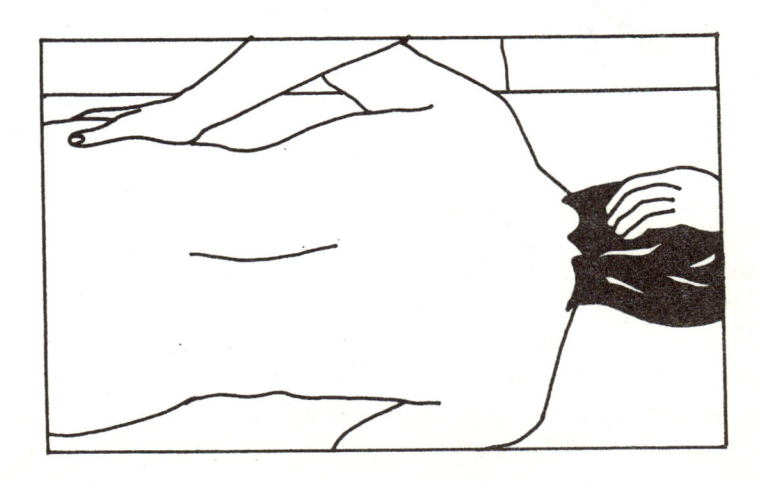

Fig. 97

TÉCNICA 3. EQUILIBRIO DEL SACRO CON EL OCCIPUCIO

A pesar de que el equilibrio del sacro con el occipucio puede llevarse a cabo en una sesión estructural anterior, por lo general luego de haber finalizado el trabajo de reubicación del sacro, dejarlo para el final es preferible, puesto que ya se habrán liberado y equilibrado las estructuras que se encuentran entre ambos huesos, despejando el canal de comunicación. En la figura 67 se muestra la relación directa que existe entre el occipucio y el sacro.

El paciente está acostado boca abajo

1. Colocarse a la izquierda del paciente.
2. Con el pulgar de la mano izquierda buscar los puntos sensibles en ambos lados del occipucio, y con el pulgar de la mano derecha buscar en el sacro los puntos sensibles relacionados. Es necesario recordar que, a menudo, los bloqueos energéticos se relacionan diagonalmente. Los puntos sensibles en el lado izquierdo del occipucio pueden reflejarse en puntos sensibles en el lado derecho del sacro (fig. 98).

Fig. 98

3. Estimular alternadamente durante un minuto o dos hasta que la sensibilidad desaparezca.
4. Colocar el pulgar izquierdo en un punto sensible del occipucio y el pulgar de la mano derecha en el vértice del sacro, dejando el resto de los dedos relajados sobre la nalga (fig. 99).
5. Llevar suavemente hacia arriba y mantener el pulgar derecho

sobre el vértice del sacro dirigido hacia la cadera derecha mientras se mantiene el pulgar izquierdo en el punto sensible.

6. Mantener la posición durante un minuto o dos. Sentir cómo se equilibra la energía, o cómo canta en armonía (si queremos recurrir a una metáfora musical).

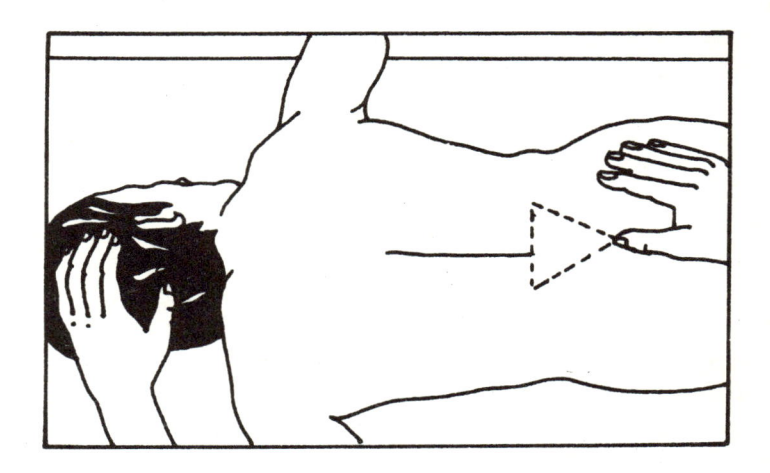

Fig. 99

7. Colocar la palma de la mano izquierda sobre el occipucio y la palma de la mano derecha sobre el sacro (fig. 100).

8. Estimular alternadamente el sacro y el occipucio mediante una vibración suave de las manos, durante alrededor de un minuto. Mantener la posición y visualizar la nivelación y el equilibrio de cada hueso con respecto al otro.

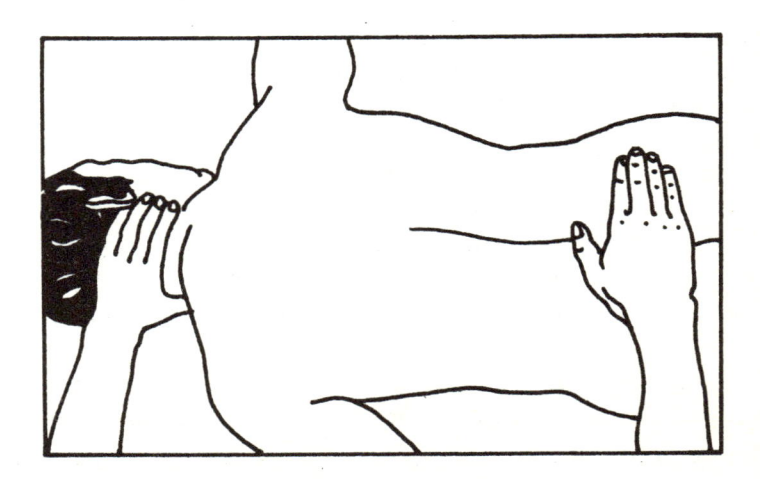

Fig. 100

Nota: La visualización que empleo en esta técnica se basa en la ilustración del barrilete de la relación sacro-occipital que se enseña en la figura 67. Visualizo, con los ojos de mi mente, los dos huesos como si fuesen triángulos cuyas bases se encuentran desalineadas una respecto de la otra. A medida que manipulo y equilibro ambos huesos los veo moverse hasta crear una relación perfecta, con las bases bien enfrentadas, delineando la forma del rombo o barrilete que implica un funcionamiento normal. Encuentro que dicha imagen es un foco muy potente para mi intención.

TÉCNICA 4. EQUILIBRIO DEL ESFENOIDES CON EL COXIS

El esfenoides y el coxis son los huesos que se encuentran en los extremos de la columna. Su relación se indica en la figura 92. Son, respectivamente, los polos positivo y negativo de la columna y del ramal simpático del sistema nervioso autónomo. El esfenoides es predominantemente un hueso interno del cráneo, pero tiene dos alas situadas a los costados de la cabeza, cerca de las sienes; y también se lo puede influir en el puente de la nariz, puesto que una parte de él pasa por detrás de los ojos. Debido a la intervención de las corrientes energéticas diagonales profundas en esta técnica, al equilibrar el lado izquierdo del coxis, se lo relaciona con el ala derecha del esfenoides, y viceversa, o se polariza la punta del coxis con el puente de la nariz.

El paciente está acostado boca abajo

1. Colocarse a la izquierda del paciente.
2. Ubicar la yema del dedo del fuego de la mano derecha sobre el lado izquierdo del coxis y el pulgar de la mano izquierda sobre el ala derecha del esfenoides, con los dedos restantes relajados sobre la cabeza o estirados hacia arriba y hacia afuera como una antena.
3. Estimular el coxis suavemente durante un minuto, aproximadamente, con un pequeño movimiento circular mientras se sostiene el esfenoides. Mantener la posición y sentir cómo se equilibra la energía.
4. Alternadamente puede colocarse el dedo del fuego en la punta del coxis y el pulgar izquierdo sobre el puente de la nariz (fig. 102). Estimular como en el paso 3.

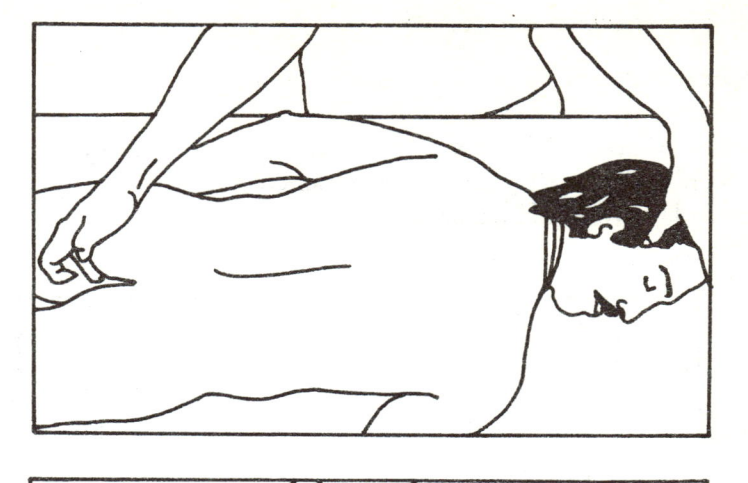

Fig. 101

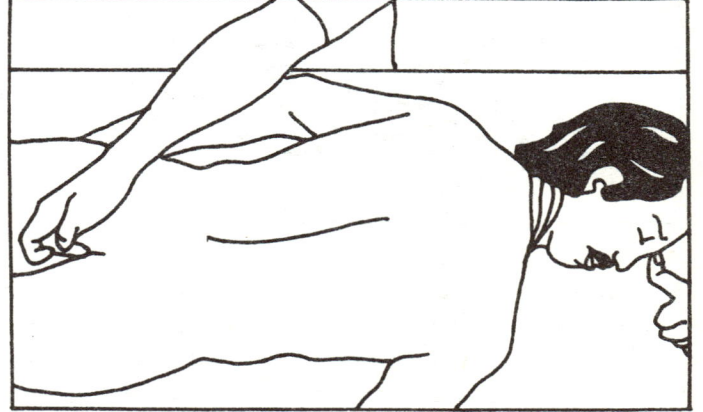

Fig. 102

TÉCNICA 5. ESTIRAMIENTO DEL POLO NORTE

Esta técnica se emplea para corregir las curvaturas vertebrales hacia adelante y la compresión de los discos en las regiones cervical y dorsal superior. Puede ser necesario colocar almohadones bajo la cabeza y bajo las caderas para corregir los adelantamientos de las vértebras antes de realizar la corrección en cuestión. La manipulación debe llevarse a cabo lenta y cuidadosamente. El cuerpo del paciente debe poder moverse sobre la mesa libremente. Esta técnica, que no debe emplearse con pacientes que tengan el cuello largo o flojo, puede causar mareos momentáneos, especialmente en casos de circulación defectuosa, puesto que el cuerpo debe adaptarse al aumento de circulación sanguínea y energética.

El paciente está acostado boca arriba

1. Colocarse detrás de la cabeza del paciente.
2. Ubicar ambas manos detrás de la cabeza sosteniendo el hueso occipital con los dedos del aire y el fuego. La posición de las manos se muestra en la figura 103. Los pulgares deben ubicarse a lo largo de la línea de la mandíbula para mantener la posición con firmeza.

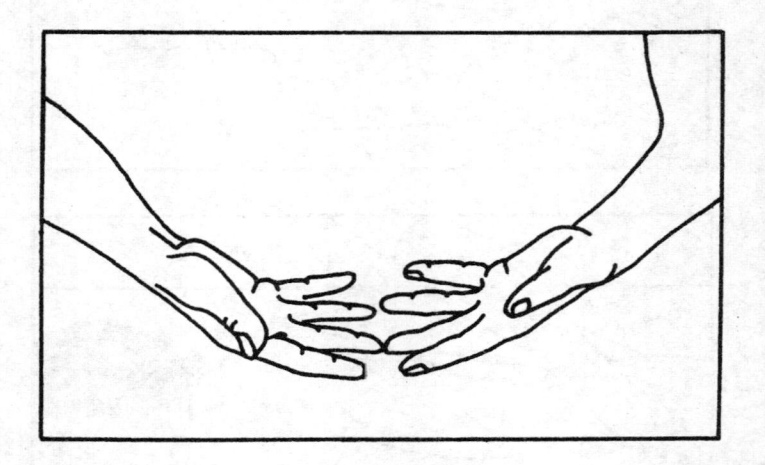

Fig. 103

3. Inclinar el mentón hacia el pecho y pedirle al paciente que respire hondo mientras se realiza una tracción muy leve de la cabeza. Solicitarle al paciente que respire hondo por lo menos tres veces. Darle un tiempo para relajarse entre una respiración y la siguiente (fig. 104).
4. Cuando el paciente exhale por última vez, si no sintió ningún dolor ni molestia, puede dársele un breve tirón correctivo de un centímetro si se lo considera necesario.

Luego de tres sesiones de trabajo corporal estructural en las que se incorporaron todas las técnicas descritas y otras más de equilibramiento general, los cambios más importantes observados en el paciente fueron, de abajo hacia arriba: el sacro no está aún nivelado; la tensión de la nalga izquierda ha desaparecido; el hueso coxal sólo muestra un leve desnivel; los hombros están nivelados y los brazos cuelgan a los costados del cuerpo de un modo más parejo. Pero el cambio más importante es que en la actualidad la columna compensa naturalmente la distorsión del sacro mediante una incurvación hacia la derecha. Esto significa que se ha eliminado la capa de

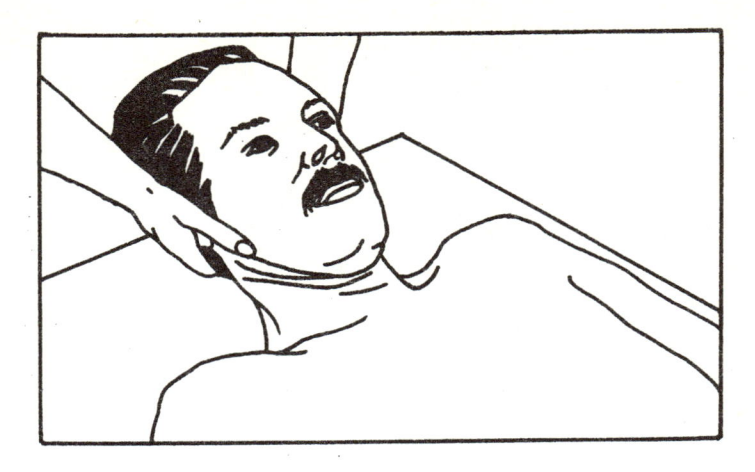

Fig. 104

adaptación. El paciente ya no padece de dolores en el sacro, a pesar de que desde el punto de vista estructural sólo se ha trabajado con la primera capa de desequilibrio. Definitivamente es posible lograr mayores mejorías y sin duda así será en sesiones subsiguientes.

Deseo expresar una idea final —que cada uno podrá tomar o desechar a su antojo—. Si cuando se vuelve a examinar al paciente luego de una sesión estructural no aparecen mejorías evidentes, o si en realidad el panorama ha empeorado un tanto, no hay que comunicárselo al paciente. Siempre se le debe decir que ha mejorado mucho. ¡Se lo debe alentar! El trabajo desarrollado no estuvo dirigido a empeorar su estado y es poco probable que así ocurra; pero pasará un tiempo antes de que los cambios se manifiesten físicamente. No deben proyectarse los temores propios en el paciente. Como la mayoría de las personas tienen una percepción cinestésica deficiente de su postura, no pueden darse cuenta de si lo que el profesional les dice es verdadero o falso.

Capítulo 9

AUTOAYUDA

En la terapia de polaridad la expresión «autoayuda» se refiere a lo que el paciente hace por sí mismo fuera del consultorio. En general consiste en ejercicios de yoga polar y cambios en la dieta. El terapeuta de polaridad debe conocer los ejercicios apropiados y los cambios en la dieta que pueden resultar útiles y debe saber enseñárselos al paciente. Sin embargo, es difícil que un profesional alcance el mismo grado de pericia en las cuatro áreas de intervención terapéutica que forman la terapia de polaridad. Además de en el trabajo corporal, la mayoría de ellos tienden a especializarse en dos de las tres áreas restantes como máximo, sin perjuicio de que las conozcan todas. Mi propia práctica se centra principalmente en el trabajo corporal, el asesoramiento psicológico y los ejercicios. Doy muy pocas indicaciones en materia de dieta; a lo sumo recurro ocasionalmente al programa de purificación y a otros cambios sencillos. Otro aspecto de la autoayuda es la enseñanza de las manipulaciones energéticas específicas tendentes al equilibrio.

Los ejercicios de yoga de polaridad, a veces denominados «energética de polaridad», abarcan un ámbito de práctica muy extenso. En realidad, haría falta un libro entero para tratar sólo esa disciplina. Me limitaré a hacer algunas observaciones generales con respecto a su empleo. Una de las primeras cosas que advertí al comenzar mi labor como terapeuta de polaridad fue que pocos pacientes están dispuestos a invertir mucho tiempo en su persona. La actitud general es: «Si me sirve, lo voy a hacer durante un tiempo, pero en realidad quiero retomar mi vida normal sin preocuparme por estas cosas». Lograr que el paciente comprenda que el automantenimiento es necesario puede tornarse difícil. Afortunadamente, bastan unos minutos diarios de yoga de polaridad para que éste sea eficaz; pero es obvio que da mejores resultados si se lo practica por lapsos más prolongados. El mayor problema suele ser convencer al paciente de que antes de hacer los ejercicios propiamente dichos es preciso un buen precalentamiento. Existe una especie de tradición occidental por la cual las personas se zambullen en un programa de ejercicios sin la preparación adecuada, lo que hace que se agoten y a veces se lastimen en la primera sesión, y terminen por abandonar el programa. Si se pretende enseñar yoga de polaridad, importa comprender los métodos de precalentamiento y relajación de los grupos de músculos que se utilizan en cada ejercicio.

Asimismo, es vital inculcar en el paciente la noción del ejercicio «consciente». Aunque muchos de los ejercicios de yoga de polaridad son muy dinámicos, para no lastimarse debe tenerse plena conciencia del cuerpo al practicárselos. Tengo muchos años de experiencia tanto en la calistenia occidental como en las artes marciales orientales. En estas actividades, y en especial en las artes marciales internas chinas, aprendí mucho acerca de las actitudes de la gente respecto del ejercicio, los métodos de precalentamiento previos y la idea de que la actividad física debe efectuarse sin esfuerzo y con plena conciencia. Siempre trato de enseñar los ejercicios de yoga de polaridad poniendo énfasis en que los movimientos deben realizarse así. Una de las mejores formas de lograr que esto se comprenda es dando clases grupales. En esas clases pueden enseñarse métodos de precalentamiento, conceptos teóricos acerca del movimiento y ejercicios propiamente dichos, de un modo diferente que en una sesión terapéutica. La clase grupal ayuda a que la persona vea que su incapacidad para hacer algunos ejercicios de yoga de polaridad no es única. Es una experiencia muy valiosa desde el punto de vista psicológico, pues ayuda a fortalecer la autoestima.

También importa advertir que algunos de los ejercicios de yoga de polaridad son extremadamente difíciles, en especial para un individuo que lleva una vida muy sedentaria. Cuando ése es el caso, es muy poco probable, por ejemplo, que el paciente pueda ponerse en cuclillas con los pies totalmente apoyados en el piso. Este tipo de dificultades se deben a la tensión en los músculos que rodean las articulaciones de las caderas y tobillos. Puede ser necesario un largo período de suave elongación y activación muscular para lograr una posición de cuclillas perfecta, en cuyo caso será de gran utilidad instruir al paciente acerca de variaciones sencillas de la posición, al igual que mostrarle cómo ayudarse con otros objetos para alcanzar dicha posición. Una de las formas más sencillas consiste en colocar una pila de libros pesados bajo los talones. Si se practica esta posición diariamente, el grosor de la pila puede ir reduciéndose todas las semanas, a medida que aumenta la flexibilidad, hasta que finalmente los pies quedan planos en el piso. No debe permitirse que el sujeto se esfuerce para alcanzar la posición final de un ejercicio si al hacerlo en lugar de sentir el mero estiramiento de los tejidos siente dolor o molestias. El dolor es una contraindicación para cualquier ejercicio; es un preanuncio de posibles lesiones.

Los ejercicios clásicos del yoga de polaridad sistematizados por el doctor Stone pueden modificarse creativamente de diversas maneras. Vale la pena detenerse a considerar la combinación de los ejercicios en secuencias fluidas de movimiento, ya sea que se trabaje con el ciclo de los elementos o con la estructura del cuerpo. Es posible idear gestos de las manos (*mudras*) que acompañen las series de movimientos; dichos mudras consisten en ademanes que constituyen técnicas de liberación por reflejo. En la actualidad muchos terapeutas experimentados estudian la combinación de ejercicios con técnicas de liberación por reflejo con el propósito de que dicha práctica se vuelva coherente.

Si se pretende introducir cambios en la dieta, debe tenerse especialmente en cuenta el fuerte lazo mental y emocional que une a ciertas personas con los alimentos. En muchos casos, la comida representa mucho más que un simple alimento para el cuerpo y la gratificación emocional de satisfacer una necesidad básica con un buen plato. A menudo pasa a ser una forma sustitutiva de satisfacer necesidades emocionales; esto se debe a la incapacidad del paciente para mantener una relación íntima estable o a que los cambios energéticos producidos por la alimentación le permiten sobrellevar mejor sus sentimientos y emociones. Básicamente, la alimentación desvía la energía del fuego hacia el aparato digestivo; por eso, la gente que come demasiado suele inhibir su vitalidad, a veces por no poder encauzar la energía en una dirección determinada. He descubierto que el ayuno, aunque sólo sea durante un día, es muy eficaz para poner de relieve estas reacciones emocionales respecto de la comida.

Según creo, pocas personas tienen una actitud equilibrada respecto de su dieta. En los últimos años he notado que casi todas las revistas o diarios populares incluyen, en algún momento, una columna de consejos sobre nutrición o una serie de artículos sobre nutrición y dietas. El problema está en que todos los «expertos» disienten entre sí. También es cierto que siempre aparecen libros sobre dietas y nutrición en la lista de *best sellers*. En una época se pusieron de moda las dietas con gran contenido de fibras; también las de comida cruda, las dietas de Beverly Hills, la dieta anticelulitis; la lista es interminable. En realidad, por distintos motivos, ninguna o casi ninguna de esas dietas es balanceada. La verdad es que todo cambio en la dieta de una persona causará algún cambio en su cuerpo, al principio provechoso. Los problemas aparecen cuando la gente se apega a las dietas con gran rigidez. Creo que el cuerpo tiene una sabiduría fundamental innata que nos avisa qué tipo de dieta necesitamos en cada momento de nuestra vida, y que esa misma sabiduría introduce una modificación cuando hace falta. Lamentablemente, a causa de la impresionante cantidad de información conflictiva a la que estamos expuestos todo el tiempo, la mayoría de nosotros tenemos que trabajar mucho en el equilibrio mental-emocional y energético para que dicho proceso funcione como es debido.

En los últimos años traté a muchos pacientes que padecían de cáncer. En ese mismo período aparecieron numerosos escritos sobre la relación entre la dieta y el cáncer, en los que se hablaba de las dietas deficientes como uno de los factores causantes y del gran potencial de una buena dieta como medio curativo. Me he dado cuenta de que muchos asimilaron esas ideas hasta tal punto que no sólo creen que su dieta fue una de las causas de su enfermedad, sino que se volvieron verdaderamente obsesivos acerca de sus nuevos regímenes de comida «sana», orgánica, vegetariana e integral. No niego que una dieta de esa clase sea, en sí misma, provechosa para los casos de cáncer; pero me opongo a esa actitud tan obsesiva, pues la considero sólo un factor negativo de tensión.

Sobre la base de estas y otras experiencias con relación a las dietas, he desarrollado y enseño lo que denomino el «enfoque del sentido común». A pesar de que no suelo recomendarles a los pacientes que cambien demasiado su dieta, sí dedico bastante tiempo a asesorarlos acerca de sus actitudes al respecto. He descubierto que, en primer lugar, el tema en sí deja de ser tan absorbente y, en segundo lugar, el paciente cambia su dieta de acuerdo con su propia intuición acerca de lo que es bueno para él en determinado momento.

Lo denomino el enfoque del sentido común porque es básicamente eso. Si en el envase de la comida dice que contiene gran cantidad de productos químicos, no tiene demasiado sentido consumirla, ¡a menos que desee conservar el cuerpo embalsamado para la posteridad! También es cierto que si uno se alimentó casi toda su vida a base de comida deleznable, cambiar por completo y repentinamente de dieta no es una buena idea. Es probable que el cuerpo se desintoxique con gran velocidad, pero considero que para que cambie y aprenda a lograr el equilibrio enzimático adecuado para procesar una dieta muy distinta necesitará años, y no meses o semanas.

Asimismo, estoy casi convencido de que para algunos, debido a impedimentos genéticos, es imposible mantener la salud, por ejemplo, con comida vegetariana integral. En realidad, no me consta que el tema del factor genético en las dietas se haya explorado en profundidad. La antropología nos enseña que en todos los continentes hay razas predominantemente carnívoras y otras básicamente vegetarianas. Los indígenas que habitaban en América del Norte son un ejemplo de ello. Algunas tribus estaban formadas por cazadores nómadas que se alimentaban sobre todo de carne; otras, por agricultores que vivían casi exclusivamente a base de cereales y hortalizas con un mínimo complemento de carne. La incapacidad de estas y otras razas para morigerar los efectos del alcohol también se relaciona con los factores genéticos en su constitución. Si tenemos en cuenta que en la etapa presente de la historia mundial nuestra constitución genética es básicamente una mezcla, el hecho de que aún puedan detectarse con gran facilidad entre los anglosajones personas que tienen gran cantidad de elementos celtas o escandinavos en su estructura genética resulta sorprendente. También pueden reconocerse muchas otras razas. Como si no hubiese suficientes factores que tomar en cuenta al recomendar cambios apropiados en la dieta, el aspecto étnico no debe pasarse por alto.

Otra cuestión que merece atención es que, aunque el paciente no recurra a ningún tipo de asesoramiento al respecto, a menudo modificará su dieta espontáneamente luego de una serie de sesiones de equilibramiento energético. El logro de un mayor equilibrio energético parece activar la sabiduría innata del cuerpo en el plano subconsciente. Simplemente dejará de tener necesidad de comer ciertos tipos de alimentos y también modificará las cantidades ingeridas.

De las afirmaciones precedentes no debe deducirse que hay que ignorar el estudio de los aspectos de la terapia de polaridad relacionados con la dieta. En algunas situaciones, para lograr una mejoría, es necesario introducir grandes cambios en la dieta, por ejemplo en los casos de artritis. No obstante, considero que hay un momento óptimo para efectuar cualquier tipo de cambios. Hay que recordar que toda enfermedad involucra un grado importante de tensión y, en general, insistir en los cambios dietéticos inmediatos suele aumentar dicha tensión.

El otro aspecto del proceso de autoayuda consiste en enseñarle al paciente manipulaciones especiales que puede llevar a cabo sobre su persona para lograr el equilibrio energético. Muchos de los ejercicios del yoga de polaridad incorporan técnicas de liberación específicas, pero enseñarle manipulaciones que puedan realizarse con independencia de los ejercicios es de gran utilidad, en especial si el paciente tiene dificultad para lograr las posturas básicas. Cuando uno practica el equilibramiento energético de sí mismo, debe concentrar la energía en las manos o estimular el cuerpo de alguna otra manera (en ello reside la ventaja de combinar las manipulaciones con los ejercicios) antes de aplicar las técnicas propiamente dichas.

Para energizar las manos sólo hace falta frotarlas entre sí con fuerza estimulando tanto la palma como el anverso, y luego sacudirlas como si se tratara de eliminar gotas de agua imaginarias, manteniendo las muñecas y los codos relajados. Deben juntarse las yemas de los dedos como si se estuviese rezando y mover las manos circularmente en un plano vertical, describiendo pequeñas circunferencias en ángulo recto respecto del pecho. Luego de unos momentos hay que dejarlas descansar y separarlas lentamente hasta que la distancia entre ellas sea de trece centímetros aproximadamente. A continuación se las debe acercar y alejar con un pequeño movimiento que no supere mucho el centímetro, hasta experimentar la inconfundible sensación de haber formado un campo de energía vital; suele sentirse como una especie de atracción o rechazo magnético. En esta etapa las manos ya están lo bastante energizadas como para manipular con eficacia el flujo de energía en otras partes del cuerpo.

Es posible enseñarle al paciente una gran variedad de manipulaciones, sin más límites que los relacionados con los movimientos que puede realizar con los brazos. Por ejemplo, el paciente puede liberar la estrella de cinco puntas desde la cadera derecha hasta el hombro izquierdo, colocando la mano derecha sobre el hombro izquierdo y trabajando con los dedos de la mano izquierda sobre los músculos de la pelvis situados cerca del ligamento de Poupart. Debido a las limitaciones en la flexibilidad de la mano, al tantear la pelvis la mano izquierda estará torcida de modo que la palma quede hacia arriba. Esta técnica da mejores resultados si se la practica con las rodillas flexionadas y las plantas de los pies totalmente apoyadas en el piso, pues esto favorece la relajación y la liberación de los músculos de la pelvis. Pueden enseñársele al paciente casi todas las manipulaciones que el profesional practica al frente y a los costados del cuerpo, desde el trabajo de liberación de la zona de reflejo número nueve hasta el tratamiento perineal. También pueden enseñarse las técnicas que se ejecutan en la espalda, con algunas modificaciones; por ejemplo, usando el dorso de la mano en lugar de la palma y aplicándolas mientras el paciente se encuentra acostado de lado. La forma más sencilla de aprender a enseñar las técnicas en cuestión es practicándolas sobre uno.

Un ejercicio sencillo que puede llevarse a cabo mientras las manos están colocadas en diferentes posiciones sobre el cuerpo consiste en acostarse en el suelo boca arriba con las piernas separadas y girar éstas hacia adentro (de modo que los dedos de los pies queden muy cerca) y luego hacia afuera una y otra vez, siguiendo un ritmo que resulte fácil de mantener. Esto activa eficazmente las cinco corrientes energéticas longitudinales bilaterales y la energía pelviana, en especial la del sacro, que a su vez estimula la cabeza y los polos más importantes del cuerpo mediante la estrella de seis puntas. Otra forma de liberar la estrella de cinco puntas consiste en colocar las manos con las palmas hacia abajo según la descripción precedente mientras se mueven las piernas durante unos minutos, y luego relajarse y sentir la liberación de la energía. De esta manera pueden practicarse muchas otras técnicas, utilizando las piernas para estimular la energía y las manos para dirigirla y equilibrarla.

Puede enseñarse manipulaciones específicas, que acompañen el tratamiento que se está dando, o técnicas de equilibramiento más generales. Algunos pacientes prefieren esta clase de ejercicios, pues les resultan más fáciles que los del yoga polar.

Un aspecto final de la autoayuda es la «tarea para el hogar». Todo tipo de autoayuda consiste, en rigor, en tareas llevadas a cabo en el hogar; pero aquí me refiero a que el paciente debe comprometerse a hacer ciertas cosas además de lo que atañe a la dieta, el ejercicio y el equilibramiento energético. La clase de cosas de las que estoy hablando van desde permitirse hacer todas las semanas algo que lo gratifique, hasta visitar la tumba de un pariente fallecido. Mi confianza en este tipo de trabajo se funda en mi experiencia personal. Hace bastante tiempo, cuando tenía diez años, mis padres se separaron y durante cerca de ocho años no supe nada más de mi padre. Fue entonces cuando decidí ir a verlo para decirle que «en caso de que te interese, soy tu hijo». Una semana antes de ir a visitarlo me enteré de que había fallecido de una insuficiencia hepática causada por el alcoholismo, lo que me dejó con muchos «asuntos inconclusos». Me sentí muy enojado y angustiado. Diez años después, pese a haber recurrido a infinitas terapias en las que traté el tema, con profesionales que utilizaban distintos enfoques (desde el análisis transaccional y la terapia guestáltica hasta terapias orientadas al cuerpo), mi enojo y angustia no habían desaparecido. Nunca había visitado su tumba desde el funeral ni tenía deseos de hacerlo. No obstante, una vez estaba por azar cerca del cementerio donde lo sepultaron y sentí deseos de entrar. Al hacerlo descubrí que sobre la tumba no había lápida, nada que indicara que alguna vez había estado vivo, lo que me entristeció y conmovió. Después de unos minutos, me di la vuelta y me dirigí hacia el coche. A mitad de camino —literalmente a mitad de un paso, con un pie en el aire— me quedé inmóvil al advertir que en ese mismo instante lo había perdonado, y todo mi enojo y angustia habían desaparecido. Hoy sé que probablemente la elaboración terapéutica previa posibilitó mi perdón, pero la verdadera clave del asunto fue la visita a la tumba, y si hubiese tenido lugar antes, seguro que yo habría solucionado mis problemas mucho más rápidamente.

Desde entonces, trabajando con pacientes estancados en angustias no resueltas, he probado mi hipótesis de que a veces visitar la tumba de un pariente fallecido reviste gran importancia. En algunos casos, incluso he acompañado al paciente. Todas las veces que recurrí al enfoque en cuestión, la visita a la tumba parece haber sido un punto crítico en el trabajo terapéutico. Esto me llevó a desarrollar la idea del efecto terapéutico de ciertas acciones sobre los problemas del paciente. Los concernientes a la autoestima pueden solucionarse prontamente si lleva a cabo una actividad que, por alguna razón, tiene gran importancia para la imagen que tiene de sí. La destreza está en descubrir cuál es la actividad indicada. Por desgracia, no puedo brindar pautas claras acerca de cómo seleccionar la acción apropiada. En lo personal, recurro al proceso de percepción intuitiva, basado en una conexión profunda con la energía del paciente.

Capítulo 10

NUEVAS REFLEXIONES

El Doctor Stone solía comparar la terapia de la polaridad con la homeopatía partiendo de que la polaridad se basa en la idea de «lo similar cura a lo similar» (*similia similibus curantur*), concepto común a muchos sistemas de medicina alternativa. En la homeopatía clásica, cuando se halla un remedio eficaz, el paciente continúa tomándolo hasta que ya no produce nuevos cambios en su salud. Si para entonces no se encuentra perfectamente equilibrado y sano de nuevo, se reevalúa su estado y se le prescriben nuevos remedios. La misma cuestión se plantea cuando en una sesión de terapia de polaridad se le ha aplicado al paciente un tratamiento que causó un gran impacto sobre su equilibrio energético. ¿Debe repetirse básicamente el mismo tratamiento en la sesión siguiente o, en cambio, hay que atenerse a los cambios inmediatos que hayan aparecido en el campo energético y continuar en esa dirección?

El ejemplo más claro de este concepto es el de un paciente que sufre de un desequilibrio del elemento aire. En uno de los métodos de trabajo, se inicia el tratamiento con cualquiera de las técnicas consideradas apropiadas para resolver el desequilibrio que presenta. En la sesión siguiente se advierte que el tratamiento aplicado en la sesión anterior tuvo buenos resultados y que el desequilibrio del elemento aire ha desaparecido, pero ahora el paciente manifiesta cierto grado de desequilibrio del elemento fuego; por lo tanto, se trata dicho desequilibrio con alguna de las técnicas apropiadas. En la tercera sesión el profesional descubre que los elementos aire y fuego se encuentran equilibrados, pero existe otra clase de trastorno; entonces trata dicho trastorno, y así sucesivamente hasta que todos los desequilibrios energéticos han desaparecido y el individuo vuelve a estar sano. A esta forma particular de enfocar el tratamiento se la puede denominar simplemente «seguimiento de los bloqueos».

Según otro método de trabajo, también se inicia el tratamiento con alguna de las técnicas apropiadas para el desequilibrio del elemento aire; pero en la segunda sesión, en lugar de hacer un seguimiento de los bloqueos, se aplica exactamente el mismo tratamiento que en la primera sesión. Se practica el mismo tratamiento una y otra vez mientras siguen apareciendo cambios y, cuando éste deja de afectar el equilibrio energético, se pasa a otro apropiado para tratar el desequilibrio que se presenta en ese momento. Luego se aplica repetidamente el nuevo tratamiento mientras sigue habiendo cambios, y así hasta que el paciente se encuentre sano. A este enfoque del tratamiento puede llamárselo «repetición de las técnicas de equilibramiento eficaces».

En realidad, es posible emplear ambos métodos en una sola sesión. Llevar a cabo el seguimiento de los bloqueos en una sesión implica que el profesional no continuará aplicando las mismas técnicas de equilibrio si, repentinamente, en algún momento el sujeto comienza a manifestar otros signos. Ante dicha situación el profesional tiene dos opciones: modificar el tratamiento, por ejemplo, dejando de trabajar con el elemento aire para hacerlo con el elemento tierra, o ignorar los signos que indican la presencia de un desequilibrio del elemento tierra y continuar con el tratamiento del elemento aire.

Después de haber practicado ambos enfoques durante algunos años no puedo afirmar que uno sea superior al otro, pero si tuviese que elegir, probablemente me inclinaría como método general por la repetición de las técnicas de equilibramiento eficaces. Que emplee este enfoque en especial no significa que aplique al paciente un solo tipo de tratamiento. De hecho, todos los tratamientos difieren entre sí de alguna manera, incluso si se realizan exactamente las mismas manipulaciones; pero empleo una técnica que, de acuerdo con la respuesta de mis pacientes, ha probado ser provechosa. Con respecto al seguimiento de los bloqueos, he llegado a la conclusión de que el sistema energético humano es un mecanismo muy delicado que puede proporcionar pistas falsas, pues a medida que la energía se libera y el sistema se equilibra y regula, se revelan una infinidad de bloqueos y trastornos aparentes. No debe olvidarse que nuestro sistema energético se autorregula y encuentra los medios adecuados para autoequilibrarse; el profesional sólo debe proporcionar un estímulo general.

Una de las primeras cosas que hago después de una sesión es reflexionar acerca de lo que sentí en su transcurso. Me hago preguntas del estilo de las siguientes: ¿Con qué claridad vi los problemas del paciente? ¿Fue una sesión productiva? ¿Cuán relajado me encontraba? ¿Mi trabajo de armonización de la energía fue el mejor posible? ¿Qué aprendí? ¿El paciente aprendió algo? ¿Qué rumbo deberá tomar cualquier terapia futura? ¿La sesión fue una experiencia grata? Las respuestas a estas y muchas otras preguntas no son tan importantes como el proceso de autorreflexión acerca de los temas que surgieron. Si se pretende aprender de la experiencia de la sesión polar, debe haber un período de integración, un lapso durante el cual se evalúe la clase y el contenido de la experiencia y se permita que dicha evaluación influya en las convicciones y en la comprensión que se tiene de la terapia de polaridad. A la postre, si uno no crece y amplia sus conocimientos, el trabajo se vuelve rígido y no pasa mucho tiempo antes de que se pierda el entusiasmo.

Una de las experiencias más interesantes que tuve como terapeuta polar —sin olvidar que la polaridad es un sistema curativo muy potente en el aspecto físico— fue la de tratar a pacientes que, a pesar de no haber mejorado físicamente y seguir padeciendo de fuertes dolores, insistían en sentirse «curados». El alivio del dolor físico fue uno de los primeros criterios que utilicé para juzgar la eficacia de mis tratamientos. Después de varias de estas experiencias comprendí algo fundamental para mi práctica y enseñanza de la terapia de polaridad: la salud no consiste ni en la ausencia de enfermedades físicas o mentales, ni en sentirse siempre bien física y mentalmente. En realidad, la salud es todo eso. Simplemente la capacidad para cambiar de un estado de ser a otro con fluidez. La salud consiste en un fluir de cambios infinito. La mayoría de nosotros tiene una idea estática de la salud: uno está sano o enfermo. En rigor, ya sea que uno esté sano o enfermo, forma parte del continuo de la «SALUD».

La concepción estática de la salud de mis pacientes creó un problema interesante: si luego de transcurrida la etapa inicial del tratamiento enfermaban, dejaban de recurrir a mí. Una vez que su problema de salud originario se había resuelto, creían, por alguna razón, que ya no enfermarían. Cuando esto ocurría, sentían que habían fracasado, sin importar si el mal del que padecían era o no de la misma clase que el problema original. Al principio creí que cuando se sentían mal nuevamente no volvían a verme porque consideraban que el tratamiento practicado había sido inútil. El hecho de que yo llevara a cabo mi práctica en un pueblo relativamente pequeño, donde a menudo me encontraba con mis pacientes en la calle por casualidad, posibilitó que descubriera la verdad. Naturalmente, cuando los veía les preguntaba cómo estaban. Y así me enteré de que por lo general seguían teniendo problemas, pero no tenían ganas de volver a verme porque pensaban que ya no debían enfermar. Sentían que habían fracasado. Ello me hizo entender que debía explorar en profundidad junto con cada persona su idea básica de la salud, y hacerle comprender que se trata de un estado en constante cambio; como en una ola, siempre hay altibajos, pero lo único importante es seguir la onda. Si uno está enfermo esta semana, probablemente no lo esté dentro de dos semanas. Podrá estar mejor o peor, pero lo único seguro es que estará diferente. Para muchos, la sola asimilación de esta idea dinámica de salud constituyó una verdadera cura. Ya no sentían el insidioso temor a la enfermedad como sentencia de muerte; comprendieron que ninguna enfermedad los marcaría por el resto de su vida.

El cambio de la concepción estática de la salud por una idea según la cual ésta es un proceso dinámico de cambios constantes implica liberar un bloqueo mental energético. Es importante advertir que cualquier creencia arraigada que no admite la posibilidad del cambio constituye un verdadero bloqueo al libre flujo energético en el cuerpo y en la vida en general. De acuerdo con algunas de las elaboraciones y reflexiones resultantes de mi experiencia como terapeuta de polaridad, los pacientes cambiaban en todos los casos, pero a menudo no mejoraban en su aspecto físico. El cambio se producía siempre en su mente, más específicamente en sus creencias, lo que generalmente producía un cambio emocional. Unas veces este cambio estaba acompañado de un cambio en el aspecto físico; otras veces no. Sea como fuere, a ellos no parecía importarles. Frecuentemente me decían: «Vine para que me arreglara el cuerpo y me arregló la mente», y aun así se iban muy contentos, considerando que dicho resultado era terapéutico, aunque en realidad no formara parte del contrato de la terapia.

Fue por ello que a la larga decidí desechar la idea del contrato terapéutico, excepto en su forma más simple; parecía que ni el paciente ni yo podíamos saber cuál debía ser el resultado del tratamiento.

Cualquier contrato específico constituía una restricción. Creo que si mi trabajo se basa en un contrato, su contenido sólo puede ser el siguiente: «Provocar cambios y confiar en la energía vital, que siempre sabe más que nosotros». A medida que fue pasando el tiempo dejé de utilizar las «intervenciones terapéuticas». Lo que ocurría en las sesiones era que se creaba una relación entre mi energía y la del paciente y «pasaba algo». ¿Qué era ese algo? No lo tuve claro hasta después de un tiempo, pero siempre era adecuado. Éste fue el principio de mi conceptualización del enfoque armonizador de la terapia de polaridad. No significa que haya que aplicar dicho enfoque desde que se comienza a practicar la terapia de polaridad. Considero que debe partirse de algunas limitaciones y objetivos para poder explorar las grandes posibilidades que ofrece la polaridad y ser capaz de hallarle sentido a las respuestas obtenidas. Mi enfoque podría describirse como intuitivo; pero dicha intuición es el resultado de muchos años de estudio, práctica y síntesis. No considero que la intuición tenga como base la falta de forma o estructura; en realidad, creo todo lo contrario. Cuanto más firme sea la base, más acertada será la intuición.

En ocasiones también ocurría que los pacientes no presentaban ni mejorías físicas ni cambios mental-emocionales, o así parecía. Al principio, creí que esos casos constituían verdaderos fracasos míos, pero luego comprendí que los pacientes obtenían algo más, que considero muy valioso: un mayor conocimiento de sí mismos y de la gente que los rodeaba, de la naturaleza de sus problemas tanto físicos como mentales y de sus causas. Sin embargo, no trataban de cambiar la situación. Era como si fueran plenamente conscientes de sus posibilidades de opción y hubieran elegido no cambiar nada. Solía suceder que cuando el sujeto experimentaba un cambio interno importante, a menos que lo acompañara un cambio equivalente en su vida externa, aquél no duraba. La dinámica del estado de salud de una persona se encuentra íntimamente ligada con la dinámica de sus relaciones personales. En muchos de estos casos advertí que una de las causas más importantes de los problemas del paciente eran las relaciones íntimas que estaba viviendo en ese momento. Por lo general, el factor en cuestión era confesado abiertamente durante el tratamiento, y sin embargo, debido a muchos motivos, a menudo el paciente no estaba preparado para introducir cambios en su relación. Por supuesto, esta opción es perfectamente válida; y aquí la palabra clave es «opción», una opción ejercida a partir del conocimiento de los hechos. Que la situación esté así planteada en ese momento no implica que el paciente no ejerza una nueva opción en el futuro. Durante el tratamiento adquirirá el conocimiento de sí mismo y la conciencia de su posibilidad de elegir la clase de vida que desea, con todas sus implicaciones, tanto positivas como negativas.

Siempre me resultó difícil saber, teniendo en cuenta mi experiencia con respecto a los posibles resultados de una serie de sesiones de terapia polar, cuándo el trabajo estaba terminado. En realidad, algunos pacientes parecían haber decidido que no terminaría nunca. Se sentían bien sabiendo que tendrían una sesión quincenal o mensual hasta el fin de sus días. Personalmente, trabajar con ellos me resultaba muy gratificante, en gran medida por lo profundo de la relación que se había creado entre nosotros. Un marco de esa clase permite estudiar los efectos de la terapia de polaridad durante un período más prolongado que el normal. Asimismo, posibilita practicar dicha terapia como un sistema preventivo para el cuidado de la salud, hacer educación para la salud. En muchos casos el punto final de la terapia tuvo lugar cuando el paciente dejó de tener dolor. En otros, la situación no era tan definida y no tuve otro remedio que confiar en mi propia capacidad para reconocer en qué momento mi trabajo ya no generaba cambios positivos. Ese momento no siempre coincidía con la solución de los problemas del paciente; por eso, me vi obligado a crear un sistema de derivaciones para que el paciente no perdiera sus posibilidades de seguir cambiando. Considero que en estos casos es esencial mantener viva la esperanza; a tal fin, hay que mostrarle al individuo algunas rutas alternativas para seguir adelante. También hay que evitar que, como el tratamiento no fue muy exitoso, el paciente suponga que sus problemas son insolubles. Debe perderse el temor a admitir las propias limitaciones, especialmente ante uno mismo. Vuelvo a insistir en la utilidad de explicar la naturaleza de la salud y dar una visión de conjunto imparcial sobre los diferentes sistemas de medicina alternativa.

Los únicos verdaderos fracasos que se me ocurren, repasando los miles de tratamientos que apliqué, fueron aquellos en los que no pude hacer contacto con la energía. A veces eso pasaba ya en la primera sesión, en cuyo caso, por lo general, el paciente no volvía (lo que sin duda nos ahorraba a ambos la pérdida de mucho tiempo y energía). Otras veces ocurría en medio de una serie de tratamientos, en general en la fase de la terapia que denomino de «estabilización». En esta etapa es como si el progreso se hubiera detenido, pero es probable que se trate de un período de integración, previo al inicio de un nuevo movimiento. Cuando se alcanza dicha fase, suele interrumpirse la terapia durante un tiempo, hasta que el paciente vuelva a telefonear pidiendo turno. La experiencia de sentir que ha fracasado en algún aspecto puede enseñarle mucho al profesional. Es una buena oportunidad para reflexionar profundamente acerca del desarrollo propio como terapeuta.

La práctica de la terapia debe proporcionar placer y satisfacción, y no constituir una carga. Si se la practica porque uno siente que tiene la necesidad de curar o porque se siente bajo la obligación espiritual de hacerlo, las motivaciones son totalmente erróneas. Es cierto que muchas personas se convierten en terapeutas porque necesitan que las necesiten, o porque así sienten que valen. Por fortuna, luego de algún tiempo la experiencia de ser terapeuta y de estar siempre trabajando con personas enfermas o trastornadas emocionalmente suele resolver el problema. Se llega a un punto en que el terapeuta abandona esta profesión y se dedica a otra cosa que lo llena más en lo personal, o bien, si continúa con la terapia, lo hará con mayor eficacia, al haberse desprendido de sus antiguas motivaciones y dedicarse a ella porque le proporciona satisfacción y regocijo. Ya no se ve presionado por la necesidad de convertirse en un «curador» o algún otro rol parecido. Algunos objetarán el uso de la palabra «regocijo» en este contexto; en respuesta a dichas objeciones, sólo se me ocurre preguntar: ¿no será que la terapia le resulta, a quien plantea tal objeción, una tarea desagradable?

Ser terapeuta durante algunos años, o toda la vida, exige desarrollar las habilidades profesionales en forma continua. Si no, se producirá un estancamiento y se comenzará a trabajar mecánicamente, en lugar de hacerlo como un proceso dinámico en constante cambio mediante el cual se interactúa con la energía vital. Se habla mucho de las artes curativas. Nos referimos a la polaridad como a un arte curativo. ¿Somos profesionales dedicados a la ciencia de la terapia de polaridad, o maestros del arte de curar por medio de la energía vital? Probablemente sea cierto que todos los que estudian la terapia de polaridad y han completado su instrucción sean profesionales de la ciencia de la polaridad. Tienen la mente llena de reflejos, polos positivos y negativos, distorsiones del sacro, enemas y dietas purificadoras, cuclillas y pensamiento positivo, causas y efectos. El pasaje de profesional a artista tiene lugar cuando uno se desprende de la idea de practicar una terapia y se tiene la confianza necesaria para simplemente «ser» con la energía. Una definición de arte que siempre me pareció buena dice que el arte es la expresión de la percepción momentánea de la verdad a través de un medio especial. La verdad a la que se hace referencia en dicha definición no es necesariamente una «Verdad» universal e inmutable, sino la verdad de la realidad interior del artista en un momento dado. El medio a través del cual nosotros, como exponentes del arte de la terapia de polaridad, expresamos nuestra experiencia de la verdad es nuestra presencia, nuestra energía. El pasaje de profesional a artista consiste en dejar de estar aferrado a los principios y dejarse llevar libremente por las corrientes etéreas. Un maestro del arte de la terapia de polaridad es aquel que a partir de una única técnica puede, modificándola mínimamente, adecuarla a diez situaciones distintas, a diferencia del profesional que necesita diez técnicas.

En definitiva, el sistema no hace al terapeuta sino que el terapeuta es quien hace que el sistema funcione. Sin importar cuán buena haya sido la instrucción recibida, el paso a lo artístico tendrá lugar cuando uno sea capaz de trascender las limitaciones de dicha instrucción. Si el instructor se presenta siempre ante el discípulo como el dueño de los conocimientos y de la experiencia, restringirá la plena expresión de sus potencialidades. Emplearé una frase gastada que, sin embargo, ilustra claramente la situación del estudiante de cualquier disciplina: «Si te encuentras con Buda por la calle, mátalo». Luego de haber matado muchos budas, ¡he comprobado que es un requisito imprescindible para alcanzar la verdadera expresión de las potencialidades terapéuticas!

Apéndice I

LA TEORÍA EN QUE SE BASAN LAS MANIPULACIONES DE LA TERAPIA DE POLARIDAD: EL PODER QUE CURA

La sesión general de equilibramiento de la energía, según la desarrolló Pierre Pannetier, ha sido criticada injustamente desde sus comienzos. Algunos profesionales argumentaron que no puede existir una «sesión general». Esto carece de sentido. Es obvio que se puede estimular y equilibrar la energía del cuerpo de una manera general. Las manipulaciones que se llevan a cabo en el tratamiento general son muy variadas y afectan todo el campo energético. Para los profesionales que se inician en el trabajo corporal, la aplicación del esquema básico suele ser útil, especialmente si se encuentran con bloqueos complicados, difíciles de diagnosticar y de tratar. A veces basta con animarse a manipular al paciente para dar comienzo al proceso de clarificación, por muy difícil o confuso que sea el desequilibrio a tratar. La sesión general proporciona un esquema familiar para utilizar inicialmente. En dicha sesión hay muchos principios involucrados; trataré cada uno de ellos por separado.

OCCIPUCIO Y DÉCIMO NERVIO CRANEAL. Técnica de equilibramiento lateral en la cual los dedos del aire hacen contacto en el nervio vago, que es la parte más importante del sistema nervioso parasimpático. Mediante la activación del nervio vago se suscita un proceso de relajación del cuerpo. El contacto occipital puede afectar muchas zonas. El occipucio es el polo positivo del sacro y la zona motora de liberación de los ojos. La estimulación de la cabeza siempre afecta los pies a través de la relación geométrica de los reflejos (fig. 106, pág. 203).

FRENTE Y OCCIPUCIO. Técnica anterior-posterior que estimula el flujo energético de adelante hacia atrás. Produce también efectos en los pies, y libera el óvalo del elemento fuego.

BALANCEO ABDOMINAL. Técnica de equilibramiento que influye en los elementos fuego y agua. Dispersa cualquier exceso energético que se presente en la pelvis. Puede llevarse la mano derecha hacia la zona del plexo solar, y en ese caso se produce (en las palabras del doctor Stone) una estabilización de las pautas mentales aéreas y del centro sensorial del plexo solar.

PARTE INTERNA DE LOS TOBILLOS CON FLEXIÓN DE PIES. Esta técnica se centra principalmente en el estímulo de los diferentes puntos de reflejo que rodean la parte interna del tobillo. Se trata de los reflejos del recto, la vejiga, el útero y la próstata. Con esta técnica también se afecta la cabeza a través de la relación geométrica. Si el paciente se encuentra suficientemente relajado, al flexionar el pie moverá la cabeza. Si la cabeza no se mueve, deben buscarse zonas de tensión en otras partes del cuerpo.

PARTE EXTERNA DE LOS TOBILLOS CON EXTENSIÓN DE PIES. Se trata básicamente de la misma manipulación que la que se acaba de describir, pero los puntos de reflejo que se estimulan son los de los riñones, ovarios, testículos y las válvulas del colon. La extensión o flexión de los pies ayuda a exteriorizar los reflejos.

MANIPULACIÓN DE TOBILLOS. Este punto produce un reflejo específico en las válvulas del colon, el diafragma y el borde superior de los hombros. Este último reflejo es una zona de activación del sistema nervioso parasimpático. La relación entre los reflejos que se acaba de enunciar constituye un reflejo evolutivo (fig. 105).

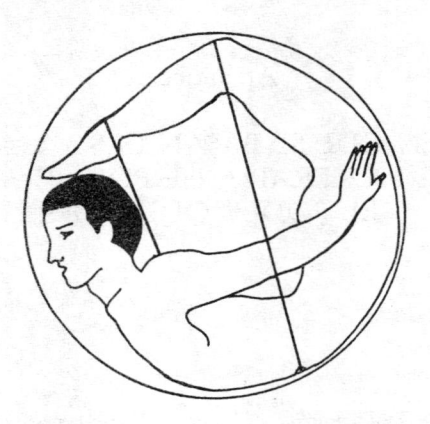

Fig. 105

ESTIRAMIENTO DE LOS DEDOS DE LOS PIES Y COMPRESIÓN DE TENDONES. En esta técnica se trabaja con las cinco corrientes energéticas longitudinales bilaterales, y por ende se causan efectos sobre los cinco elementos. Asimismo, se estimulan todos los puntos de reflejo de los pies, lo que afecta todo el cuerpo.

TIRÓN DE DEDOS DE LOS PIES. Técnica tamásica de gran efecto tonificador en el cuerpo. En una persona sana los dedos de los pies suelen estar relajados y suenan fácilmente al ser estirados. Es probable que suene alguna de las tres articulaciones de los dedos, o todas. Descubrir la tensión en los dedos de los pies y saber cuáles son las articulaciones que suenan puede proporcionar un valioso elemento de diagnóstico.

TIRÓN DE PIERNAS. Técnica específica para la corrección del arco alto. Con ella se produce una leve separación en las articulaciones de la pierna. Debe colocarse la mano en la parte más alta del pie, donde se encuentra el punto de reflejo de la parte media de la espalda. Es posible aplicar la técnica algo más abajo, trabajando sobre el cuboides con el dedo del medio, en cuyo caso se da gran estímulo a los riñones.

BALANCEO DE LA PELVIS Y LAS RODILLAS. Técnica para equilibrar el elemento tierra (la tríada astrológica correspondiente a la tierra está formada por las rodillas, los intestinos y el cuello): también libera la articulación de las caderas, lo que a su vez afecta los oídos y la articulación de la mandíbula.

TIRÓN DE MUÑECAS. Técnica simple para relajar la articulación de la muñeca. Los contactos del aire y del éter crean un flujo energético en diagonal a través de la muñeca, de acuerdo con la idea de que el flujo energético cambia de lado en las articulaciones.

ROTACIONES DE BRAZOS Y HOMBROS. Otra técnica de relajación, que influye en la muñeca, el codo y el hombro simultáneamente.

ESTIRAMIENTOS DE LOS DEDOS Y DE LOS BRAZOS. Esta técnica es igual a la de tirón de dedos de los pies y compresión de tendones, pero en lugar de trabajar sobre los polos negativos de los pies se trabaja sobre el polo neutro de las manos. Influye en los cinco elementos.

CONTACTO DEL PULGAR Y DE LAS MEMBRANAS DE LAS MANOS. Con esta manipulación se estimulan todos los reflejos de la palma de la mano que se relacionan con los órganos situados por debajo del diafragma.

CONTACTO DEL PULGAR Y DE LAS MEMBRANAS DE LAS MANOS CON REFLEJO INTERNO EN EL CODO. Técnica en la que se trabajan dos reflejos al mismo tiempo.

Se combinan los puntos de la mano que son reflejo de todos los órganos situados por debajo del diafragma con un punto de la parte interna del codo que es reflejo del hígado y del estómago. Afecta principalmente los elementos fuego y tierra.

CONTACTO DEL CODO Y LAS COSTILLAS INFERIORES. En esta manipulación se combinan los reflejos digestivo-abdominales ubicados alrededor del codo con un contacto directo sobre los propios órganos. Tanto en esta técnica como en la anterior se emplea la estimulación alternada; se estimula una zona por vez creando un efecto de vaivén en el flujo energético.

BALANCEO PELVIANO. En esta técnica se trabaja sobre la estrella de cinco puntas. Afecta a todos los órganos que se encuentran en diagonal entre ambas manos.

ESQUINA ORBITAL Y CRESTA OCCIPITAL. Esta manipulación ilustra el principio del trabajo sobre una corriente energética específica, en este caso la del éter. Estos dos puntos son reflejo de los órganos abdominales cercanos a la línea central del cuerpo, entre el ombligo y el diafragma.

EQUILIBRIO CRANEAL. Técnica de equilibramiento lateral en la que cada uno de los diez dedos de las manos afecta las corrientes correspondientes a medida que éstas fluyen por la cabeza. La fontanela anterior es un punto importante para el equilibrio corporal.

EQUILIBRIO SENSORIOMOTOR. Técnica final de equilibramiento de las corrientes energéticas sensoriales y motoras. La mano izquierda levantada con forma de garra eliminará todo exceso de prana producido alrededor de la cabeza durante el tratamiento. También se libera el hueso frontal del cráneo.

EQUILIBRIO DE LOS CHAKRAS. Por medio de esta técnica se equilibra el centro vital del fuego, que se encuentra en el ombligo, con el tercer ojo, en la cabeza. Se equilibran el elemento fuego y el principio del fuego.

FROTACIÓN DE FRENTE Y ESPALDA. Estas dos últimas técnicas equilibran la energía superficial del cuerpo conectando la mano positiva del terapeuta con el lado negativo del cuerpo del paciente, y la mano negativa del terapeuta con el lado positivo del paciente. A medida que se llevan las manos hacia la parte inferior del cuerpo, se equilibra la energía y se empuja cualquier exceso de ésta hacia abajo, donde es absorbida por el gran campo energético del planeta.

Después de haber adoptado, en los últimos años, diferentes enfoques para el trabajo corporal, puedo dar fe de los excelentes resultados que se obtienen en una sesión general en lo tocante al equilibrio energético.

EQUILIBRAMIENTO DE LAS TRES DIVISIONES DEL SISTEMA NERVIOSO. Con esta técnica se equilibran el sistema nervioso autónomo y el cerebro-espinal. En el contacto superior los dedos influyen sobre la zona de reflejos del nervio parasimpático, que se encuentra a lo largo del borde superior de los hombros, mientras que la palma cubre los nervios simpáticos a ambos lados de la columna y la médula espinal. El contacto inferior también afecta los tres sistemas. La palma, ubicada sobre la línea de las nalgas, influye sobre los reflejos del nervio parasimpático, y los dedos afectan la zona perineo-coxígea donde terminan los sistemas parasimpático, simpático y cerebro-espinal.

EQUILIBRAMIENTO DE LOS CHAKRAS. En la primera parte de este tratamiento deben atraerse los cinco elementos a la columna ubicando la mano derecha con la palma hacia arriba sobre el chakra de la tierra (la posición de la palma hacia arriba es un mudra empleado en la práctica meditativa oriental para tomar la energía del cosmos). La rotación de la mano sobre un chakra se utiliza para lograr que gire libremente. Los cuatro chakras inferiores se equilibran en relación con su chakra de suministro, el chakra del éter, y luego los chakras del éter y del tercer ojo se equilibran respecto del chakra coronario. Todos los contactos se llevan a cabo siguiendo las leyes de la polaridad; la mano izquierda siempre se mantiene más alta mientras se trabaja sobre la línea central en la que se encuentran los chakras.

EQUILIBRAMIENTO DE LAS CORRIENTES ENERGÉTICAS RESPIRATORIA, EMOCIONAL Y SENSORIAL. Con esta manipulación se equilibran los chakras al igual que el sistema nervioso parasimpático y se libera el diafragma. Se emplean contactos sensoriales (un leve toque) en la parte posterior del cuerpo, la zona motora. Los contactos influyen sobre las cinco corrientes bilaterales. Los puntos de contacto superiores se encuentran a lo largo del borde de los hombros, que constituyen el polo positivo del diafragma, de la tríada astrológica del aire y del sistema nervioso parasimpático. El contacto inferior se encuentra a lo largo de la línea de las nalgas, que constituyen el polo negativo del diafragma además de ser las zonas laterales de reflejo del nervio parasimpático, sobre la misma línea del suelo perineal.

TÉCNICAS DE LIBERACIÓN DE GASES. Estas técnicas pueden parecer manipulaciones más físicas que energéticas, pero no debe olvidarse que toda materia es un reflejo de la energía y que, por lo tanto, la liberación de los gases vulgares lograda mediante esta técnica también indica que ha habido una liberación de una vibración de energía vital más sutil. Según parece, el doctor Stone empleaba el término «gases» con el mismo significado que los profesionales de la medicina tradicional china cuando hablaban de «vientos». Por ejemplo, los chinos usan el término «viento en la cabeza» para referirse a un dolor de cabeza, y el doctor Stone también decía que los dolores de cabeza a menudo se debían a gases atrapados en el cráneo (o a veces eran reflejo de problemas con gases en otra parte del cuerpo). Consideraba que los gases causados por una mala digestión podían dispersarse por todo el cuerpo y quedar encerrados casi en cualquier lado, provocando muchas molestias. Señaló que los dolores de brazos y piernas recurrentes podían tener su origen en gases encerrados en los conductos de Havers de los huesos. En las técnicas de liberación de gases se trata el elemento aire en el cuerpo; los pulmones son el polo neutro (entrada de aire), el colon es el polo positivo (reserva de aire) y las pantorrillas son el polo negativo. El efecto de las diferentes manipulaciones es bastante evidente, pero debe advertirse que la segunda consiste en un modo de liberación del diafragma que se lleva a cabo con el paciente sentado. Todas las técnicas pueden efectuarse ejerciendo una leve presión y sintiendo el flujo energético al finalizar.

TRATAMIENTOS UMBILICALES. La base teórica de estos tratamientos se consigna en las instrucciones para su aplicación. Sin embargo, es interesante señalar que el doctor Stone los denominaba «cirugía sin sangre ni eliminación de adherencias», y consideraba que mediante estos contactos podía influirse sobre la energía fundamental del yin y el yang que entretejió al cuerpo en el útero. Creo que en realidad el centro energético umbilical (*nabhi*) no es el mismo que el centro del fuego (*manipura chakra*). En sus primeros escritos el doctor Stone se refiere al elemento fuego como relacionado con el chakra del fuego y el centro umbilical, estableciendo una distinción entre ambos. Sin embargo, en escritos posteriores utiliza esos términos como sinónimos. Considero que el chakra del fuego es parte del sistema caduceo, cuya fuente energética es el aliento o prana. A mi entender el centro umbilical atrae una clase especial de prana directamente de la energía que nos rodea todo el tiempo; actúa como lo hace dentro del útero, en forma básicamente independiente del sistema de chakras o caduceo. El sistema caduceo permanece inactivo hasta que el bebé nace y toma la primera bocanada de aire, mientras que el centro umbilical se encuentra en plena actividad aunque no haya respiración, y estoy convencido de que actúa independientemente de la respiración durante toda la vida. La espiral umbilical se conecta con el cuerpo físico a través del sistema nervioso simpático.

TRATAMIENTO PERINEAL. Mediante este tratamiento se estimulan los músculos de la base perineal, que constituyen el polo negativo del sistema nervioso parasimpático. Es el punto final, en el torso, de las corrientes energéticas caduceas; por lo tanto, con este único tratamiento es posible influir en el funcionamiento de todos los chakras y en el equilibrio del sistema nervioso autónomo. Probablemente por ello el doctor Stone afirmaba que con este tratamiento se produce un cambio mayor en los campos energéticos que con cualquier otro tratamiento polar. Un dato interesante es que toda la terapia de la polaridad surgió a partir del tratamiento perineal. Originalmente, el primer libro del doctor Stone iba a consistir en un curso acerca de las diferentes variaciones que pueden introducirse en la técnica perineal. Mientras trataba de exponer los conceptos que explicaban la eficacia del tratamiento surgió toda la teoría de la terapia de polaridad. Al aplicar el tratamiento perineal, si el pulso en la arteria carótida se encuentra acelerado, con los dedos pulgar y del aire de la mano izquierda debe estimularse suavemente la zona de las vértebras cervicales primera, segunda y tercera mientras se mantiene el dedo del fuego de la mano derecha en la base perineal. Si el pulso es lento, debe hacerse presión uniforme en la zona del cuello y en la base perineal hasta que se normalice. El sistema nervioso parasimpático se halla conectado poderosamente con los chakras y las emociones; resulta interesante especular acerca del significado de la frase «el asiento de las emociones». ¿Quién no necesitó más de una vez «sentarse» sobre sus emociones para controlarlas en un momento de turbación? Como literalmente nos sentamos en el suelo perineal, la frase adquiere un sentido físico real; la denominación del tratamiento perineal empleada por el doctor Stone, «terapia mental y emocional», expresa una verdad fundamental.

LIBERACIÓN DE LA TENSIÓN EN EL CUELLO (TRES VARIACIONES). Estas tres técnicas constituyen diferentes maneras de trabajar sobre el elemento éter. En las dos primeras se usan las yemas de los dedos y la polaridad opuesta de los contactos para liberar la energía bloqueada. En la primera se realiza una liberación anterior-posterior directa a través del cuerpo; en la segunda se utilizan contactos diagonales que atraviesan el centro del cuerpo (véase también el capítulo 5); en la tercera se polarizan los puntos sensibles realizando un contacto diagonal en el campo oval inmediatamente superior para liberar los bloqueos. La polarización de las zonas bloqueadas en un campo oval con las zonas relacionadas del campo oval inmediato (superior o inferior) constituye un método muy eficaz.

LIBERACIÓN DE LAS CORRIENTES ETÉREAS. Esta técnica consiste básicamente en hacer fluir la energía por una línea determinada para eliminar los bloqueos que aparezcan a lo largo de ella. Es un método importante, que puede emplearse en cualquiera de las cinco corrientes bilaterales. Sólo debe acomodarse la posición de la mano para que interactúe con la corriente apropiada. Por ejemplo, para hacer fluir la energía a través de la corriente de la tierra, los puntos de contacto deben desplazarse, de la zona cercana a la línea central (la corriente del éter), a puntos situados a lo largo del borde exterior del cuerpo, sobre la corriente de la tierra.

TRATAMIENTO DE BLOQUEOS ENERGÉTICOS EN LOS HOMBROS. La primera de las cuatro manipulaciones consiste en una manipulación de la estrella de cinco puntas. La estrella de cinco puntas es una pauta de interferencia de la energía en el cuerpo. No es una pauta energética primaria que tenga su propia fuente, sino que es el resultado de la combinación de los diferentes flujos energéticos primarios. Mediante la presente técnica se libera la base de la estrella en la parte inferior de la pelvis, lo que a su vez libera las corrientes energéticas que van hacia el hombro del lado opuesto. La segunda manipulación consiste en la liberación de las cinco corrientes en el polo neutro del diafragma y en el polo positivo de los hombros. En la tercera (liberación del plexo braquial) se relaja toda la musculatura profunda de la zona de los hombros. Si se desea aplicar este tratamiento para el dolor de hombros, debe empleárselo tanto sobre la parte frontal del cuerpo como sobre la posterior; pero si se lo aplica sólo sobre la parte frontal, igualmente causará efectos sobre la parte posterior (y viceversa) a causa de la acción múscular antagónica —concepto relacionado con lo físico, pero que también resulta aplicable a lo energético—.

TRATAMIENTO DE LOS RIÑONES. Consiste en la estimulación de los puntos de reflejo en los pies. En la primera manipulación el punto de reflejo se estimula primero individualmente y luego junto con los puntos de reflejo de toda la parte central del cuerpo, tanto en el frente como en la espalda. En la segunda técnica se conecta el punto de reflejo con el propio órgano; y en la tercera se conecta con el riñón un punto de reflejo del aire próximo al tobillo (tríada astrológica del aire: hombros, riñones y tobillos).

EL FUEGO DE LA DIGESTIÓN. En esta técnica se trata básicamente el elemento aire a través de las corrientes del aire. El doctor Stone consideraba que gran parte de los trastornos digestivos no se debían a deficiencias del estómago, el hígado o los intestinos, sino que los fluidos ígneos de la digestión estaban estancados en sus depósitos y no podían salir. Según él, esto proviene de un bloqueo energético emocional en el elemento aire debido a las tensiones emocionales que desvían el impulso del movimiento. Se estimulan los dedos del aire de las manos y de los pies de modo que los fluidos se pongan en movimiento a partir de un estímulo general del elemento aire. La vesícula biliar se encuentra aproximadamente sobre la corriente del aire, y la primera articulación del dedo del aire constituye su punto de reflejo específico. Asimismo, el tratamiento resulta eficaz en casos de problemas visuales o de dolores de cabeza, en especial si dichos trastornos se originan en la presión de los gases producidos por alimentos mal digeridos o en vías de fermentación. Los ojos son el polo positivo del elemento fuego y se benefician al mejorar el funcionamiento general de este elemento pero debe tenerse en cuenta que la corriente del aire pasa también a través de la pupila. El punto de contacto en la mandíbula es otro reflejo de la vesícula biliar y del duodeno (el cráneo ubicado en la zona del pecho en la fig. 18, pág. 100, muestra la mandíbula a la altura de la vesícula biliar). La existencia de dolores de cabeza, tirones y tensión detrás de los ojos, dolor provocado por gases, calambres abdominales y eructos excesivos son signos de que debe aplicarse el presente tratamiento.

LIBERACIÓN DEL DIAFRAGMA. El diafragma es un músculo de gran importancia para la terapia de polaridad, pues se encuentra en el medio tanto de la pauta energética de la estrella de cinco puntas como de la de los triángulos entrelazados. Es el polo neutro más importante del cuerpo. Su libertad de movimiento resulta esencial para la salud física y emocional. La primera manipulación se lleva a cabo en los puntos de reflejo del diafragma que se encuentran en los pies. En la segunda se conecta con el diafragma el punto de reflejo de la tibia situado en la parte superior del tobillo (véase «manipulación de tobillos», pág. 196). En la tercera se trabaja sobre las corrientes longitudinales en el borde de la clavícula, que constituye el polo positivo del diafragma, y se las conecta con los puntos conexos situados en el diafragma. La cuarta es una técnica diagonal en la que se estimula la estrella de cinco puntas en el hombro y a lo largo del diafragma.

PLEXO BRAQUIAL. La técnica del plexo braquial tiene como objetivo liberar los bloqueos energéticos debajo de la escápula, que actúan desfavorablemente sobre el plexo nervioso ubicado en esa zona. Dicho plexo es muy importante, pues los nervios cervicales que lo forman se conectan mediante ramificaciones con la parte del sistema nervioso parasimpático que forma el plexo cardíaco, el cual controla el corazón y los pulmones. Es una técnica valiosa para liberar los bloqueos energéticos que afectan el corazón (en el que, según la teoría de la polaridad, se mezclan los elementos aire, fuego y agua). Los hombros constituyen el polo positivo del elemento aire y el plexo braquial es el polo motor del elemento aire en sus funciones respiratoria y cardíaca. Por lo general, cuanto peor es el estado del paciente, más tiesos se encuentran sus omóplatos. El punto que debe liberarse se encuentra aproximadamente a dos centímetros y medio por debajo de la escápula.

EQUILIBRAMIENTO DEL CRÁNEO. La cabeza es el polo positivo de todo el cuerpo. En esta técnica se hace contacto entre los dedos del aire, como polo negativo, y la cabeza, como polo positivo, para lograr el equilibrio. Se trata de una técnica de equilibramiento lateral, que afecta tanto al elemento aire como al elemento fuego.

LIBERACIÓN DE LA PELVIS. Este tratamiento libera específicamente los puntos sensibles de la pelvis mediante el empleo de las manos izquierda y derecha como polos positivo y negativo para empujar la energía a través de las zonas bloqueadas. Considero que es una «técnica puntual de liberación» puesto que las yemas de los dedos posibilitan liberar en forma muy exacta pequeñas zonas bloqueadas. Con esta técnica se influye principalmente sobre el elemento agua.

TRATAMIENTO LINFÁTICO. Estimula el elemento agua en su función de sistema linfático. Las técnicas se aplican en las zonas de mayor concentración de ganglios linfáticos. Se emplean presiones rítmicas para estimular el flujo de la linfa y de la energía. Se utiliza el centro umbilical por su característica ígnea, que ayuda a combatir las infecciones, estimular el sistema linfático en general y eliminar las toxinas. De algún modo, el sistema linfático había sido olvidado; recientemente se le presta la atención que antes se reservaba a los sistemas cardiovascular y nervioso.

TRATAMIENTO DE PRÓSTATA O DE ÚTERO. Tratamiento perineal (véase la pág. 198) en el que se libera el drenaje de la próstata o del útero. La zona de contacto puede ser cualquiera, desde la sínfisis pubiana hasta aproximadamente el punto medio de la base perineal. También se emplean los puntos de reflejo conexos que se encuentran en el pie.

TRATAMIENTO DE COXIS. Con este tratamiento se equilibra el ganglio impar con la función cerebro-espinal. El ganglio impar es el extremo de la cadena del nervio parasimpático, donde debería polarizárselo con el sistema cerebro-espinal. Asimismo, es un punto de comunicación entre los lados derecho e izquierdo del cuerpo. La técnica afecta a los elementos aire, fuego y agua, y también al chakra de la tierra. Es posible practicar el equilibramiento del esfenoides con el coxis (véase la pág. 174) luego de un tratamiento del coxis para equilibrar el sistema nervioso simpático.

TRATAMIENTO DEL COLON. Es un tratamiento por reflejo. Los puntos de reflejo que se encuentran entre la tibia y el peroné reflejan el elemento aire y se relacionan con el movimiento intestinal y con los gases contenidos en el colon. La primera manipulación consiste en estimular el elemento aire, trabajando con los puntos de reflejo de los hombros en los pies. En la segunda se estimulan los puntos de reflejo de las pantorrillas respecto de los puntos de reflejo de los hombros en los pies y el colon, según sea necesario. La dirección física que debe imprimírsele al movimiento en la segunda técnica es la dirección anatómica de la materia en el colon, pero la contraria al flujo energético en las pantorrillas; de esta forma la manipulación produce un efecto estimulante. Mientras el embrión se encuentra en el útero los reflejos se crean mediante la absorción de ondas de energía cósmica. Además de los puntos de reflejo del elemento aire del colon situados en las pantorrillas, existen puntos de reflejo del fuego ubicados en los muslos. Los del fuego reflejan directamente (imagen especular) el colon en los muslos. El colon ascendente tiene puntos de reflejo a lo largo del muslo derecho; el colon trasversal, en la zona de las rodillas; y el colon descendente, a lo largo del muslo izquierdo.

TRATAMIENTO DEL DOLOR DE RODILLA. En esta técnica se emplea el concepto de liberación puntual mencionado respecto de la liberación de la pelvis. Se utilizan los dedos del aire y del fuego para liberar los bloqueos energéticos que rodean las rodillas y activar las corrientes energéticas profundas, que cambian de lado en las articulaciones, mediante contactos diagonales. En los casos en que los bloqueos no se liberan suele ser útil cambiar los dedos de lugar, es decir, ubicar el dedo del fuego donde se encontraba el del aire, y viceversa.

TRATAMIENTO DE LAS CADERAS. Técnica de equilibramiento por contorno (véase la pág. 118). Se liberan las caderas mediante su polarización con el polo positivo que se encuentra en los hombros, lo cual produce un efecto liberador del diafragma. Importa recordar que todas las articulaciones importantes del cuerpo tienen claros puntos de reflejo entre sí o guardan una relación polar.

TRATAMIENTO DEL DOLOR DE ESPALDA. En la primera manipulación se conectan los puntos de reflejo de la columna que se encuentran en los pies con la espalda (véase la pág. 169 para la ubicación precisa de los puntos de reflejo de la columna). En la segunda se conecta y se trabaja sobre los puntos de reflejo de la espalda. En la tercera nuevamente se liberan las zonas bloqueadas mediante el método puntual, empleando contactos positivos y negativos.

TRATAMIENTO DEL DOLOR VERTEBRAL. En este tratamiento se emplean dos contactos diagonales entre los dedos del éter y del aire de cada mano. Cada vértebra constituye un cruce polarizado de ondas energéticas. El lado derecho es positivo y el izquierdo negativo, y el cruce es bipolar desde el lado derecho positivo, ubicado por encima de la vértebra sensible, hasta la articulación izquierda negativa, ubicada por debajo. Se tratan las vértebras que se encuentran arriba y abajo de la vértebra sensible porque están fijas y crean una carga excesiva sobre la que se halla entre ellas.

TRATAMIENTO DE COLUMNA. En este tratamiento se estimulan los nervios simpáticos que corren a ambos lados de la columna. Asimismo, se activa la corriente del éter. Tiene influencia sobre las corrientes energéticas, pues éstas cambian de lado en cada vértebra.

EQUILIBRAMIENTO LATERAL ESPINAL. Con esta sencilla técnica se equilibran las vértebras lateralmente. Pueden emplearse impulsos vibratorios en direcciones específicas para reubicar las vértebras.

TRATAMIENTO DE LA PIERNA CORTA. Técnica estructural destinada a reubicar el sacro. Para mayor información acerca del sacro y la pierna corta, véase el capítulo 8.

TRATAMIENTO DE LA CIÁTICA. En esta técnica se emplea la flexión de los pies para estirar los músculos de la parte posterior de la pierna, y dada la inserción de los diferentes músculos en las caderas, el movimiento produce en el sacro, sus articulaciones y la quinta vértebra lumbar un efecto liberador y descompresor.

Apéndice II

LAS RAÍCES HERMÉTICAS DE LA TERAPIA DE POLARIDAD

Si se realiza un estudio detallado de los escritos del doctor Stone acerca de la terapia de la polaridad, se descubrirá la influencia de la quiropráctica, la osteopatía, la medicina ayurvédica, la naturopatía y la medicina china. Lo que posiblemente no resulte tan claro es que la terapia de polaridad se basa en gran medida en los principios herméticos. En su libro el doctor Stone menciona la filosofía hermética y el concepto de «como arriba, abajo», pero si se examinan los siete principios de la filosofía hermética, se comprueba que la terapia de la polaridad bien podría haber sido denominada «Medicina hermética». Los siete principios herméticos son los siguientes:

El principio del mentalismo
El universo es mental, el Todo es una Mente Infinita; ésta es la realidad fundamental y la matriz de todos los universos.

El principio de la correspondencia
Lo de Abajo es equivalente a lo de Arriba, y todo lo de Arriba es equivalente a lo de Abajo, para lograr los milagros del Uno.

El principio de la vibración
Nada está en reposo, todo se mueve y vibra.

El principio de la polaridad
Todo es dual, tiene polos y pares de opuestos.

El principio del ritmo
Todo tiene sus mareas, su pleamar y bajamar, sus picos y depresiones; su péndulo se balancea parejamente hacia la derecha y hacia la izquierda.

El principio de la causalidad
Todo efecto tiene su causa; toda causa tiene su efecto; todo ocurre de acuerdo con una Ley, nada es obra de la casualidad.

El principio del género
Todo tiene sus aspectos masculinos y femeninos.

Una lectura rápida de estos principios bastará para convencer al lector de que gran parte de la terapia de polaridad se basa en ellos. En los escritos del doctor Stone se estudia cada uno de ellos con cierta profundidad, excepto, quizás, el principio del ritmo en relación con el flujo de

LAS RAÍCES HERMÉTICAS DE LA TERAPIA DE POLARIDAD 203

energía en el cuerpo. La teoría china acerca de la energía desarrolla este principio detalladamente, y el doctor Stone debe de haberlo tenido en cuenta, a pesar de no escribir nada sobre él. Resulta aún más interesante el hecho de que muchos de los diagramas son en realidad versiones redibujadas y modernizadas de los creados por los filósofos y alquimistas herméticos de los siglos XVI y XVII. Por ejemplo, el que aparece en la figura 106, tomado del libro *Polarity Therapy and its Triune Function* y denominado «Diagrama 4. Reflejos de polaridad geométricos anteriores y laterales», es casi idéntico al creado por el físico inglés Robert Fludd, en los primeros años del siglo XVII (fig. 107). Fludd era uno de los miembros principales de un grupo de médicos místicos que creían que su obra sería la clave de una ciencia verdaderamente universal. Si se comparan los diagramas con cuidado se verá que sólo hay que agregar al esquema del doctor Stone tres círculos del de Fludd para que sean idénticos. En realidad, si se examina el esquema de

Diagrama 4. Reflejos de polaridad geométricos anteriores y laterales como puntos fuertes de contacto superiores e inferiores que polarizan el polo superior con el medio o con el inferior.

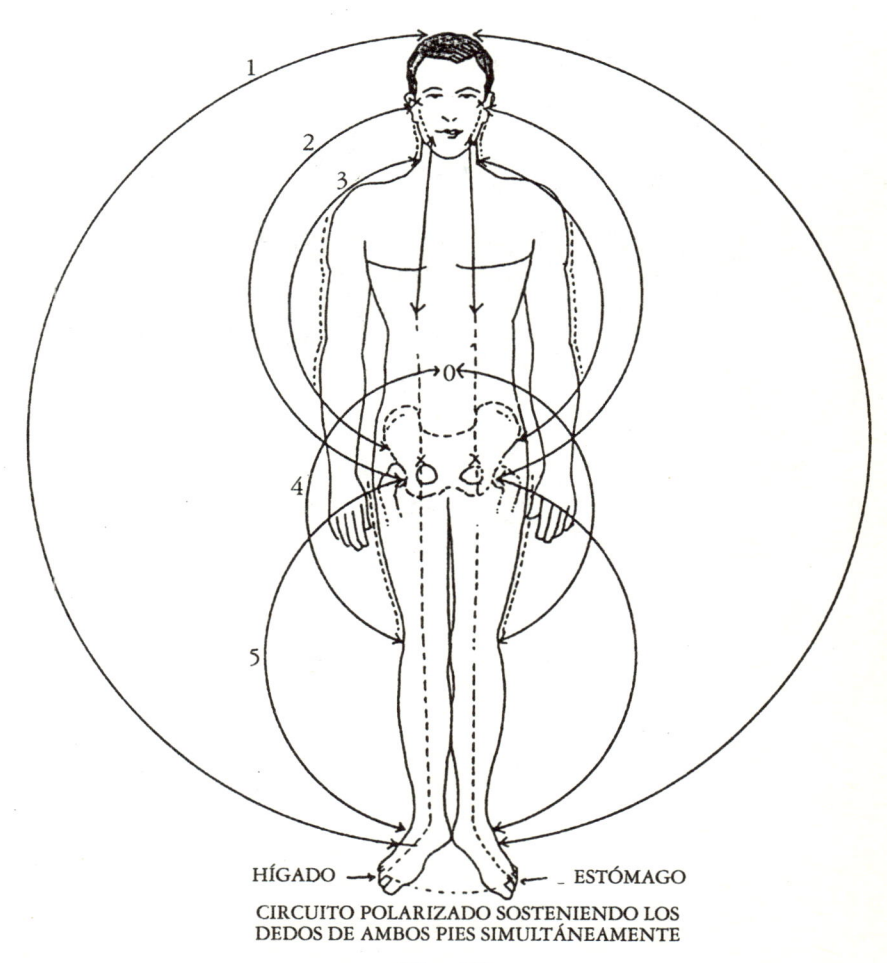

HÍGADO ESTÓMAGO
CIRCUITO POLARIZADO SOSTENIENDO LOS
DEDOS DE AMBOS PIES SIMULTÁNEAMENTE

Fig. 106

Fludd, se advierte que las restantes relaciones establecidas en él aparecen en otras partes de los escritos del doctor Stone como relaciones polares. Por ejemplo, el círculo del diagrama de Fludd que muestra una relación entre las pantorrillas y la zona de los hombros es el aspecto anterior de la tríada del elemento aire o de la relación del principio del aire (pecho, colon y pantorrillas).

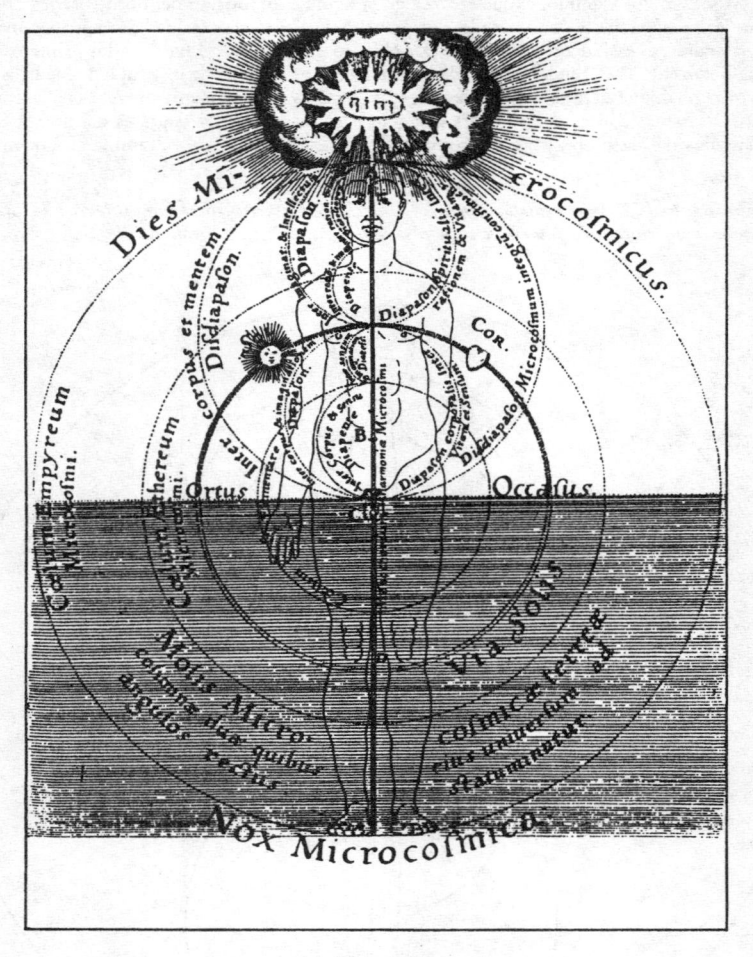

Fig. 107

Apéndice III

MODELOS ENERGÉTICOS

Hay un axioma según el cual la realidad es mucho mayor de lo que las posibilidades de nuestro sistema nervioso nos permiten experimentar. Las limitaciones idiomáticas también constituyen un impedimento fundamental para expresar lo que sentimos respecto de los aspectos más sutiles de la realidad, como la energía vital. Durante los muchos años en que enseñé la terapia de polaridad a futuros profesionales, a menudo he encontrado anomalías e incongruencias en la teoría, según fue desarrollada por el doctor Stone en sus numerosos libros y sintetizada por sus sucesores. Personalmente, me dejo guiar por el principio de que un mapa (o modelo) es sólo eso; dicho de otra manera, un mapa no es el territorio que muestra o describe. Siempre que se trabaja con un mapa o con un modelo conceptual debe tenerse esto en cuenta. De lo contrario, uno se verá limitado por la falsa idea de que el mapa es la realidad completa, de que es el territorio. Esta clase de creencia sobre algo que es, esencialmente, la percepción que una persona tiene de la realidad, ahogará en forma radical la creatividad del profesional. Todo modelo estructura las percepciones que se tiene de la realidad. Cuanto más complejo es el modelo sobre el cual se trabaja, menos libertad existe para lograr la comprensión intuitiva y la creatividad propias de cada persona, excepto dentro de los límites de los parámetros incluidos en dicho modelo. La mayoría de las personas necesitan modelos, pues éstos les proporcionan un sentimiento de confianza y seguridad. Los problemas aparecen cuando el modelo que aprendieron les fue presentado como modelo «completo». En tal caso, suele ocurrir que se confunda el modelo o mapa con la realidad o territorio. Cuanto más simple es el modelo o mapa empleado, mayor libertad se tiene para modificarlo a partir de la propia experiencia singular. Los modelos y mapas proporcionan guías y un objetivo en el cual centrar la intención, no mucho más. A la postre, un mapa no es más que una brújula para orientar al profesional en su exploración de la realidad. Si éste no se halla preparado para alterar el mapa a partir de sus propias percepciones singulares de la realidad, a la larga perderá el rumbo.

Al estudiar los escritos del doctor Stone se hace evidente que su concepción de los flujos energéticos se fue modificando en el período comprendido entre 1948 y 1970, durante el cual escribió sus libros y apuntes complementarios acerca de la terapia de la polaridad. Siempre trató de mejorar y profundizar su comprensión. Por ejemplo, sus ideas acerca de la construcción de la tabla de gravedad cambiaron desde que escribió *Polarity Therapy and its Triune Function* (1954) hasta *Vitality Balance* (1957). Si se examinan estos textos, se aprecia que también cambiaron sus ideas en lo que se refiere a qué es exactamente lo que revela la tabla de gravedad y a cuál es la importancia del equilibramiento estructural. Asimismo, su percepción de la función energética del sistema cerebro-espinal atravesó un proceso de cambio entre sus primeros libros: *Evolutionary Energy Charts* (1960), y *Energy Tracing Notes and Findings* (1970). Lo que intento destacar es que el modelo de la polaridad siempre fue, en vida del doctor Stone, un modelo en transición.

El hecho de que con el paso del tiempo y a causa de los nuevos descubrimientos y percepciones el modelo haya cambiado, es un tributo a la flexibilidad de su pensamiento.

Por eso, quienes estudian la terapia de polaridad no deben aferrarse al modelo. Éste no es ni la energía ni el cuerpo.

ASOCIACIONES DE TERAPIA DE POLARIDAD

Si desea ampliar sus conocimientos acerca de la terapia de polaridad, información sobre terapeutas acreditados o cursos de formación, puede dirigirse a cualquiera de las dos asociaciones registradas hasta el momento:

Asociación Española de Terapia de Polaridad
Dr. Antonio Anguren
Moles 2, 1.º 2.ª
08002 Barcelona
Teléfono y Fax: 302 38 09

American Polarity Therapy Association
4101 Lake Boone Trail, Ste. 201
Raleigh, N. C. 27607
EE.UU.
Teléfono: 919 787 51 81
Fax: 919 787 49 16